财经类专业"十四五"规划新形态教材

RPA财务机器人应用

王亚楠　黄晓懿◎主　编

基于 UiPath

立信会计出版社

图书在版编目(CIP)数据

RPA 财务机器人应用/王亚楠,黄晓懿主编.
上海:立信会计出版社,2024.8. -- ISBN 978-7-5429-
7702-1
Ⅰ.F275;TP242.3
中国国家版本馆 CIP 数据核字第 20240WX513 号

策划编辑　王斯龙　郑文婧
责任编辑　王斯龙
助理编辑　周　诠
美术编辑　吴博闻

RPA 财务机器人应用
RPA CAIWU JIQIREN YINGYONG

出版发行	立信会计出版社	
地　　址	上海市中山西路 2230 号	邮政编码　200235
电　　话	(021)64411389	传　　真　(021)64411325
网　　址	www.lixinph.com	电子邮箱　lixinaph2019@126.com
网上书店	http://lixin.jd.com	http://lxkjcbs.tmall.com
经　　销	各地新华书店	
印　　刷	常熟市人民印刷有限公司	
开　　本	787 毫米×1092 毫米　1/16	
印　　张	17.75	
字　　数	410 千字	
版　　次	2024 年 8 月第 1 版	
印　　次	2024 年 8 月第 1 次	
书　　号	ISBN 978-7-5429-7702-1/F	
定　　价	48.00 元	

如有印订差错,请与本社联系调换

前言

随着数字化时代的到来,企业面临着越来越复杂的数据处理和业务需求。传统的财务工作模式已无法满足企业的现实需求,这就需要一种创新技术来帮助企业实现财务变革和转型。RPA技术就是一种新兴的自动化解决方案。RPA财务机器人作为RPA技术在财务领域的具体应用,已成为企业财务数字化转型的重要工具。

编者及团队成员以《国务院关于印发国家职业教育改革实施方案的通知》和《"十四五"数字经济发展规划》为指导,精心编写了《RPA财务机器人应用》这本书。本书具备以下特点。

1. 内容循序渐进,适合本科院校和高职院校读者

本书旨在打造一个与众不同的学习之旅,带领读者从RPA财务机器人基础认知、认识RPA机器人工具UiPath,到RPA财务机器人在Excel、Web与E-mail环境中的应用,最后进入RPA财务机器人实战开发。从基础知识到实战案例演练,由浅入深,循序渐进,逐步引导读者深入理解RPA财务机器人开发的全流程,确保读者能够系统地学习和掌握相关知识。即使是不了解RPA的读者也能通过本书的学习逐渐成为RPA财务机器人的开发者。对于有一定经验的读者来说,本书也提供了新的知识和技能,以帮助他们进一步提高水平。

2. 强化实践操作,无缝对接实际工作需求

本书高度重视实践操作,不仅在理论层面进行深入讲解,还通过技能训练、实战案例演练环节让读者亲自操作开发RPA财务机器人。依托厦门科云信息科技有限公司智慧云平台提供的财务实践虚拟场景和开发素材,本书精心编排了一系列财务机器人实践案例,这些案例的丰富性和实用性旨在为读者提供一个与真实工作环境无缝对接的学习平台。这种实践操作导向的学习方式,使读者能够深刻理解并熟练掌握相关技术。实践操作能力的培养,对于提升RPA财务机器人应用的实际技能,具有决定性作用。

3. 以"领思探知"落实课程思政,知识、技能和职业素养融合

教育的根本任务是立德树人,而课程思政正是将思想政治教育有机融入专业教学的过程。本书各项目均设有"领思探知"栏目,旨在通过专业知识的学习,培养学生的社会主义核心价值观,强化国家意识、民族意识和文化意识,让学生在掌握学科知识的同时,也能够树立正确的世界观、人生观和价值观,为成为德才兼备的社会主义建设者和接班人奠定坚实基础。

本书由王亚楠、黄晓懿主编。编写团队具体分工如下:项目一由成都职业技术学院郑丹华、刘依然编写,项目二由成都职业技术学院王亚楠编写,项目三由成都职业技术学院黄晓懿编写,项目四由成都职业技术学院徐勇编写,项目五由成都职业技术学院张超编写,项目六由厦门科云信息科技有限公司陈海星、郑州财税金融职业学院王金鑫编写。

由于编者水平有限,本书如有不足之处,恳请广大读者批评指正,非常感谢。

编者

2024 年 8 月

课程资源

目录

项目一　RPA 财务机器人基础认知 ·· 1
　　任务一　认识 RPA 机器人 ··· 2
　　任务二　认识 RPA 机器人的应用领域 ·· 4
　　任务三　RPA 赋能财务数字化转型 ··· 7

项目二　认识 RPA 机器人工具 UiPath ·· 10
　　任务一　认识 UiPath 的基本功能 ·· 11
　　任务二　认识 UiPath 变量 ··· 21
　　任务三　认识 UiPath 常用活动 ·· 36
　　任务四　认识条件分支活动 ··· 55
　　任务五　认识条件循环活动 ··· 77

项目三　RPA 财务机器人 Excel 应用 ··· 93
　　任务一　Excel 基本活动介绍 ··· 94
　　任务二　认识数据表活动 ··· 122

项目四　RPA 财务机器人 Web 应用 ·· 148
　　任务一　Web 基本操作介绍 ··· 149
　　任务二　Web 数据抓取功能 ··· 179

项目五　RPA 财务机器人 E-mail 应用 ··· 204
　　任务一　RPA 操作 E-mail 的环境准备 ·· 205
　　任务二　RPA 发送邮件 ·· 215
　　任务三　RPA 读取邮件 ·· 229

项目六　RPA 财务机器人实战开发 ·· 246
　　实战案例一　RPA 网银付款机器人 ·· 247
　　实战案例二　RPA 银企对账机器人 ·· 259

RPA 财务机器人基础认知

知识目标

- 理解 RPA 的概念,了解其特点及优势
- 了解 RPA 机器人的应用领域
- 了解 RPA 机器人在财务中的应用情况

技能目标

- 能掌握 RPA 与 RPA 财务机器人的区别
- 能熟悉 RPA 机器人在各应用领域的相关案例
- 能了解 RPA 如何赋能财务数字化转型

素养目标

- 培养学生具备财务转型思维
- 培养学生具备数字化财务的专业素养
- 提高学生的动手能力和全局观

思维导图

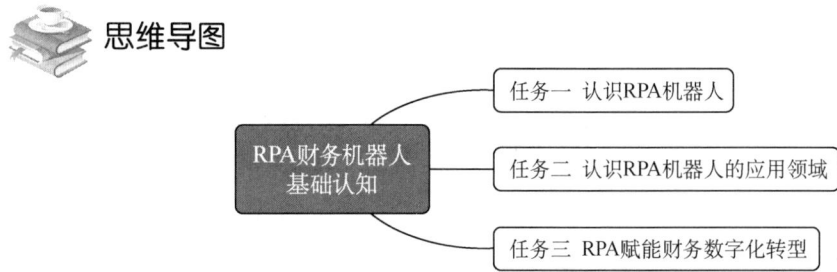

领思探知

RPA 财务机器人作为一种先进的科学技术,正在深刻地促进财务的转型升级。通过提高工作效率、优化财务流程、促进数据驱动决策以及降低人力成本等方面的表现,RPA 财务机器人为企业的财务管理带来了革命性的变革。随着技术的不断发展,相信 RPA 财务机器人将在未来发挥更加重要的作用,推动财务领域的持续创新和进步。随着人工智能和自动化技术的不断发展,RPA 财务机器人的功能和应用场景将进一步拓展。未来,RPA 财务机器人将更加智能化和自适应,能够自动学习和优化操作流程,更好地适应企业的财务需求。同时,RPA 财务机器人还将与其他先进技术进行融合,如大数据、云计算等,共同推动财务的数字化转型和升级。

思考:我们能够如何利用 RPA 新技术为企业提高财务工作效率?

任务一 认识 RPA 机器人

一、RPA 的概念

机器人流程自动化(robotic process automation,RPA)是一种软件自动化技术,用于自动化处理重复性、规则化的业务流程和任务。

RPA 通过模拟人类在计算机界面上进行操作,如键盘和鼠标输入,来执行一系列预设的任务和操作,如数据录入、信息提取和报表生成等。RPA 可以安装在个人计算机或服务器上,能够模拟并增强人与计算机的交互过程,从而提高工作效率、减少人力成本并降低错误率。

二、RPA 的特点

RPA 作为一款能够将人的工作自动化的机器人软件,其作用是替代人工在用户界面下完成重复性高、标准化程度高、规则明确、大批量的日常事务操作。它具有以下几项显著的特点:

视频 1.1 认识 RPA

(1)通过用户界面或者脚本语言实现机器人对重复任务的自动化处理。

(2)RPA 机器人没有自己的思维,只会按照人类预先设计好的规则来执行任务。

(3)由于 RPA 是通过模仿人的操作来完成工作的,它不需要更改应用系统的底层代码或访问数据库。RPA 就像连接器,可以在不修改原有 IT 系统的同时将不同业务系统串联起来。RPA 的非侵入式特征使得 RPA 项目在实施过程中对原有应用系统的影响很小,风险也降到最低。

(4) RPA 机器人如同人类一样能够操作电脑上的应用程序,如浏览器、办公邮箱、企业 ERP 系统等,同时 RPA 可完全模拟人的操作行为和操作顺序。例如,点击鼠标左键,单纯从电脑显示器上看是无法区分人工操作和 RPA 操作的。

(5) RPA 机器人可以全天候不间断地工作,易于部署。

三、RPA 的功能

(1) 数据采集与处理。RPA 能够自动从各种来源(如电子邮件、网页、数据库等)获取数据,并进行清洗、转换和整合,以提高数据处理效率和准确性。

(2) 自动化执行。RPA 可以模拟人类进行鼠标点击、键盘输入等操作,执行数据录入、表单填写等重复性任务,并处理逻辑性高、规则性强的流程。

(3) 跨系统操作与集成。RPA 能够集成不同系统平台,实现数据在不同系统间的自动传输和处理,打破信息孤岛,提高企业协同办公效率。

(4) 自动化测试。RPA 通过模拟用户操作、自动填写表单等方式,提高测试效率和准确性,降低测试成本。

(5) 客户服务与支持。RPA 可以自动回答常见问题、处理客户投诉和索赔,提高服务质量和响应速度。

(6) 定期任务与计划执行。RPA 可以自动执行定期任务,如数据备份、系统更新等,确保企业关键系统的稳定运行。

(7) 智能决策支持。RPA 通过分析大量数据,为企业提供有价值的洞察和建议,帮助企业制定更有效的决策。

四、RPA 的优势

RPA 相对于人工在进行大量重复性操作方面有着非常明显的优势,主要体现在以下方面。

1. 与 ERP 和 CRM 集成

RPA 具有"非侵入性"且配置灵活,能够连接多个异构系统,模拟人在电脑上不同系统间的操作行为,自动执行重复、规律的任务。许多企业已将 RPA 集成在原有的企业资源计划 ERP 系统和客户关系管理 CRM 系统上,打通了数据壁垒。此外,将 RPA 与非 IT 系统(如 HR 系统、财务系统)集成,有助于最大限度减少人为失误,保持数据准确性,提高数据可见性。

2. AI 能力成标配

市场对 RPA 的预期越来越高,各类 RPA 产品层出不穷,AI 能力正成为新一代 RPA 产品的标配。RPA 将机器学习、自然语言处理、认知计算(cognitive computing,CC)等 AI 技术更紧密结合。经过 AI 赋能的 RPA,在读取非结构化数据、做决策、保障执行任务准确率、衔接人机交互任务上更具备优势,可进一步拓展机器人的工作范围,释放自动化潜力与价值,从而在无需人工干预的情况下,响应更为复杂的需求。

3. 关注数据隐私

RPA 按照严格的隐私和安全协议构建,是"非侵入性"的,可根据特定流程进行定制,对企业其他流程部分的访问权限有限,甚至无法访问。RPA自动执行流程,可帮助企业确保其数据的安全性和合规性,有效降低人为失误带来的风险。今后的RPA将采用强大的加密协议进行开发,结合最新技术,在自动化操作的同时保护数据。

4. 认知业务流程管理

认知业务流程管理是RPA发展的一个阶段,是企业希望利用的下一个重要方面。它将RPA与人工智能、机器学习、自然语言处理和认知计算等认知技术相结合,打造出能够模拟人进行业务决策的智能助理机器人,实现更有深度的业务场景覆盖。

5. 语义自动化

现阶段,RPA开发者需要一步一步地告诉机器人该做什么,即使在拖放式、低代码环境中,搭建自动化流程也可能非常复杂。随着文档理解、计算机视觉、机器学习等AI技术的发展,语义软件机器人能够识别流程,了解需要哪些数据,知道从何处获取这些数据并将其移动到何处,而无需一步一步地下指令。开发者只需要机器人执行任务或完成工作流,即可启动自动化开发。

五、RPA财务机器人

RPA财务机器人是机器人流程自动化技术在财务领域中的应用,虽然它顶着机器人的名号,但它并不是我们传统印象中那种实体拟人形机器人,其实质还是在计算机上运行的一段程序,也可称为软件机器人。RPA财务机器人具体包括:RPA发票填开机器人、RPA网银付款机器人、RPA银企对账机器人、RPA一键报税机器人。

任务二　认识RPA机器人的应用领域

一、RPA机器人的应用领域概述

(一) RPA机器人应用的行业领域

虚拟、高负荷、商业规则驱动、可重复的流程都是自动化的潜在目标,因此RPA被广泛应用于各行各业,包括金融、电商、物流、政府医疗等行业领域,具体应用如下:

(1) 制造业:物料清单自动化生成、库存管理、采购订单创建与管理、数据迁移、物流数据自动化、ERP、MES系统整合等。

(2) 电商零售:自动退/换货流程、营销和消费者行为自动分析、客户服务支持、物流与供应链监控等。

(3) 物流:运单处理、运输管理、客服管理、异常件处理等。

(4) 医疗:患者预约挂号、出院康复指导、账户结算优化、医院银行对账、医疗保险用户注册业务、索赔处理等。

(5) 银行:业务数据整理、银行同业对账、对公账户开立、信用卡处理、银联财务查询、信用卡账单自动发送等。

(6) 证券:业务清算、自动开闭市、开市期间监控、资管系统操作、日中估值数据读取、估值导入自动化等。

（二）RPA 机器人应用的职能领域

在财务、HR、IT 等职能领域，基于一定规则的批量、可重复的任务流程比比皆是，于是 RPA 在这些职能领域中就有了用武之地。

（1）财务领域：银行回单下载、银企对账、纳税申报、发票填开、财务报表编制等。

（2）HR 领域：自动搜寻简历、简历跟踪归档、工资单管理、招聘流程、教育培训等。

（3）IT 领域：账号和权限开通、数据备份与恢复密码重置、邮件处理、FTP 下载及上传等。

二、RPA 机器人应用领域的具体场景

（一）RPA 在电商领域的应用——自动退换货流程

1. 业务痛点

视频1.2 财务机器人应用领域的具体场景

（1）场景频率较高：在电商领域，由于商品种类繁多，消费者需求多样，退货的场景出现频率往往较高。这可能是由商品与描述不符、质量问题、尺寸不合适、冲动购买等多种原因造成的。高频率的退货场景给电商平台和商家带来了极大的压力和挑战。高频率的退货不仅增加了退货处理的工作量，还可能对商家的品牌形象和消费者信任度造成负面影响。因此，电商平台和商家需要投入更多的资源和精力来应对退货问题。

（2）投入时间多成本高：自动退货系统虽然能够简化退货流程，但在实际操作中仍然需要投入大量的时间和成本。这包括退货商品的检验、重新包装、运输以及后续的退款处理等环节。此外，为了维护自动退货系统的正常运行，还需要投入大量的技术和人力资源进行系统的开发、维护和优化。这些投入都增加了商家的运营成本。

（3）时效性差：在电商领域，消费者对退货处理的时效性往往有较高的要求。然而，由于退货处理涉及多个环节和多个参与方，如电商平台、商家、物流公司等，往往导致退货处理的时效性较低。消费者可能需要等待较长时间才能得到退货处理的结果，这不仅影响了消费者的购物体验，还可能引发消费者的不满和投诉。

2. 解决方案

使用 RPA 机器人能够很好地解决电商领域自动退换货的痛点。电商行业使用 RPA 机器人自动化退换货业务的整个流程，精准高效、省时省力，其具体流程如图 1-1 所示。

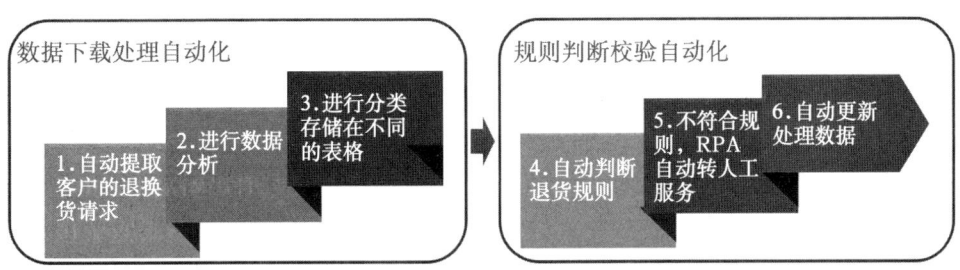

图 1-1 RPA 机器人自动化退换货业务流程

（二）RPA 在银行领域的应用——业务数据整理

1. 业务痛点

（1）数据处理整合能力低：银行在日常运营中会产生大量的业务数据，这些数据来自不同的业务系统和渠道，格式多样、结构复杂。如果银行的数据处理整合能力低下，就难以将这些数据有效地整合在一起，形成有价值的信息。低效的数据处理整合可能导致数据重复、

5

错误或遗漏,进而影响银行对业务状况的全面了解和准确判断。

(2)系统集成困难,运营效率低:在银行业务中,各个系统之间的集成是至关重要的。然而,由于技术选型不当、系统架构复杂或缺乏统一的数据标准等原因,系统集成往往面临困难。集成困难会导致数据在不同系统之间无法顺畅流通,影响业务的连续性和效率。此外,它还可能增加运营成本,降低客户满意度。

(3)没有足够时间,创新意识培养低效:在快速变化的金融市场中,创新是银行保持竞争力的关键。然而,由于业务数据整理工作繁重且复杂,银行员工往往没有足够的时间和精力去培养创新意识。缺乏创新意识可能导致银行在产品开发、服务模式等方面落后于竞争对手,失去市场先机。

2. 解决方案

RPA 机器人能够为银行业在其业务部门、IT 部门、HR 部门、客户服务部门提供整合性的数据处理自动化流程,通过数据源的下载、数据的拆分、抓取、分析及整合,报表的导出、整理、展示及汇总等流程为各部门实现数字化管理及运营。银行领域采用 RPA 技术的流程如图 1-2 所示。

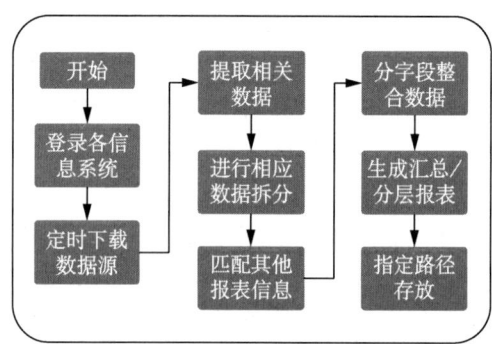

图 1-2　银行领域采用 RPA 技术的流程

(三)RPA 在财务领域的应用——银企对账

1. 业务痛点

银企对账在财务领域中是一个至关重要的环节,它涉及企业与银行之间的资金流动和交易记录的核对,确保双方账目一致,从而维护企业的财务安全和稳定。然而,在实际操作中,银企对账工作存在诸多痛点:

(1)对账过程繁琐,占用了大量的人力和时间。银企对账通常涉及大量的交易数据和信息,需要仔细核对每一笔交易的金额、时间、账户等信息。这通常需要专业的财务人员投入大量时间和精力,增加了对账的人力成本。

(2)人工对账的出错率较高,这对企业的资金分配造成了不利影响。由于人工操作容易受到疲劳、疏忽等因素的影响,对账结果存在误差。这些误差可能会导致企业资金的不准确分配,甚至可能形成财务风险。

(3)U 盾等实物的领用和保管也带来了不少麻烦。U 盾是银行提供的一种安全认证工具,用于保障银企对账过程中的信息安全。然而,U 盾的领用和保管需要严格的制度和流程,一旦管理不善,可能导致 U 盾丢失或被盗用,给企业带来重大的安全风险。

2. 解决方案

RPA 机器人可以分别下载各个银行或第三方支付平台流水单、对账单以及企业日记账,然后整理成统一格式再进行对账,最后将对账结果通过邮件发送给相关人员,财务领域采用 RPA 技术的流程如图 1-3 所示。

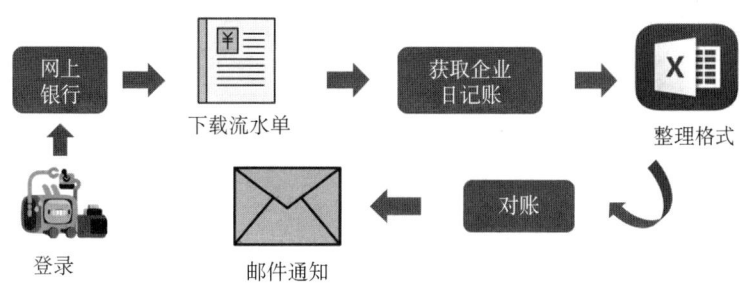

图 1-3　财务领域采用 RPA 技术的流程

(四) RPA 在 HR 领域的应用——自动搜寻简历

1. 业务痛点

(1) 大量的人工投入成本高。虽然有自动搜寻简历的系统,但在实际操作中,HR 仍需要投入大量的人工来优化搜索条件、筛选简历以及进行后续沟通和安排面试,这导致了人力成本的显著增加。

(2) 重复劳动多,投入时间多。自动搜寻简历系统往往只能根据预设的条件进行初步筛选,HR 仍需要手动检查每一份筛选出的简历,以确认其是否符合岗位要求。这种重复性的工作不仅耗时,还容易导致疲劳和疏漏。在某些情况下,由于系统算法的局限性,可能会漏掉一些潜在的优秀人才,这也需要 HR 投入额外的时间进行手动搜索和筛选。

(3) 易造成人才流失。由于自动搜寻简历系统的筛选标准可能不够灵活和全面,一些具有潜力的候选人可能因为不符合某些硬性条件而被系统排除在外,这可能导致企业错过优秀的人才。

2. 解决方案

自动搜寻简历机器人可以利用 RPA 机器人代替人事招聘经理,以实现网站搜索、筛选和解析简历流程的自动化,HR 领域采用 RPA 技术的流程如图 1-4 所示。

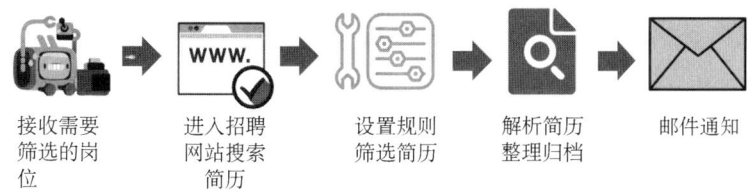

图 1-4　HR 领域采用 RPA 技术的流程

任务三　RPA 赋能财务数字化转型

一、RPA 技术与财务领域的联系

(一) RPA 技术特点与财务业务特点相符合

(1) RPA 技术特点:RPA 作为一款能够将人的工作自动化的机器人软件,其作用主要是替代人工在用户界面下完成重复性高、标准化程度高、规则明确、大批量的日常事务操作。

（2）财务业务特点：财务属于强规则领域，在业务流程中存在大量重复的工作，如排序筛选、数据录入、复制粘贴等操作，都需要通过手工完成，这些工作的业务特点与 RPA 技术的应用条件高度匹配。

（二）RPA 技术适合财务人员学习

RPA 简单易学，易用又稳定，通过拖、拉、拽就能组成机器人。其非侵入式、低代码的程序，非常适合零代码基础的财务人员学习。

二、数字变革时代的财务转型

（一）初级财务人员面临的风险

现如今大多数初级财务人员主要负责的财务工作就是大量重复、程式化、规则统一的基础工作，如发票填开、往来对账、纳税申报、会计凭证填制等，而这些工作都可以由 RPA 财务机器人完成，如不学习 RPA，可能会有被机器人取代的风险。

（二）企业对新人才的需求

身处数字化变革的时代大背景下，企业需要从庞大、混杂的数据中高效筛选有效数据并利用数据去创造价值。财务是企业天然的大数据中心，也是企业数字化变革的有利切入点。因此，企业为加快数字化转型，在财务岗位上更加需要引进既懂财务又懂技术的数字化人才。

（三）实现个人工作价值最大化

虽然 RPA 财务机器人能代替财务人员完成基础工作，但是这并不意味着 RPA 在抢财务人员的饭碗，反而是为那些有意从中低端财务人员向高端财务管理人员迈进的员工创造一个成长机会，实现个人工作价值最大化。

三、RPA 财务机器人的成效与应用

（一）RPA 财务机器人带来的成效

（1）RPA 财务机器人可完成财务基础工作，释放人力，让财务人员有更多精力去从事更为复杂但更具价值的工作。

（2）RPA 财务机器人能够降低财务工作中人工操作带来的风险，并能提高效率，降低人工成本。

（3）RPA 财务机器人具有灵活性。它可根据财务中不同的工作内容，编写不同的脚本，开发满足要求的各种类型的财务机器人。

（二）RPA 财务机器人应用

随着人工智能等新技术的发展，基于 RPA 技术的机器人在企业工作中不断得到应用。虽然 RPA 技术并不是专门为财务工作开发出来的，但基于财务工作的特点，RPA 技术在财务领域的应用异常丰富。RPA 财务机器人的应用案例如表 1-1 所示。

表 1-1　RPA 财务机器人的应用案例

项目	应用案例
网银业务	网银付款机器人、网银审核机器人、工资发放机器人、银行对账单下载机器人、银企对账机器人等

(续表)

项目	应用案例
发票业务	发票填开机器人、发票查验机器人、发票认证机器人等
会计核算	薪资核算机器人、费用报销机器人等
税务申报	增值税申报机器人、企业所得税申报机器人、个人所得税申报机器人等

视频1.3 财务机器人开发技术

认识 RPA 机器人工具 UiPath

知识目标

- 了解 UiPath 的组成部分,掌握其界面布局、基本功能
- 掌握变量的含义及变量数据类型,掌握变量的操作及数据类型的转换
- 认识活动,掌握活动下载方式
- 掌握工作流类型的选择及常用活动的操作
- 掌握条件活动的使用
- 掌握条件循环活动的使用

技能目标

- 能利用 UiPath 进行项目的新建和打开
- 能使用 UiPath 进行变量的新建和数据类型的转换
- 能掌握 UiPath 常用活动的操作
- 能结合业务流程选择合适的工作流类型开发 RPA 机器人
- 能根据 UiPath 的条件分支及条件循环活动完成相关操作

素养目标

- 培养学生具备利用 RPA 机器人完成流程类事件的操作能力
- 提升学生对人工智能技术在实际工作中应用的感知
- 拓展学生视野,培养其具备利用新技术进行创新能力

项目二　认识 RPA 机器人工具 UiPath

思维导图

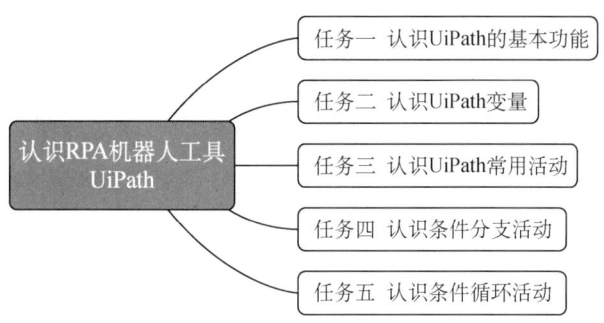

领思探知

UiPath 是一种流行和先进的机器人流程自动化(RPA)开发工具，它特别适用于实现业务流程的自动化。UiPath 提供了一个开源平台，允许用户协作开发和部署自动化解决方案。通过这个平台，用户可以自由地定制和扩展自动化解决方案，以满足特定业务需求。在财务领域，RPA 财务机器人能够处理各种财务业务，如账单核对、报表生成等，显著提高工作效率。UiPath Studio 是 UiPath 软件中负责机器人流程设计和开发的环境。它是一个低代码开发环境，通过图形化界面帮助用户编辑和开发机器人工作流程。这种操作界面友好，用户能够方便地设计各种机器人自动化流程。UiPath 还可以与人工智能(AI)、业务流程管理(BPM)和企业资源规划(ERP)等技术整合，为企业提供更全面的自动化解决方案。

思考：哪些常见财务活动可以通过 UiPath 工具实现流程自动化操作。

任务一　认识 UiPath 的基本功能

一、UiPath 概述

UiPath 产品是由 UiPath 公司开发的 RPA 软件，用于实现企业日常工作的自动化，是 RPA 领域最受欢迎的软件之一。UiPath 由设计平台(studio)、机器人(robot)和控制平台(orchestrator)三大组件组成，这三大组件间的关系如图 2-1 所示。

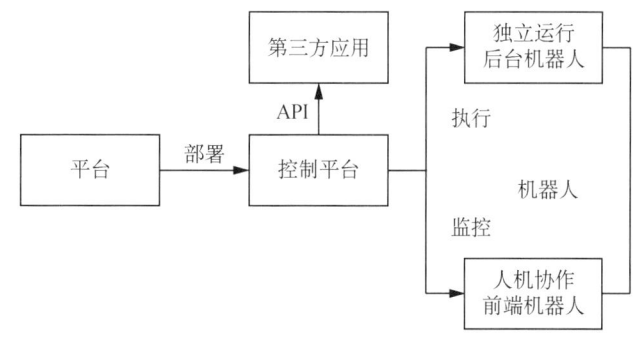

图 2-1　UiPath 三大组件

视频 2.1 UiPath 的下载、安装及界面介绍

11

1. UiPath Studio

UiPath Studio 是 UiPath 软件中负责机器人流程设计和开发的环境，也就是说它可以用来编辑指挥机器人自动工作的控制流程。指挥机器人工作需要编写程序代码，但 UiPath Studio 却不需要用户掌握很多的编程知识。UiPath Studio 是低代码开发环境，它提供一种图形化界面来帮助用户完成机器人工作流程的编辑和开发，操作界面友好，用户可以非常方便地设计出各种机器人自动化流程。

2. UiPath Robot

在 UiPath Studio 中设计好的机器人自动化流程由 UiPath Robot 来运行，Robot 也就是我们常说的机器人，也称虚拟劳动力。Robot 运行流程的方式有两种，其一是全自动运行，不需要人工参与，也称无人值守运行方式；其二是由人工参与控制流程的运行。

3. UiPath Orchestrator

UiPath Orchestrator 是机器人的管理者，它可以集中调度、管理和监控所有机器人。

综上所述，UiPath 的三大组件相互配合，Studio 负责规划和开发机器人功能，Robot 负责运行机器人流程，Orchestrator 负责管理和监控机器人，三者共同组成了一个完整的 RPA 软件平台。

二、UiPath 界面介绍

UiPath 产品主要包含三个界面，分别为主页界面、设计界面、调试界面，每个界面有特定的功能。

（一）主页界面

主页界面左侧主要为软件基础设置的一些选项卡，包括打开、开始、工具、模板、团队、设置和帮助。

1. 主页界面-开始

主页界面-开始选项卡包括打开、打开最近使用的文件、新建项目、从模板新建这几个栏目，如图 2-2 所示。

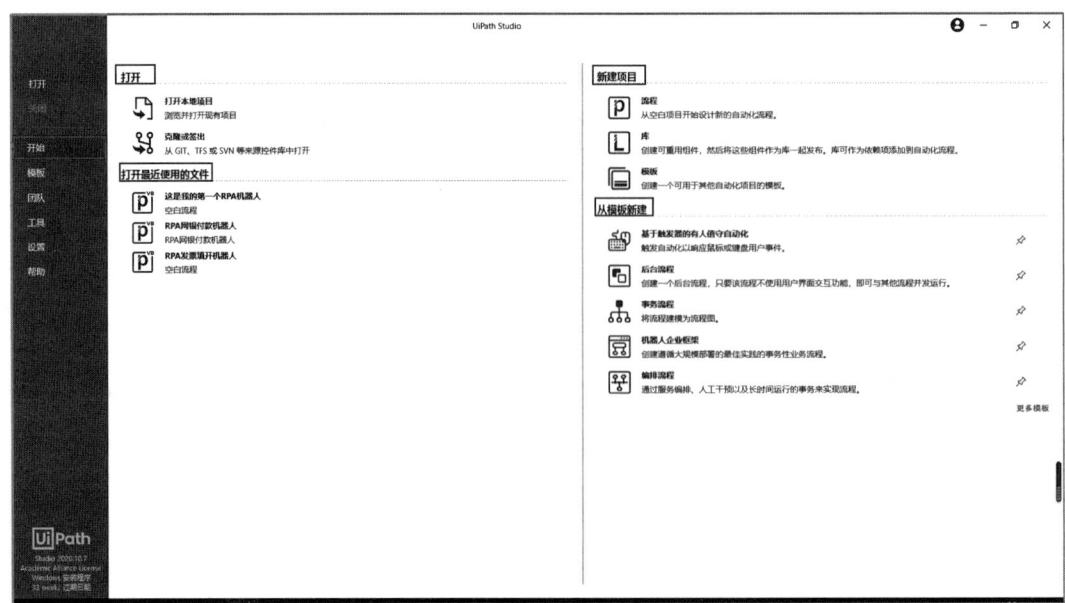

图 2-2　主页界面-开始

（1）打开（打开本地项目）：用于浏览并打开现有项目。
（2）打开最近使用的文件：显示最近打开项目的记录。
（3）新建项目（流程）：用于从空白项目开始设计新的自动化流程。

2. 主页界面-工具

主页界面-工具选项卡主要包括应用程序与 UiPath 扩展程序两个栏目，如图 2-3 所示。

图 2-3　主页界面-工具

（1）应用程序：包括用户界面探测器、项目依赖项批量更新工具、Microsoft Office Interop 修复工具。

（2）UiPath 扩展程序：用于将自动化能力扩展到网页浏览器、Java 应用程序、Silverlight 应用程序、Citrix 应用程序等。

3. 主页界面-设置

主页界面-设置选项卡下包含常规、设计、位置、管理源、许可证和配置文件及团队的设置，如图 2-4 所示。

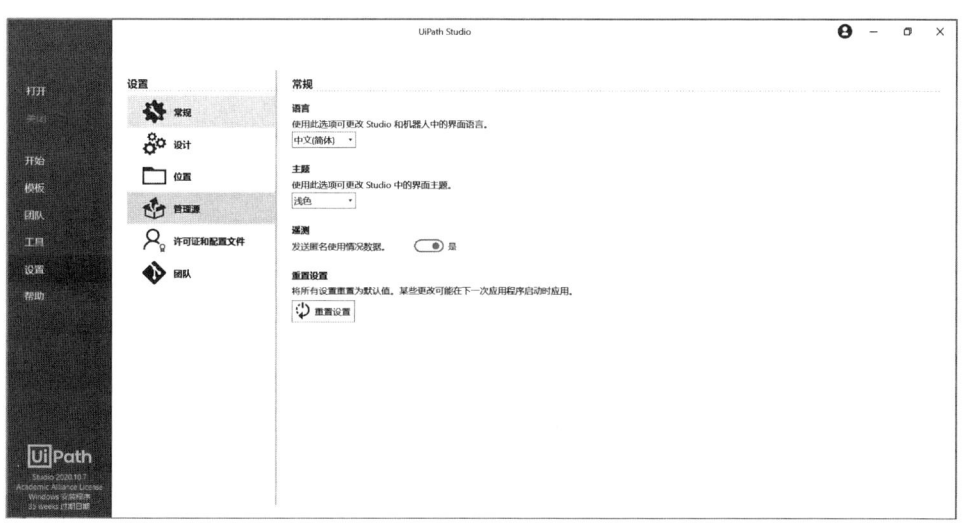

图 2-4　主页界面-设置

(1) 常规：可修改 UiPath Studio 界面语言、主体颜色等。
(2) 设计：保存并发布、执行、设计样式等配置。
(3) 位置：更改发布流程、发布库、发布项目模板等的位置。
(4) 管理源：配置项目包来源，包含默认包来源和用户定义的包来源。
(5) 许可证和配置文件：可更改本地许可证，查看或更改配置文件。
(6) 团队：主要为来源控件插件。

4. 主页界面-帮助

主页界面-帮助选项卡下提供了产品文档、社区论坛、帮助中心、发行说明等项目。若在使用 UiPath 过程中存在疑问，可进入产品文档或社区论坛查阅相关资料，如图 2-5 所示。

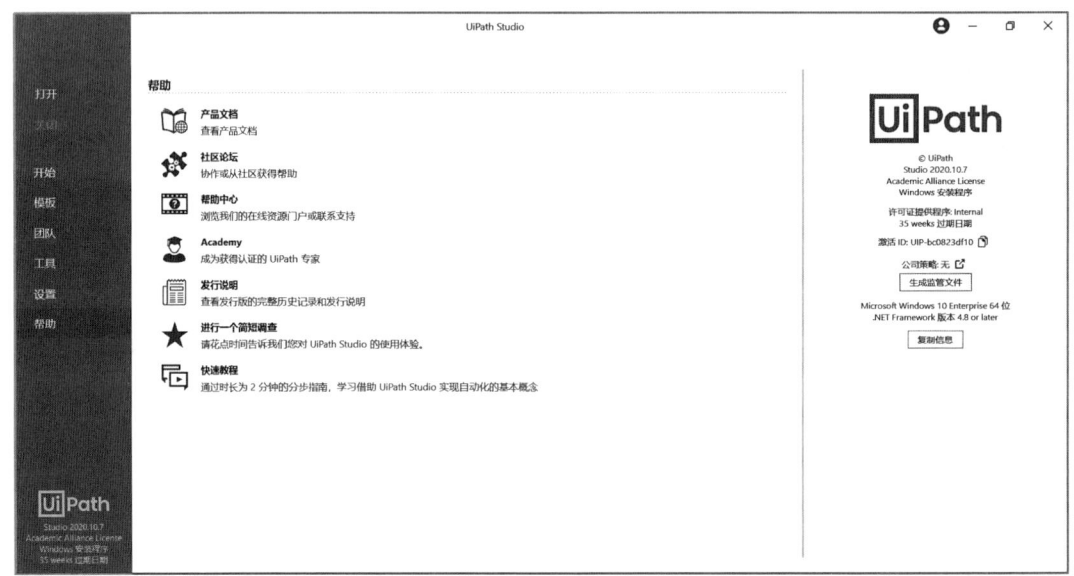

图 2-5　主页界面-帮助

（二）设计界面

UiPath 设计界面主要包含快捷菜单栏、项目面板、活动面板、工作流设计面板、属性面板等多个项目面板。

1. 设计界面-快捷菜单栏

设计界面-快捷菜单栏功能丰富，包含新建、保存、导出为模板、调试文件、管理程序包等多种功能，如图 2-6 所示。

图 2-6　设计界面菜单栏

（1）新建：可以创建或启动序列、流程图或状态机。其中，序列表示最小类型的项目，适用于线性过程，可作为状态机或流程图的一部分。流程图适用于更复杂的业务逻辑，能够通过多个分支逻辑运算符以更多样化的集成决策和连接活动。状态机适用于大型项目。全局处理程序是一种工作流类型，用于在遇到执行错误时确定项目的行为，如图 2-7 所示。

项目二 认识RPA机器人工具UiPath

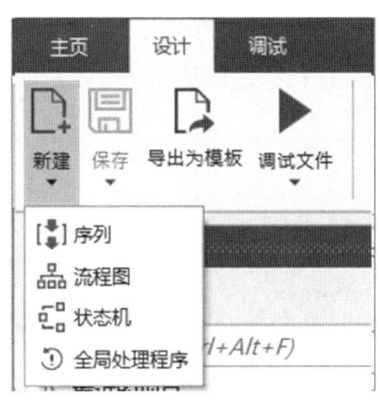

图2-7 快捷菜单栏-新建

(2) 保存:可以保存当前所设计的工作流程。
(3) 调试文件:可以用于调试工作流程。
(4) 管理程序包:用于安装和更新程序包。
(5) 录制:用于在屏幕上捕获用户的动作并将其转换为序列。
(6) 数据抓取:用于抓取浏览器、应用程序或文档界面上的结构化数据。
(7) 屏幕抓取:使用全文、原生或OCR方法从指定用户界面元素或文档中提取数据。
(8) 用户界面探测器:用户界面探测器是一个高级工具,可以为特定用户界面元素创建一个自定义选取器。在帮助我们用变量去替代选择器时,它能查看修改后的元素是否有效,用来查找元素与元素间的不同点与相同点。
(9) 导出到Excel:将当前流程中使用的活动导出至Excel。
(10) 发布:发布当前流程,以供使用。

2. 设计界面-项目面板

设计界面-项目面板主要包括依赖项、". screenshorts 文件夹"、Main. xaml 文件、project. json 文件等项目文件资源,如图2-8所示。

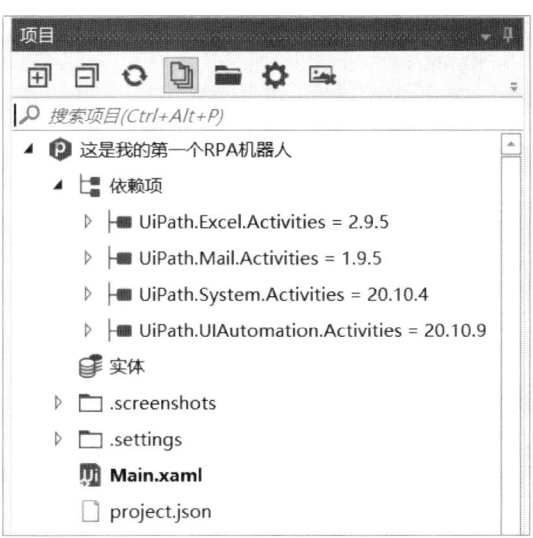

图2-8 项目面板

15

依赖项是官方或者他人制作的封装好的组件,是脚本开发和运行中所必备的。每个 UiPath 项目都默认需要以下四个依赖项。图 2-8 中,等号的左侧为活动包名称,右侧为版本号。

UiPath.Excel.Activities

UiPath.Mail.Activities

UiPath.System.Activities

UiPath.UIAutomation.Activities

注意:当依赖项缺失,依赖项会加载为红色,可以右击该依赖项,选择修复依赖项。

(1) Main.xaml 文件:该文件包含主工作流程。

(2) project.json 文件:该文件包含自动化项目信息文件。

3. 设计界面-活动面板

设计界面-活动面板包含了项目需要的基本活动,可以直接调用,也可以在搜索栏中搜索需要的活动,如图 2-9 所示。UiPath 中的活动提供了不同应用程序所需的各种自动化操作。将活动拖放到工作区中,并对其进行配置,使其能够根据每个活动的需求工作。

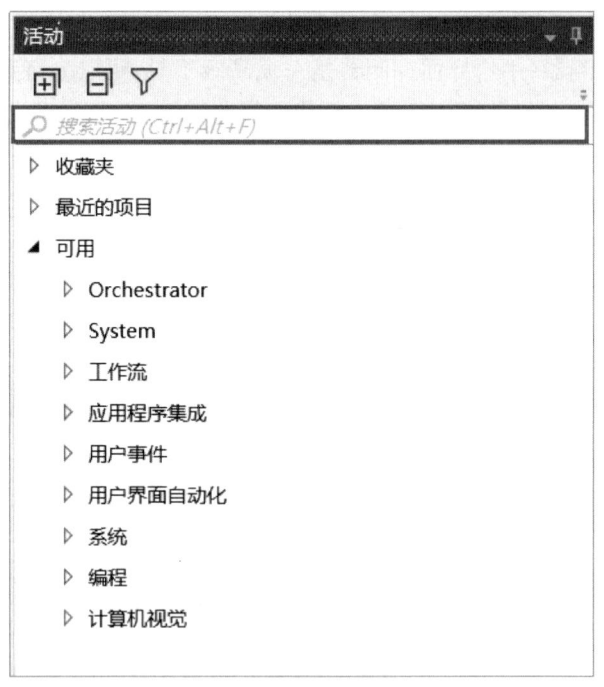

图 2-9　活动面板

4. 设计界面-工作流设计面板

设计界面-工作流设计面板显示当前的自动化项目流程,如单击"打开主工作流",将活动拖拽至设计区进行流程设计开发的操作。在流程设计的过程中可根据功能需求配置相应活动属性面板中的属性,如图 2-10 所示。

项目二　认识 RPA 机器人工具 UiPath

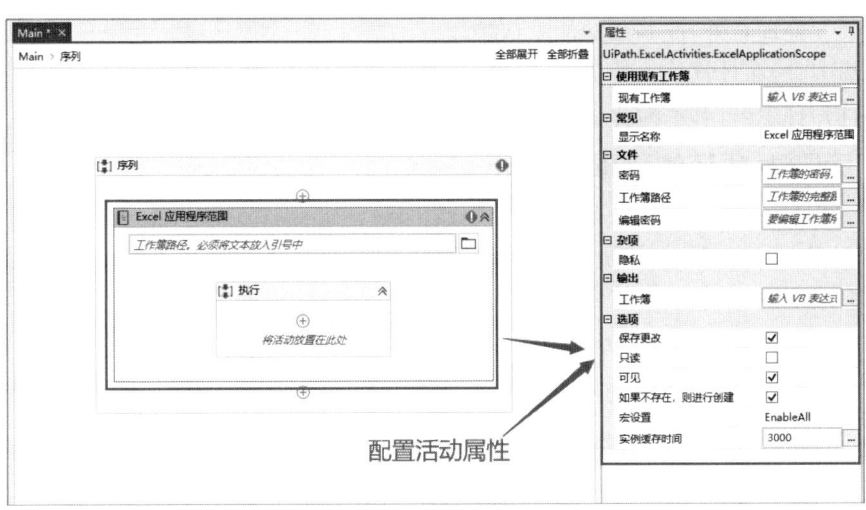

图 2-10　工作流设计面板

(三) 调试界面

UiPath 调试界面主要用于调试文件、测试断点、慢步骤以及打开日志。调试文件结束后,打开输出面板即可看到相对应的调试结果,如图 2-11 所示。

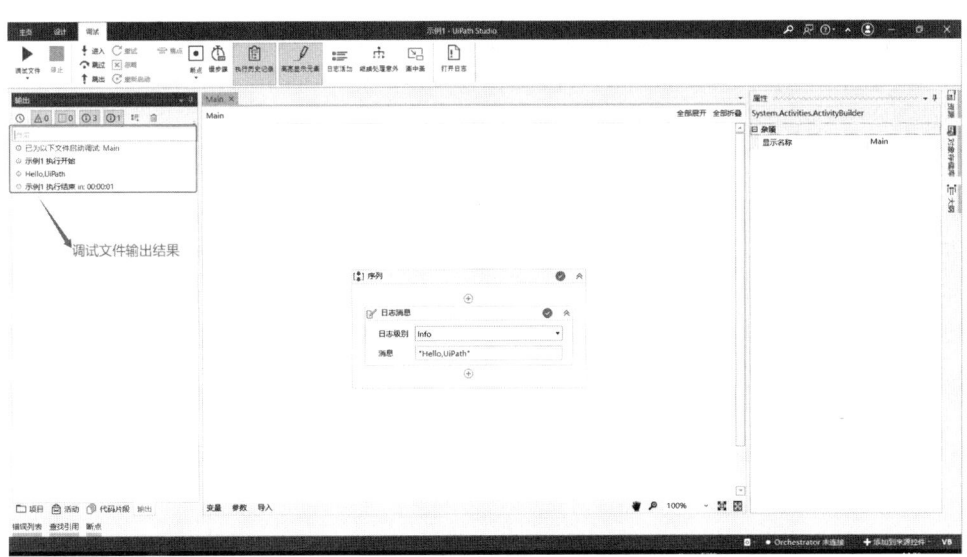

图 2-11　调试界面

(1) 调试文件:调试流程文件。
(2) 断点:用于对可能触发执行问题的活动有意暂停调试流程。
(3) 慢步骤:在调试过程中更仔细地查看任何活动。启用了此操作时,调试过程中将高亮显示各项活动。
(4) 高亮元素:高亮显示,被选中的元素在流程执行过程中会有红色标识。
(5) 执行历史记录:查看执行的历史记录。
(6) 日志活动:日志记录,当其被开启时,会详细记录每一个活动。

17

(7)继续处理意外:此调试功能默认禁用。

(8)画中画:在计算机上的单独会话中执行和调试流程或库。

(9)打开日志:打开本地存储的日志。

三、UiPath 项目的新建与打开

(一)项目的新建

打开 UiPath Studio,在主页界面的开始选项卡下,点击【新建项目】下的【流程】,即弹出一个"新建空白流程"对话框,在此对话框中输入流程名称、位置等信息,单击"创建"按钮,即可完成一个项目的新建,如图 2-12 所示。

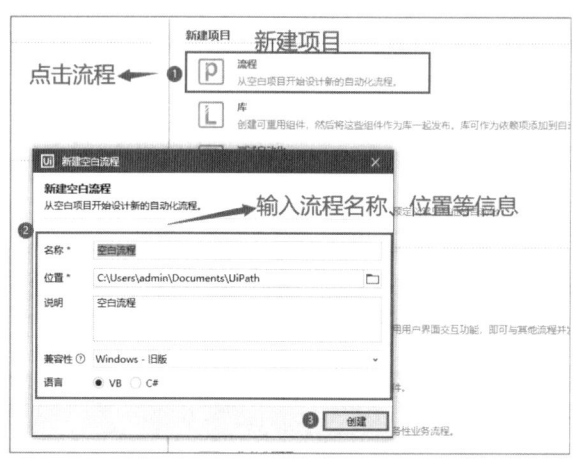

图 2-12　新建空白流程

(二)项目的打开

打开 UiPath Studio,在主页界面的开始选项卡下,点击【打开本地项目】,即会弹出最新打开的项目文件,在此可更改选择要打开的项目文件,然后单击文件中的"project.json",再单击"打开"按钮,即可完成项目的打开,如图 2-13 所示。

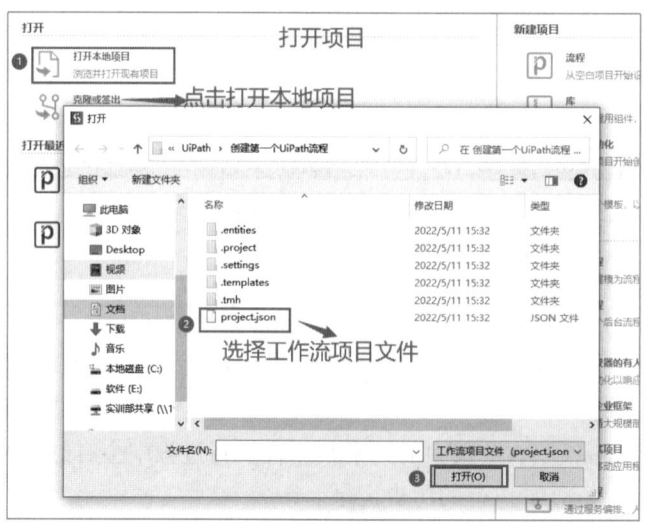

图 2-13　项目的打开

示例：Hello,UiPath

> 示例描述

请在 UiPath 中创建一个项目，命名为示例 1，然后设计一个机器人向大家打招呼，内容为"Hello,UiPath"。

> 操作步骤

（1）打开 UiPath 软件，在该软件的主页界面点击"流程"新建项目，然后弹出一个新建空白流程框，修改名称为"示例 1"，此处位置与说明处无需修改，如图 2-14 所示。

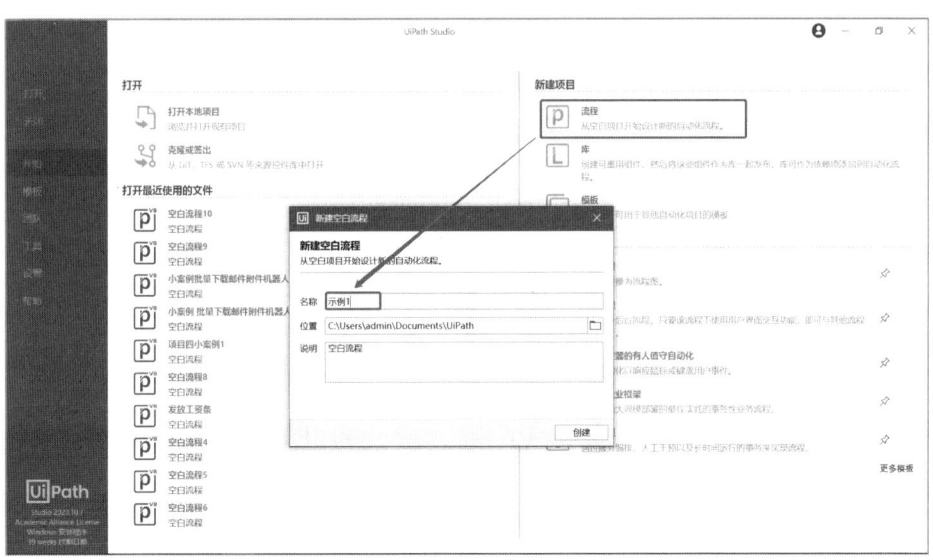

图 2-14　新建空白流程

（2）先单击主页面上的"打开主工作流"，再单击左侧的活动面板，在搜索框内输入【序列】，如图 2-15 所示。拖拽【System】—【Activities】—【Statements】类别下的序列至主页面的加号处，该步骤表示在主工作流中添加一个【序列】，如图 2-16 所示。

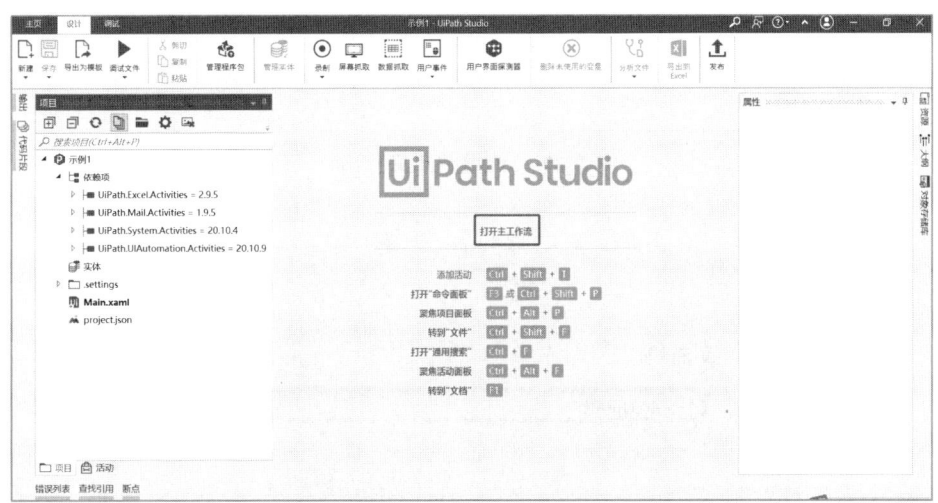

图 2-15　打开主工作流

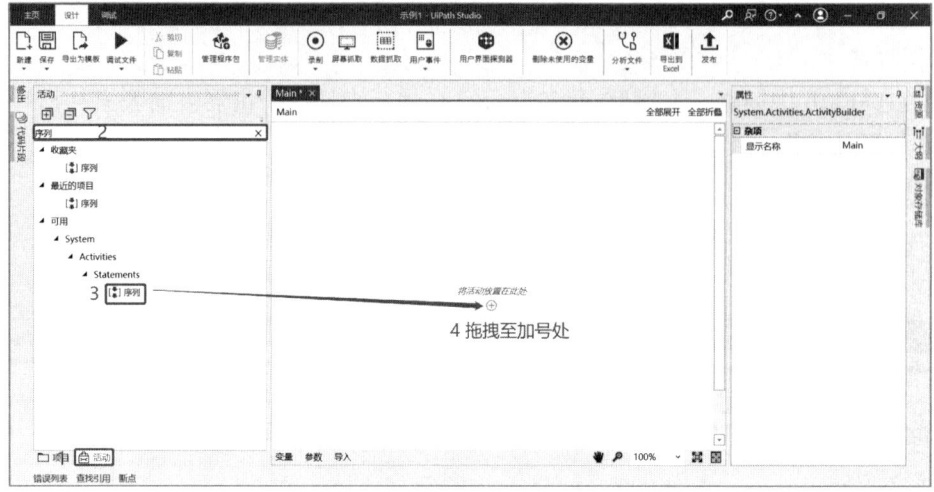

图 2-16 添加序列

（3）如图 2-17 所示，在搜索框内输入消息框，拖拽【系统】—【对话框】类别下的【消息框】活动至序列内的加号处，该步表示添加【消息框】活动。设置该活动内容为"Hello,UiPath"，如图 2-18 所示。（注意：【消息框】活动的文本是字符串，必须放在英文状态下的引号内）

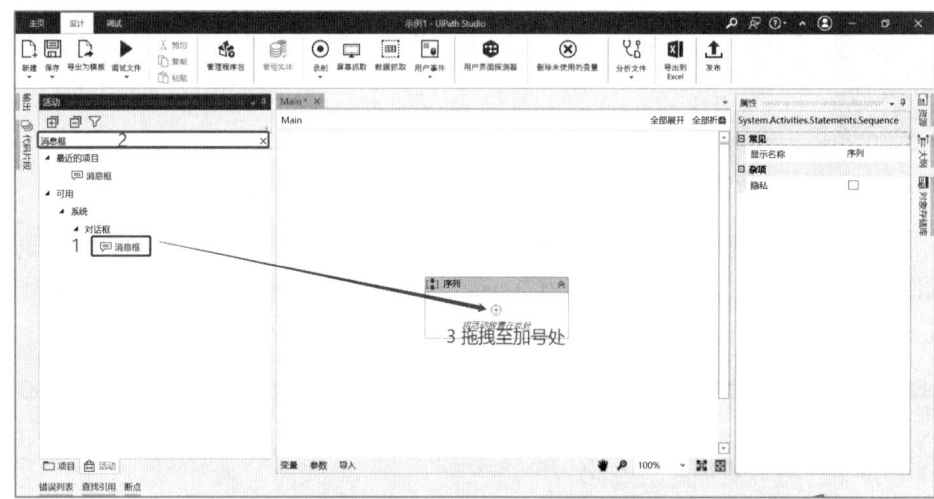

图 2-17 添加【消息框】活动

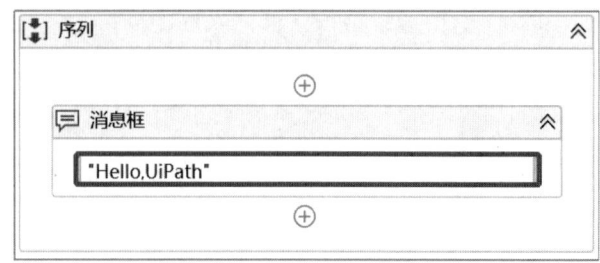

图 2-18 设置【消息框】活动文本

（4）单击设计面板的调试文件按钮，运行 RPA 机器人，如图 2-19 所示。

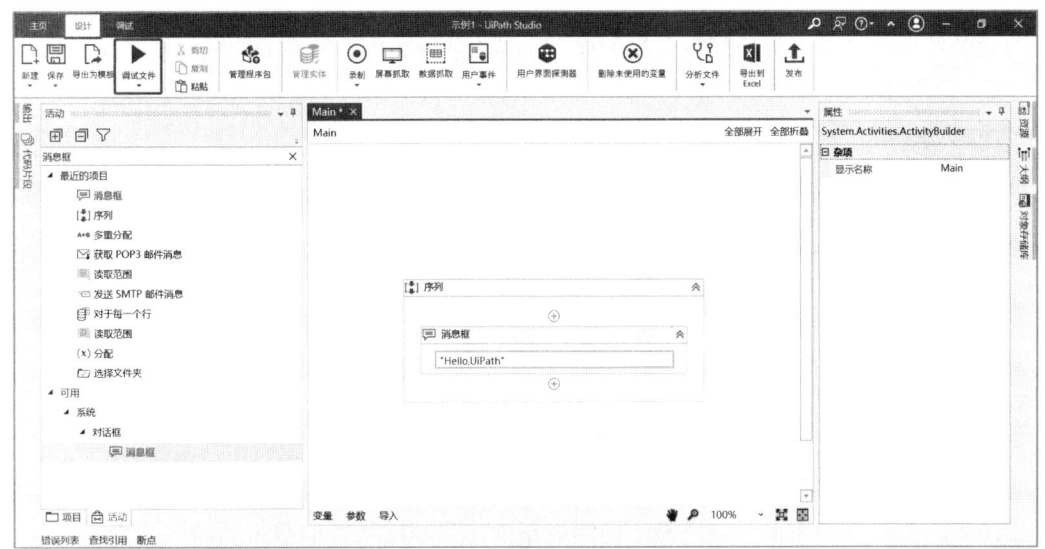

图 2-19　运行 RPA 机器人

> 运行结果

运行结果如图 2-20 所示。

图 2-20　流程运行结果

任务二　认识 UiPath 变量

一、初识变量

（一）变量的含义

变量是内存中保存数据的一个存储空间，主要用于存储数据。如果一个数据不只使用一次，可能被反复使用，就都要保存在变量中。变量在 RPA 中扮演重要的数据传递角色，是 RPA 编程不可或缺的一部分。

视频 2.2 UiPath 的变量

(二)变量的命名

UiPath 中的变量名由字母、数字和下划线组成,并且要以字母或下划线开头。UiPath 中的变量名不区分大小写,同时,变量的命名不能与 UiPath 的关键字冲突。定义变量时,还要注意变量的作用范围。

知识点拨

(1)为了提高变量名称的可读性,通常可遵循计算机程序语言中的命名惯例:①蛇型命名法:first_name;②大、小驼峰命名法:FirstName、fastName;③帕斯卡命名法:First1Name2。

(2)财务工作中有较多专业名词,为了提高变量名称的可读性,财务人员在开发财务机器人过程中也可使用中文对变量进行命名,如净利润、企业所得税等。

(三)变量的值

变量的值支持多种数据类型,包括从通用值、文本、数字、数据表、时间和日期、UiElement,到任何.NET 变量类型。使用变量前应先根据所存储数据的特点为变量选择合适的数据类型。数据类型决定了数据在内存中的存放方式和占用内存的大小,决定了数据的取值范围和可对数据执行的操作。

二、变量的创建与删除

(一)变量的创建

1. 从变量面板创建

在 UiPath 的变量面板中,单击"创建变量",即可新增一个变量行,输入变量名称、选择变量类型、设置范围、设置默认值后即完成创建。如果默认值为空,则变量将使用其类型的默认值进行初始化。例如图 2-21 所示,创建一个变量,变量类型为 Int32,默认值则为 0。(注意:仅当"设计器"面板包含至少一个活动时,才能创建变量)

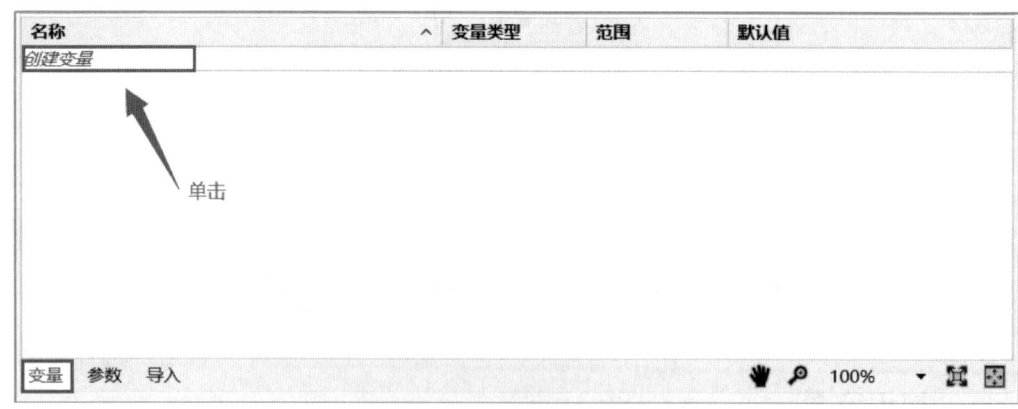

图 2-21 在变量面板创建变量

2. 从活动主体的属性面板中创建变量

在活动的属性面板中,右键单击可以编辑的字段,并在打开的如图 2-22 所示的快捷菜单中选择"创建变量",或者按快捷键 Ctrl+K;接着输入变量名,然后按回车键即可创建变量。创建好的变量也可在变量面板中查看和编辑。

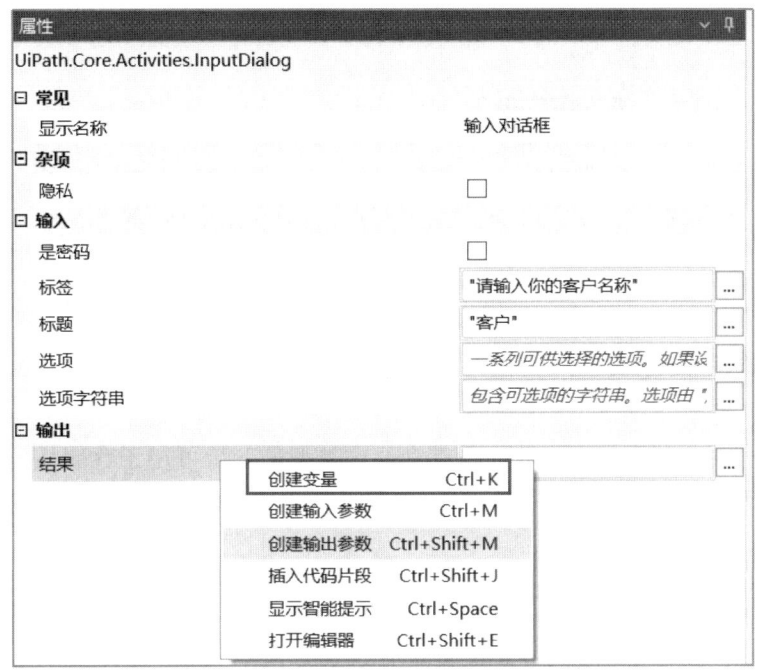

图 2-22　在活动主体的属性面板中创建变量

3. 直接在活动主体中创建

在活动中右键单击可以编辑的字段，并在打开的菜单中选择"创建变量"，或者按快捷键 Ctrl+K 创建；接着输入变量名，然后按回车键即可创建变量，如图 2-23 所示。创建好的变量也可在变量面板中查看和编辑。

图 2-23　在活动主体中创建变量

（二）变量的删除

若要删除变量，请在"变量"面板中，右键单击该变量并选择"删除"，或者选中该变量并在键盘上按"Delete"键，如图 2-24 所示。

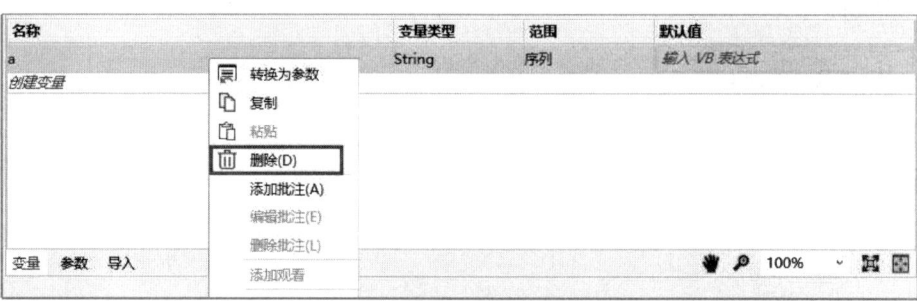

图 2-24　在变量面板删除变量

三、变量的数据类型

（一）数据类型：String

String 是一种只能存储文本的变量类型。这类型的变量可用于存储任何文本信息,如员工姓名、用户名或任何其他字符串。（注意：UiPath 中的所有字符串必须放在英文状态下的引号内）

🏠 示例 1：String

➤ 示例描述

请在 UiPath 中创建变量 a,其数据类型为 String,值为"2024 年资产负债表",并输出该变量。

➤ 操作步骤

（1）在序列中添加【编程】—【调试】类别下的【日志消息】活动,日志级别选择 Info,在消息处按快捷键 Ctrl+K 创建变量 a,如图 2-25 所示。

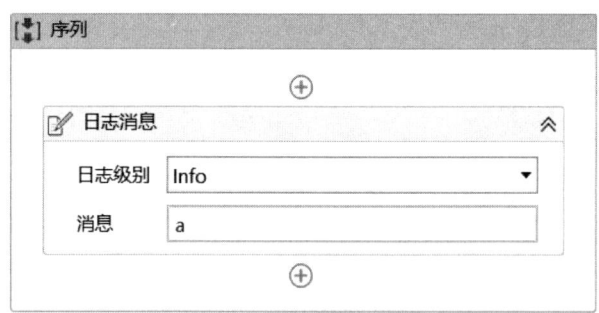

图 2-25　添加【日志消息】活动及创建变量

（2）先单击【日志消息】活动,再打开变量面板,修改 a 的变量类型为 String,默认值为"2024 年资产负债表",如图 2-26 所示。

图 2-26　在变量面板修改变量类型及输入默认值

➢ 运行结果

运行结果如图 2-27 所示。

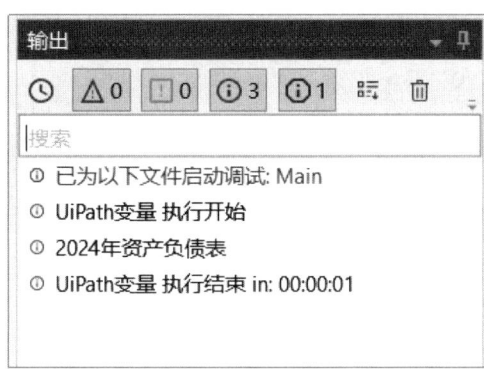

图 2-27 【日志消息】活动输出结果

（二）数据类型：Boolean

Boolean 也称为布尔值变量，是一种变量类型，它只有两个可能的值：True 或 False。这个变量能够便于做决策，从而更好地控制流程。

🏠 示例 2：Boolean

➢ 示例描述

请在 UiPath 中创建变量 a，其数据类型为 Boolean，并输出该变量。

➢ 操作步骤

（1）在序列中添加【编程】—【调试】类别下的【日志消息】活动，日志级别选择 Info，在消息处按快捷键 Ctrl＋K 创建变量 a，如图 2-28 所示。

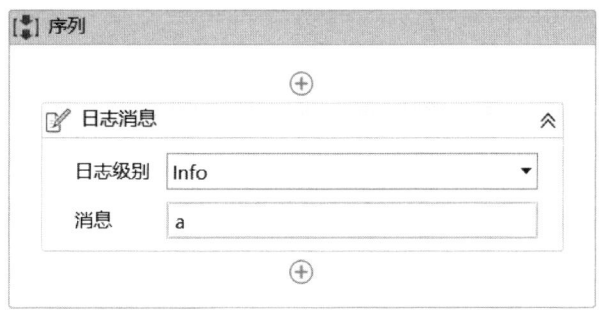

图 2-28 添加【日志消息】活动及创建变量

（2）先单击【日志消息】活动，再打开变量面板，修改 a 的变量类型为 Boolean，如图 2-29 所示。

名称	变量类型	范围	默认值
a	Boolean	序列	输入 VB 表达式

变量　参数　导入

图 2-29 在变量面板修改变量类型及输入默认值

➢ 运行结果

运行结果如图 2-30 所示。

图 2-30 【日志消息】活动输出结果

(三) 数据类型：Int32

Int32 是数字变量，也称为 32 位有符号整数，用于存储数字信息。它可以用于执行方程或比较，传递重要数据和许多其他信息。

🏠 示例 3：Int32

➢ 示例描述

请在 UiPath 中创建变量 a，其数据类型为 Int32，值为 11，并输出该变量。

➢ 操作步骤

(1) 在序列中添加【编程】—【调试】类别下的【日志消息】活动，日志级别选择 Info，在消息处按快捷键 Ctrl＋K 创建变量 a，如图 2-31 所示。

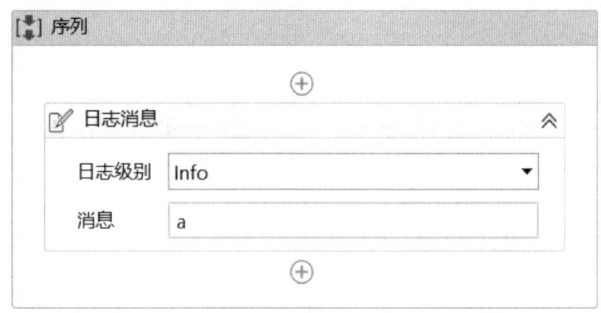

图 2-31 添加【日志消息】活动及创建变量

(2) 先单击【日志消息】活动，再打开变量面板，修改 a 的变量类型为 Int32，默认值为 11，如图 2-32 所示。

名称	变量类型	范围	默认值
a	Int32	序列	11

图 2-32 在变量面板修改变量类型及输入默认值

➢ 运行结果

运行结果如图 2-33 所示。

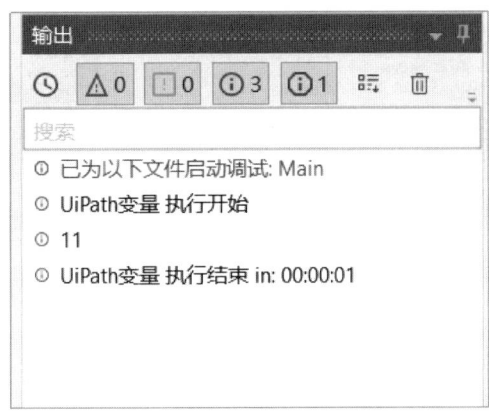

图 2-33 【日志消息】活动输出结果

（四）数据类型：Array

Array 数组变量是一种用于存储同一类型的多个值的变量。在 UiPath 中可以创建由数字、字符串、布尔值等组成的数组。通过添加数组项的索引号，可以访问它们的值并将其写入文本文件中。如示例 4 中的 a(0)，表示索引该变量中的第一个值。

🏠 示例 4：Array

➢ 示例描述

请在 UiPath 中创建变量 a，其数据类型为 Array of [T]的 String[]类型，值为{"营业收入","营业成本"}，并输出该数组变量的第一个值。

➢ 操作步骤

（1）在序列中添加【编程】—【调试】类别下的【日志消息】活动，日志级别选择 Info，如图 2-34 所示。

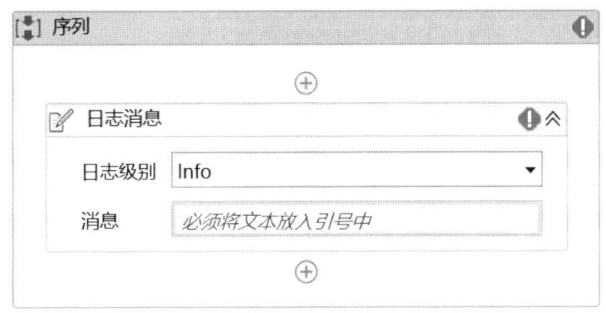

图 2-34 【日志消息】活动选择日志级别

（2）先单击【日志消息】活动，再打开变量面板，单击创建变量，将变量命名为 a，修改 a 的变量类型为 Array of [T]下的 String 类型，默认值为{"营业收入","营业成本"}，然后在【日志消息】活动的消息框处输入 a(0)，如图 2-35、图 2-36 所示。

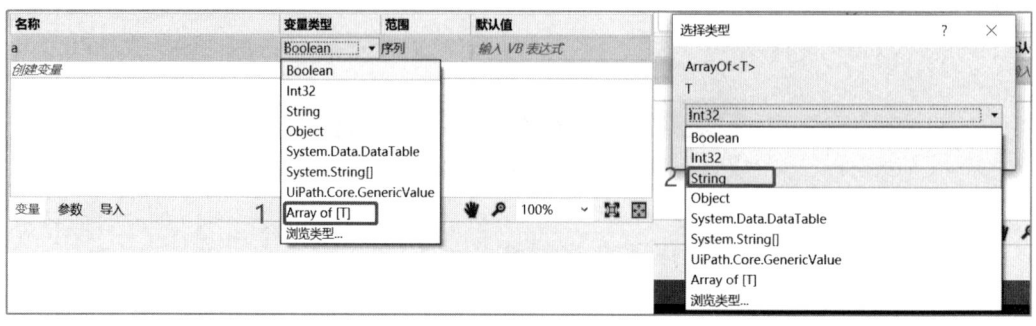

图 2-35　在变量面板修改变量类型

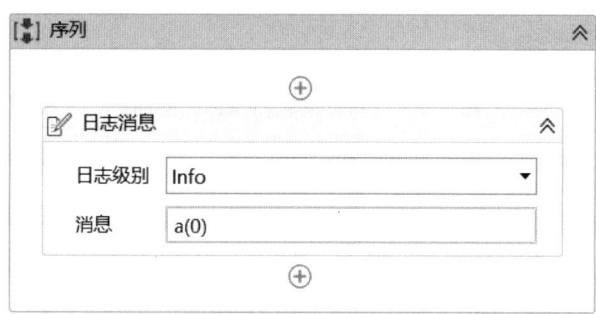

图 2-36　在消息处输入数组变量第一个值

➢ 运行结果

运行结果如图 2-37 所示。

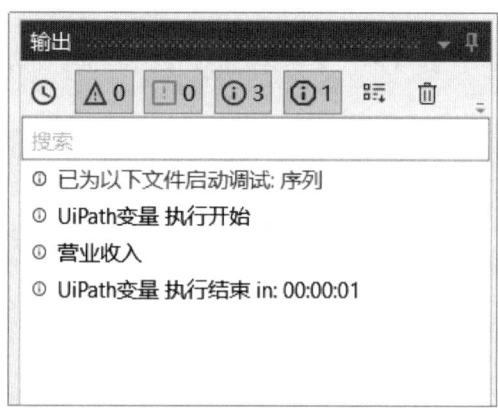

图 2-37　【日志消息】活动输出结果

（五）数据类型：GenericValue

GenericValue 是一种可以存储任何类型数据的变量，可以称为泛型，包括文本、数字、日期，它是 UiPath Studio 特有的。在 UiPath Studio 具有泛型值变量的自动转换机制，可以通过定义它们的表达式来达到预期结果。表达式中的第一个元素的数据类型用作 Studio 执行操作时的准则。例如，当两个泛型值变量执行"＋"运算时，如果表达式中的第一个变量定义为字符串,则结果是这两个变量的拼接。如果第一个变量定义为整数,则结果是这些整数的和。(注意:此处执行求和第二个变量存储数据需为数字)

🏠 示例 5:GenericValue

➢ 示例描述

请在 UiPath 中创建变量 a,其数据类型为 GenericValue,值为 100.1,并输出该变量。

➢ 操作步骤

(1) 在序列中添加【编程】—【调试】类别下的【日志消息】活动,日志级别选择 Info,在消息处按快捷键 Ctrl+K 创建变量 a,如图 2-38 所示。

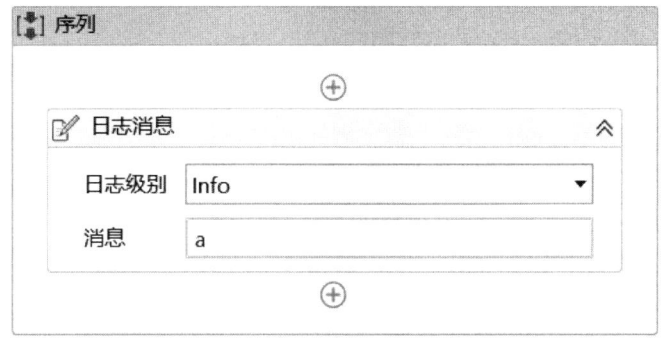

图 2-38 添加【日志消息】活动及创建变量

(2) 先单击【日志消息】活动,再打开变量面板,修改 a 的变量类型为 GenericValue,默认值为 100.1,如图 2-39、图 2-40 所示。

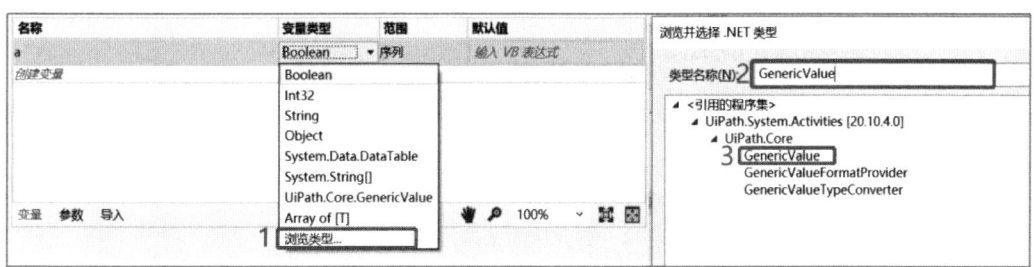

图 2-39 在变量面板修改变量类型

图 2-40 在变量面板输入默认值

➢ 运行结果

运行结果如图 2-41 所示。

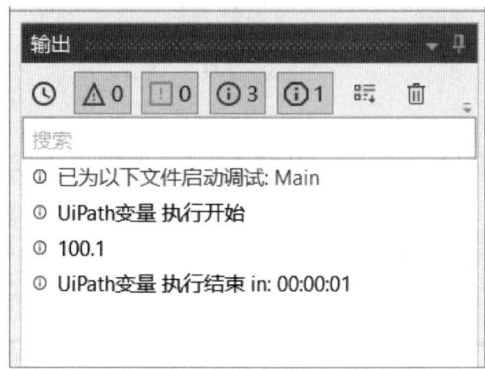

图 2-41 【日志消息】活动输出结果

（六）数据类型：DataTable

DataTable 可以存储大量信息，并充当数据库或包含行和列的简单电子表格。位于"浏览并选择.NET 类型"窗口中 System.Data 命名空间下方（System.Data.DataTable）。DataTable 变量可用于将特定数据从一个数据库迁移到另一个数据库，从网站获取信息并将其以本地方式存储在电子表格中，如图 2-42 所示。

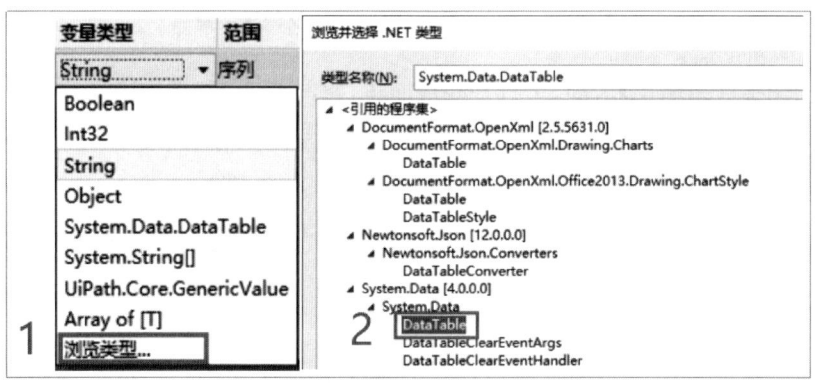

图 2-42 在变量面板选择变量类型

（七）数据类型：Double

Double 是双精度浮点型，位于"浏览并选择.NET 类型"窗口中 System 命名空间下方（System.Double）。

🏠 示例 6：Double
➢ 示例描述

请在 UiPath 中创建变量 a，其数据类型为 Double，值为 3.1415926，并输出该变量。

➢ 操作步骤

（1）在序列中添加【编程】—【调试】类别下的【日志消息】活动，日志级别选择 Info，在消息处按快捷键 Ctrl+K 创建变量 a，如图 2-43 所示。

（2）先单击【日志消息】活动，再打开变量面板，修改 a 的变量类型为 Double，默认值为 3.1415926，如图 2-44、图 2-45 所示。

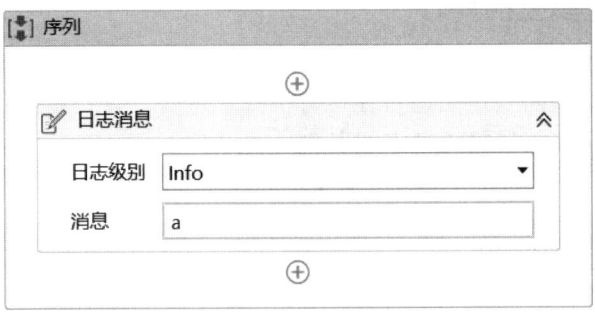

图 2-43　添加【日志消息】活动及创建变量

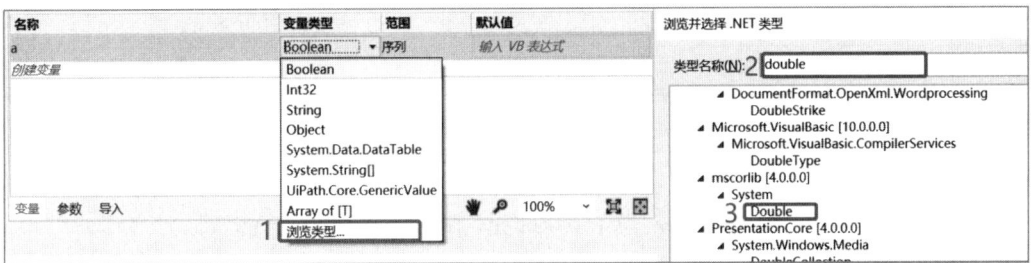

图 2-44　在变量面板修改变量类型

图 2-45　在变量面板输入默认值

> 运行结果

运行结果如图 2-46 所示。

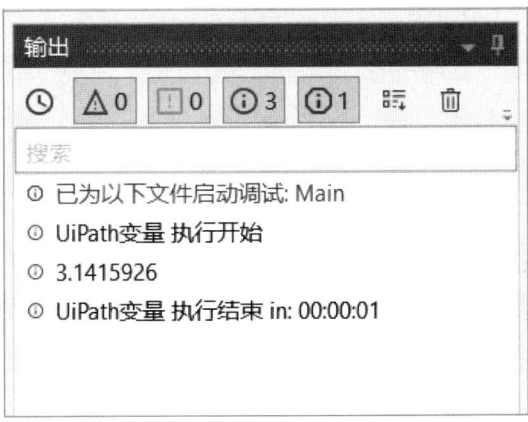

图 2-46　【日志消息】活动输出结果

四、变量数据类型的转换

变量的数据类型间是可以互相转换的,分为隐式转换和显式转换。隐式转换是系统的默认转换方式,即不需要特别声明即可在所有情况下进行。显式转换(强制转换)是一种强制性的转换方式,使用类型转换关键字如表 2-1 所示。

表 2-1 变量数据类型的转换

目标数据类型	转换方法
转换成 inter 类型	CInt()或 Integer. Parse()
转换成浮点数值类型	CDbl()或 Double. Parse()
转换成时间类型	datetime. parse()
转换成 String 类型	ToString
换行符	vbcrlf

🏠 示例 7:变量数据类型的转换

➢ 示例描述

说明:2024 年 A 公司销售收入为 150 000 元,销售成本为 90 000 元。

要求:设计一个机器人计算 A 公司 2021 年销售毛利率。

活动:【分配】【日志消息】

➢ 操作步骤

(1) 在序列中添加 1 个【System】—【Activities】—【Statements】类别下的【分配】活动,在该活动内按快捷键 Ctrl+K 输入变量名为销售收入,令销售收入="150 000",如图 2-47 所示。(注意:该活动内创建变量的初始数据类型为 String,此处为了使用函数转换变量类型,因此不在变量面板变更变量类型)

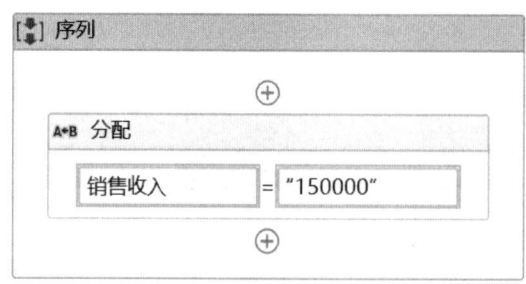

图 2-47 添加第一个【分配】活动

(2) 继续添加 1 个【System】—【Activities】—【Statements】类别下的【分配】活动,在该活动内按快捷键 Ctrl+K 输入变量名为销售成本,令销售成本="90 000",如图 2-48 所示。

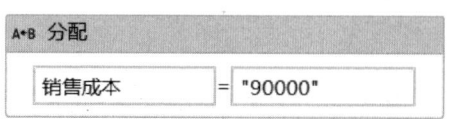

图 2-48 添加第二个【分配】活动

(3)继续添加一个【编程】—【调试】类别下的【日志消息】活动,日志级别为 Info,消息内输入销售毛利率计算公式,由于前面创建的变量类型为 String 类型,因此使用函数 double.parse()将 String 变量类型转换为 Double 变量类型,则【日志消息】活动的消息输入为:(double.parse(销售收入)-double.parse(销售成本))/double.parse(销售收入),如图 2-49 所示。

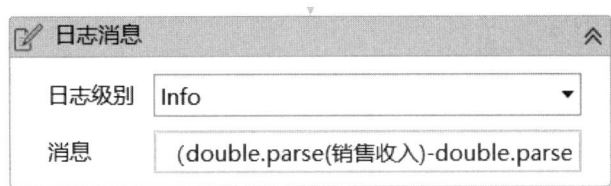

图 2-49 设置【日志消息】活动输出销售毛利率

> 运行结果

运行结果如图 2-50 所示。

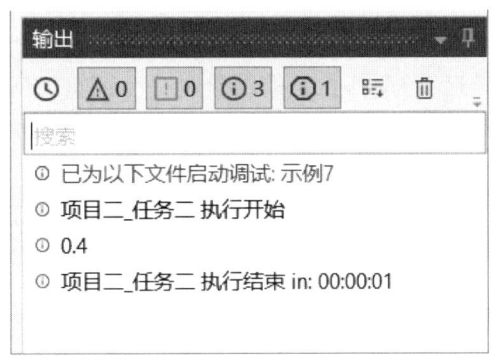

图 2-50 【日志消息】活动输出结果

五、运算符

(一)运算符的类型

运算符是用于执行某种运算的符号,UiPath 中的运算符大致可以分为 5 种类型:算术运算符、连接运算符、关系运算符、赋值运算符和逻辑运算符。

1. 算术运算符

算术运算符用于处理数值计算,UiPath 的常见算术运算符如表 2-2 所示。

表 2-2 算术运算符

符号	具体含义	假设 A=2,B=7
^	幂	B^A 结果为 49
+	加法运算	A+B 结果为 9
-	减法运算	A-B 结果为 -5
*	乘法运算	A*B 结果为 14

33

(续表)

符号	具体含义	假设 A=2,B=7
/	将一个操作数除以另一个操作数,并返回一个浮点结果	B/A 结果 3.5
\	将一个操作数除以另一个操作数,并返回一个整数结果	B/A 结果为 3
Mod	取余数	B MOD A 结果为 1

2. 连接运算符

连接运算符的作用是把两个字符串合并成一个字符串,UiPath 的连接运算符如表 2-3 所示。

表 2-3 连接运算符

类别	运算符号	含义	样例
连接运算符	& 或 +	字符串连接	字符串"科"与字符串"云"的连接结果为"科云"

3. 关系运算符

关系运算符,也称比较运算符,其比较的结果是一个逻辑值(逻辑真或逻辑假,即 True 或 False)。UiPath 的常见关系运算符如表 2-4 所示。

表 2-4 关系运算符

类别	运算符号	含义	假设变量 a=10,b=6
关系运算符	=	等于	a=b 的关系运算结果为 False
	>	大于	a>b 的关系运算结果为 True
	<	小于	a<b 的关系运算结果为 False
	>=	大于等于	a>=5 的关系运算结果为 True
	<=	小于等于	a<=5 的关系运算结果为 False
	<>	不等于	a<>b 的关系运算结果为 True

4. 赋值运算符

"="是 UiPath 中的赋值运算符,该运算符把赋值号右边表达式的计算结果赋给左边的变量。UiPath 中的赋值运算符如表 2-5 所示。

表 2-5 赋值运算符

类别	运算符号	含义	样例
赋值运算符	=	赋值	a=10 的结果是为变量 a 赋值为 10

5. 逻辑运算符

逻辑运算符是针对逻辑值进行运算的符号,其运算结果也是一个逻辑值。例如,用逻辑运算符把多个关系表达式连接起来组成一个复杂的逻辑表达式,这种逻辑表达式常用于作为分支程序或循环程序的条件判断。UiPath 中的常见逻辑运算符如表 2-6 所示。

表 2-6 逻辑运算符

类别	运算符号	含义	假设变量 a=10,b=6
逻辑运算符	And	并且	a>5 And a<11 的逻辑运算结果为 True
	Or	或者	a>11 Or b<8 的逻辑运算结果为 True
	Not	取反	Not a>5 的逻辑运算结果为 False

（二）运算符的优先级

UiPath 中的表达式可以由多种运算符号连接多种类型的值组成，当一个表达式中包含多种不同的运算符时，要注意辨别这些运算符的优先级。UiPath 运算符的优先级从高到低顺序如下：算术运算符（连接运算符）、关系运算符、逻辑运算符、赋值运算符。

具体来说，各常见运算符的优先级从高到低顺序如下：＊和/、Mod、＋和－、&、关系运算符（所有关系运算符级别相同）、Not、And、Or、＝（赋值运算符）。

> 示例 8：算术运算符
> 示例描述

说明：2024 年 A 公司销售收入为 150 000 元，销售成本为 90 000 元。

要求：设计一个机器人计算 A 公司 2021 年销售毛利率。

活动：【分配】【日志消息】

> 操作步骤

(1) 在序列中添加 3 个【System】—【Activities】—【Statements】类别下的【分配】活动，在第一个【分配】活动内按快捷键 Ctrl＋K 输入变量名为销售收入，单击该活动，打开变量面板，修改该变量的类型为 Double，值为 150 000；在第二个【分配】活动内按快捷键 Ctrl＋K 输入变量名为销售成本，单击该活动，打开变量面板，修改该变量的类型为 Double，值为 90 000；在第三个【分配】活动内按快捷键 Ctrl＋K 输入变量名为销售毛利率，单击该活动，打开变量面板，修改该变量的类型为 Double，值为（销售收入－销售成本）/销售收入，如图 2-51、图 2-52 所示。

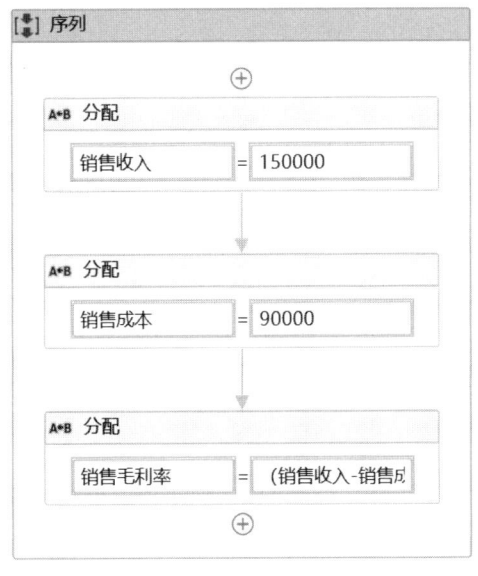

图 2-51 设置三个【分配】活动

图 2-52 在变量面板修改变量类型

（2）继续在第三个【分配】活动后面添加【编程】—【调试】类别下的【日志消息】活动，日志级别为 info，消息为销售毛利率，如图 2-53 所示。

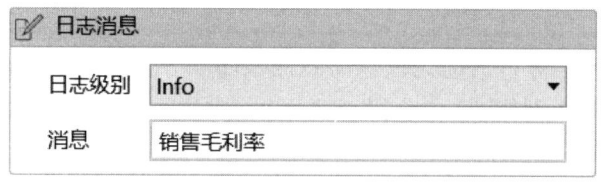

图 2-53 设置【日志消息】活动输出销售毛利率

➢ 运行结果

运行结果如图 2-54 所示。

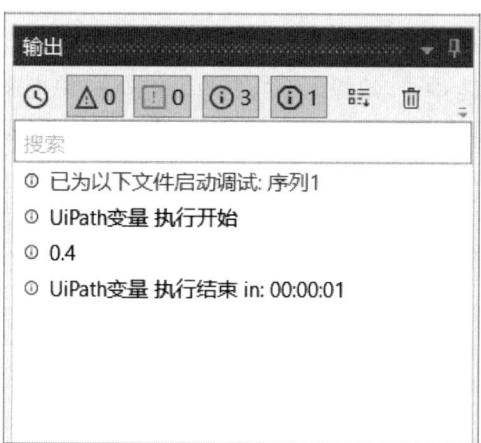

图 2-54 【日志消息】活动输出结果

任务三　认识 UiPath 常用活动

一、初识活动

（一）活动的含义

活动（Activity）是流程自动化的基石，是构成自动化程序的最小模块，可以将其理解为

"拼图碎片"。UiPath 中,活动的复杂性各不相同,用户可以根据其需求对活动进行相应的设置。

(二)UiPath 项目依赖项

在 UiPath 中每个新建流程都默认包含四个项目依赖项。依赖项就是官方或者他人制作的封装好的活动组件,是脚本开发和运行中所必备的,如图 2-55 所示。

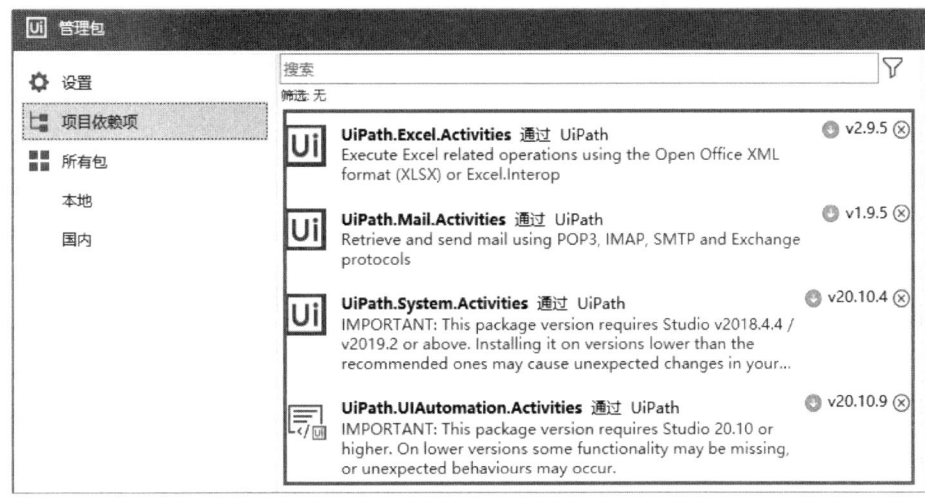

图 2-55　UiPath 项目依赖项

除默认安装的四个依赖项,还可下载安装其他活动程序包。例如,PDF、Word 等相关活动都没有包含在默认依赖项中,当需要处理 PDF、Word 等文件时,可以通过【管理包】安装使用。其操作如图 2-56 所示。

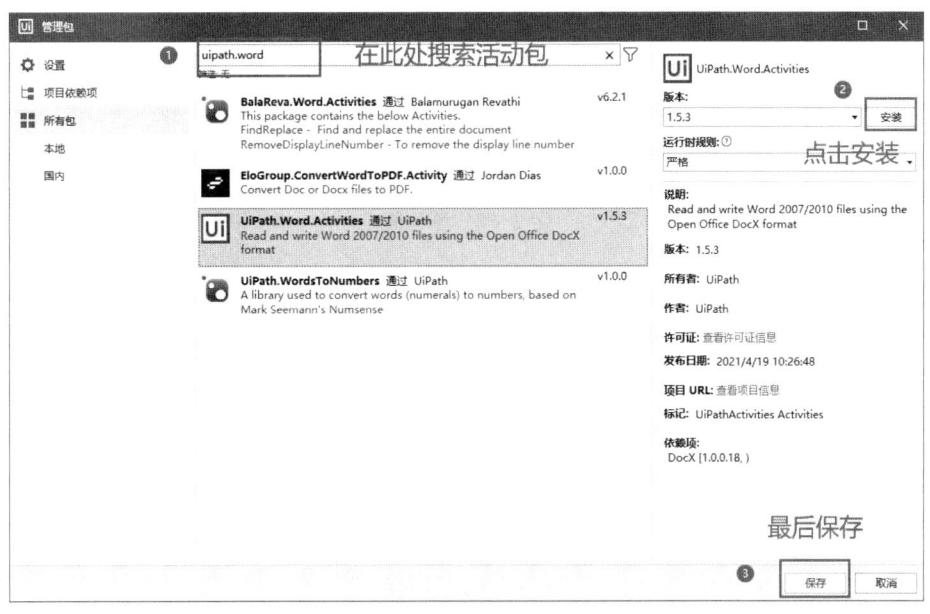

图 2-56　下载活动程序包

二、工作流类型

（一）序列

序列是最小类型的项目，用于创建由许多子活动组成的线性流程，序列中的子活动均按顺序执行。该活动既可作为独立的自动化项目，也可作为流程图或状态机的一部分，从而帮助用户对特定活动作出分组，如图2-57所示。

图2-57 序列

（二）流程图

流程图是展示过程的图形表示，能帮助用户轻松查看和遵循流程。它可通过多种方式相互连接，能够让用户自动执行简单操作并创建复杂的业务流程。流程图既可用作独立的自动化项目，也可包含在更广泛的程序中，如图2-58所示。

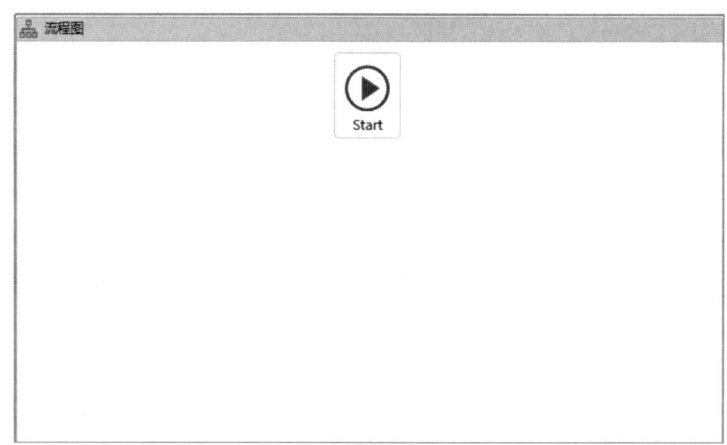

图2-58 流程图

知识点拨

序列适合活动相互跟随的简单场景，能够方便地从一个活动转到另一个活动，不会使项目发生混乱。流程图适合用于更复杂的分支逻辑，用于创建复杂的业务流程并以多种方式连接活动。

三、常用鼠标操作活动

UiPath中的鼠标活动是UiPath机器人用于模拟人为操作鼠标的一种方法。例如，【用户界面自动化】—【元素】—【鼠标】类型下有鼠标的单击、双击和悬停等活动，这些活动可以模拟人为操作单击鼠标或双击鼠标或鼠标悬停等操作。

以【单击】活动为例,【单击】活动是单击指定的用户界面元素。该活动在【可用】—【用户界面自动化】—【元素】—【鼠标】类别下,如图 2-59、图 2-60 所示。

图 2-59 【单击】活动　　　　　　　　　图 2-60 【单击】活动的属性面板

【单击】活动属性介绍如表 2-7 所示。

表 2-7 【单击】活动属性介绍

属性	功能
出错时继续	在当前活动失败的情况下,仍继续执行剩余的活动
在此之前延迟	活动开始执行任何操作之前的延迟时间,默认时间为 200 毫秒
在此之后延迟	执行活动之后的延迟时间,默认时间为 300 毫秒
单击类型	指定模拟点击事件时所使用的鼠标点击类型(单击、双击、向上滚动、向下滚动)。默认选择单击
鼠标按键	用于执行点击操作的鼠标键(左键、右键和中键)。系统会默认选择鼠标左键
修饰键	用于添加修饰键。可用的选项如下:Alt、Ctrl、Shift、Win
发送窗口消息	勾选后单击可在后台工作,默认情况下,该复选框为未选中状态
如果禁用则更改	如果选中,即使禁用指定的用户界面元素,系统也仍会执行模拟点击操作
模拟单击	勾选后单击可在后台工作

知识点拨

在使用单击活动时,建议勾选模拟单击或发送窗口消息。避免调试时鼠标移位导致报错。发送窗口消息和模拟单击,两者只能勾选其中一项。

表 2-8 发送窗口消息与模拟单击区别表

项目	发送窗口消息	模拟单击	均不勾选
含义	通过向目标程序发送一条特定消息的方式执行点击	通过使用目标应用程序点击	通过硬件驱动程序执行点击
后台运行	可以后台运行	可以后台运行	不能后台运行
速度	—	最快	最慢
兼容性	兼容大多数桌面应用程序	—	兼容所有桌面应用程序

四、常用键盘输入活动

(一)【设置文本】活动

【设置文本】活动是使用户能够将字符串写入指定用户界面元素的"文本"属性。该活动在【可用】—【用户界面自动化】—【元素】—【控件】类别下,如图 2-61、图 2-62 所示。

图 2-61 【设置文本】活动

图 2-62 【设置文本】活动属性面板

【设置文本】活动主要属性介绍如表 2-9 所示。

表 2-9 【设置文本】活动主要属性介绍

属性	功能
文本	待写入用于界面元素的"文本"属性的字符串
选取器	用于在执行活动时查找特定用户界面元素的"文本"属性。它实际上是 XML 片段,用于指定要查找的图形用户界面元素及其一些父元素的属性

🏠 示例 1:设置文本
➢ 示例描述
说明:请先使用谷歌浏览器打开百度网页,再令 RPA 在搜索栏中键入"国家税务总局"。
活动:【单击】【设置文本】
➢ 操作步骤
(1)先在谷歌浏览器中打开百度网页,然后在序列中添加【元素】—【控件】类别下的【设置文本】活动,点击该活动的"指明在屏幕上"拾取百度网页的搜索框,并设置输入内容为"国家税务总局",如图 2-63 所示。

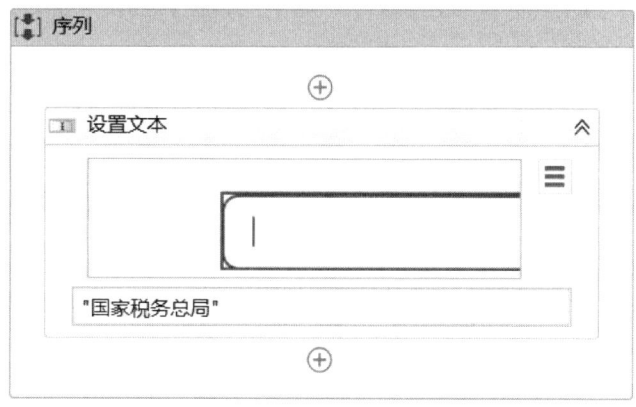

图 2-63 【设置文本】活动输入国家税务总局

(2)添加【元素】—【鼠标】类别下的【单击】活动,点击该活动的"指明在屏幕上"拾取"百度一下"图标,如图 2-64 所示。

图 2-64 单击"百度一下"

➢ 运行结果
运行结果如图 2-65 所示。

图 2-65 运行结果

（二）【输入信息】活动

【输入信息】活动是向用户界面元素发送击键，它支持特殊按键，且可以从下拉列表中选择。该活动在【可用】—【用户界面自动化】—【元素】—【键盘】类别下，如图 2-66、图 2-67 所示。

图 2-66 【输入信息】活动

图 2-67 【输入信息】活动属性面板

【输入信息】活动主要属性介绍如表 2-10 所示。

表 2-10 【输入信息】活动主要属性介绍

属性	功能
文本	待写入指定用户界面元素的文本。支持特殊按键,且可以从活动下拉列表中选择
发送窗口消息	勾选后单据可在后台工作,默认情况下,该复选框为未选中状态
在末尾取消选定	在文本输入后添加完整事件,以触发某些界面响应
如果禁用则更改	如果选中,即使禁用指定的用户界面元素,系统也仍会执行键入操作
模拟键入	勾选后单击可在后台工作
激活	默认勾选。选择该复选框时,系统会将指定用户界面元素置于前台,并在写入文本前将其激活
空字段	选中该复选框时,系统会在写入文本前清除用户界面元素中所有之前存在的内容
键之间延迟	两次击键之间的延迟时间。默认时间为 10 毫秒,最大值为 1 000 毫秒
键之前单击	选中该复选框时,在写入文本之前单击指定用户界面元素

知识点拨

【设置文本】与【输入信息】活动虽然都是在界面中输入内容,但存在部分差异。【设置文本】活动只能输入字符串信息,而【输入信息】活动除了字符串之外还支持特殊按键,如 Alt、Ctrl、Shift、F1、F2 等按键。另外,在属性上输入信息的设置更丰富,可以触发某些界面响应、清除用户界面元素中所存在的内容、键入前单击等设置。

示例 2:输入信息

> 示例描述

说明:请使用谷歌浏览器打开百度网页,再令 RPA 在搜索栏中键入"国家税务总局"。
要求:使用 Enter 键。
活动:【输入信息】

> 操作步骤

(1) 先在谷歌浏览器中打开百度网页,然后在序列中添加【元素】—【键盘】类别下的【输入信息】活动,点击该活动的"指明在屏幕上"拾取百度网页的搜索框。接着设置输入内容为"国家税务总局",再点击该活动的"+"选择特殊按键"enter"即可,如图 2-68 所示。

图 2-68 设置【输入信息】活动输入内容

➢ 运行结果

运行结果如图 2-69 所示。

图 2-69 运行结果

五、其他常用活动

（一）【日志消息】活动

【日志消息】活动是在指定的级别写入指定的诊断消息。该活动在【可用】—【编程】—【调试】类别下。日志级别分为 Fatal、Error、Warn、Info 以及 Trace 五个级别，如图 2-70 所示。

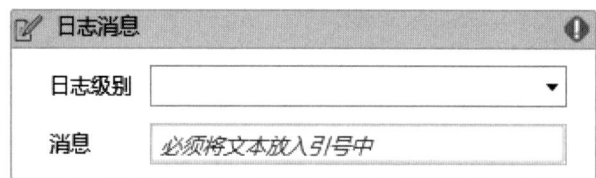

图 2-70 【日志消息】活动

【日志消息】活动的日志级别介绍如表 2-11 所示。

表 2-11 【日志消息】活动的日志级别介绍

日志级别	功能
FATAL	指出每个严重的错误事件将会导致应用程序的退出，级别较高
ERROR	指出虽然发生错误事件，但仍然不影响系统的继续运行。打印错误和异常信息
WARN	表明会出现潜在错误的情形，有些信息不是错误信息，但是也要给程序员的一些提示
INFO	消息在粗粒度级别上突出强调应用程序的运行过程。打印一些我们感兴趣的或者重要的信息，用于调试输出程序运行中的一些重要信息，但是不能滥用，避免打印过多的日志
TRACE	很低的日志级别，一般不会使用

(二)【分配】活动

【分配】活动是将任何值分配给变量或参数。它常用于循环语句中,给变量重新赋值令机器人进入下一次循环条件判断。该活动在【可用】—【System】—【Activities】—【Statements】类别下,如图 2-71 所示。

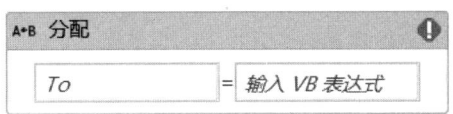

图 2-71 【分配】活动

(三)【输入对话框】活动

【输入对话框】活动是显示一个对话框,通过其中的标签消息和输入字段提示用户。该活动在【可用】—【系统】—【对话框】类别下,如图 2-72、图 2-73 所示。

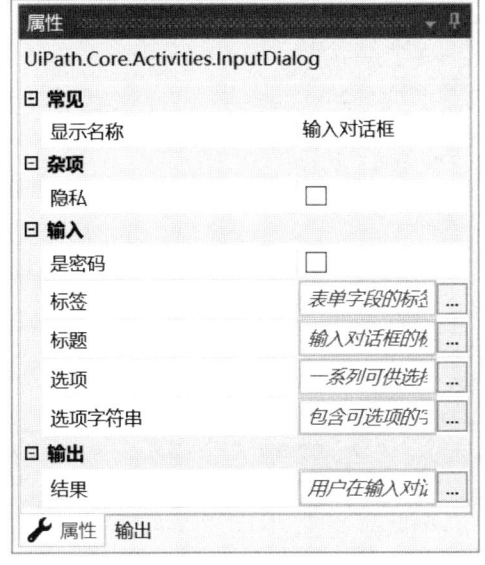

图 2-72 【输入对话框】活动

图 2-73 【输入对话框】活动属性面板

【输入对话框】活动主要属性介绍如表 2-12 所示。

表 2-12 【输入对话框】活动主要属性介绍

属性	功能
标签	表单字段的标签
标题	输入对话框的标题
选项	一系列可供选择的选项。该字段仅支持字符串数组变量,如{"项目 1"、"项目 2"、"项目 3"}
选项字符串	包含可供选择的选项的字符串,该字段仅支持字符串变量
结果	用户在输入对话框中插入的值

🏠 示例 3：输入对话框

➤ 示例描述

说明：令机器人接收用户输入的 A 公司 2024 年营业收入值 32 450 000 000 元,并通过日志消息将该值输出。

活动：【输入对话框】【日志消息】

➤ 操作步骤

（1）在序列中添加【系统】—【对话框】类别下的【输入对话框】活动,设置该活动的对话框标题为"营业收入",输入标签为"请输入 A 公司营业收入",输入类型选择文本框,并在已输入值处创建变量 a,如图 2-74 所示。

图 2-74 【输入对话框】活动设置

（2）打开变量面板,修改该变量的数据类型为 Double,如图 2-75 所示。

名称			变量类型	范围	默认值	
a			Double	序列	输入 VB 表达式	
变量	参数	导入			100%	

图 2-75 在变量面板修改变量类型

（3）继续添加【编程】—【调试】类别下的【日志消息】活动，设置该活动的日志级别为 Info，消息为 a，如图 2-76 所示。

图 2-76 【日志消息】活动设置

（4）点击调试文件，根据机器人弹出的对话框输入"32 450 000 000"，如图 2-77 所示。

图 2-77 对话框内输入营业收入

➤ 运行结果

运行结果如图 2-78 所示。

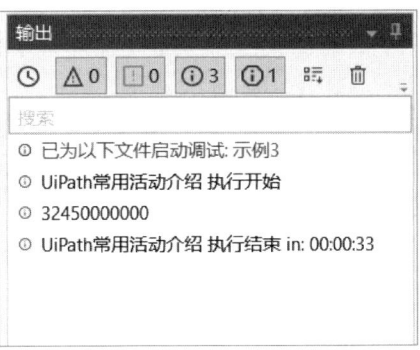

图 2-78 【日志消息】活动输出结果

（四）【获取文本】活动

【获取文本】活动是从指定用户界面元素提取文本值。该活动在【可用】—【用户界面自动化】—【元素】—【控件】类别下，如图 2-79、图 2-80 所示。

图 2-79 【获取文本】活动

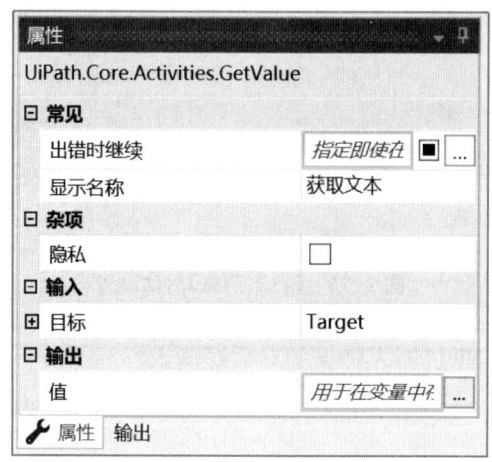

图 2-80 【获取文本】活动属性面板

【获取文本】活动主要属性介绍如表 2-13 所示。

表 2-13 【获取文本】活动主要属性介绍

属性	功能
出错时继续	指定自动化是否应该在活动抛出错误时继续。该字段仅支持布尔值。默认值为假。因此，如果该字段为空白并引发错误，则项目的执行将停止。如果该值设置为 True，则无论出现任何错误，项目都会继续执行
值	用于将指定用户界面元素中的文本存储在变量中。该字段中创建的变量为通用值类型

（五）【消息框】活动

【消息框】活动是显示一个具有给定文本的消息框，其中包含各种按钮选项。在【可用】—【系统】—【对话框】类别下，如图 2-81 所示。

图 2-81 【消息框】活动

技能训练 1　股票信息查询机器人

1. 案例描述

当我们想去投资"贵州茅台"这只股票时，通常会去观察其股价信息，以帮助我们去判断该股票状况。现在利用 UiPath 制作一个"股票信息查询机器人"给我们提示贵州茅台的股价信息吧！

视频 2.3.1 股票查询机器人

2. 案例要求

（1）使用【打开浏览器】活动登录东方财富网。

（2）查询贵州茅台（600519）的最新股价信息，再用【消息框】弹出该股价信息。

3. 案例开发

（1）在序列中添加【用户界面自动化】—【浏览器】类别下的【打开浏览器】活动,输入 URL 为"https://www.eastmoney.com/",打开该活动的"属性"面板,修改浏览器类型为 Chrome,如图 2-82、图 2-83 所示。（注意:输入的 URL 必须是字符串格式,因此该网址必须放在英文状态下的引号内）

图 2-82　设置【打开浏览器】活动的网址

图 2-83　设置【打开浏览器】活动的属性

（2）添加【用户界面自动化】—【元素】—【控件】类别下的【设置文本】活动,增加该活动显示名称为"股票代码",单击"指出浏览器中的元素"指出输入股票代码的位置,输入文本为"600519",如图 2-84 所示。该步骤表示令机器人模拟用户在搜索框输入要查询的股票代码。

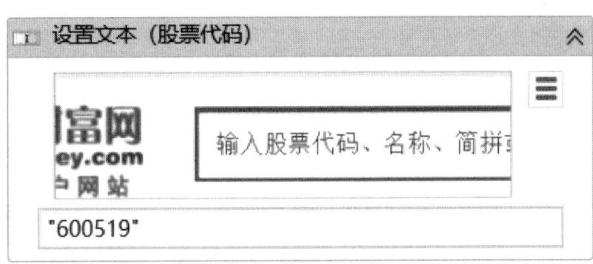

图 2-84　输入股票代码

(3)添加【元素】—【鼠标】类别下的【单击】活动,并增加该活动显示名称为"查行情",单击此活动的"指出浏览器中的元素",选中东方财富网中的"查行情"按钮。该步骤表示令机器人模拟用户单击"查行情"按钮,如图 2-85 所示。(注意:为了确保所指位置的准确性,可打开该活动的【选取器编辑器】进行查看和验证,单击【高亮显示】可查看鼠标单击的位置。若选取的位置偏移,点击选取器下的"指出元素"重新拾取目标元素)

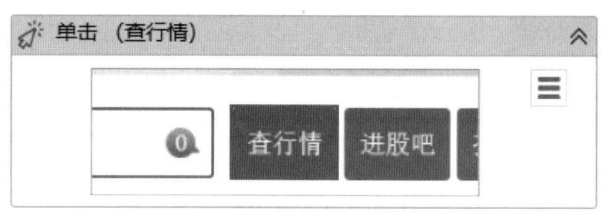

图 2-85　单击查行情

(4)添加【用户界面自动化】—【元素】—【控件】类别下的【获取文本】活动,并增加该活动显示名称为"股价",单击"指出浏览器中的元素",然后选中网页中贵州茅台的股价作为获取文本的目标,在该活动的属性面板输出值处设置变量 price,该变量用于接收获取到的股价信息,变量类型为 String。该步骤表示令机器人模拟用户操作获取贵州茅台的股价信息,如图 2-86 至图 2-89 所示。(注意:由于股价不断变化,为增强流程的通用性,可打开【获取文本】活动下的编辑选取器,对选取器中的价格【1771.70－19.29(－1.08%)】用通配符"*"替换)

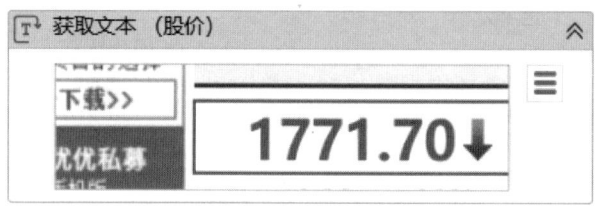

图 2-86　获取股价信息

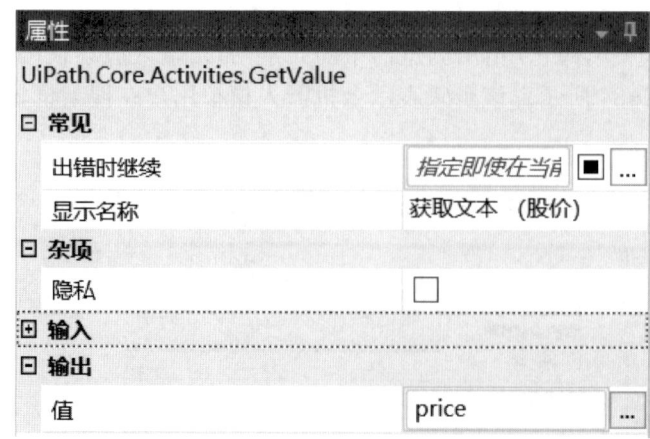

图 2-87　【获取文本】活动的属性面板设置

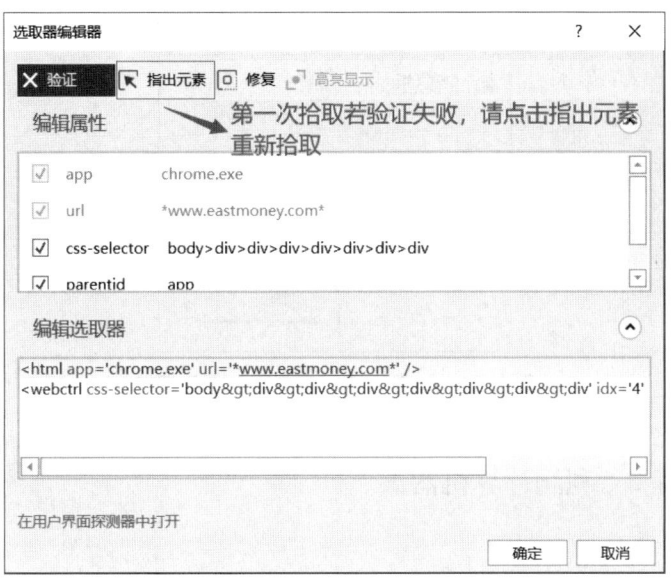

图 2-88 【获取文本】活动的选取器编辑器

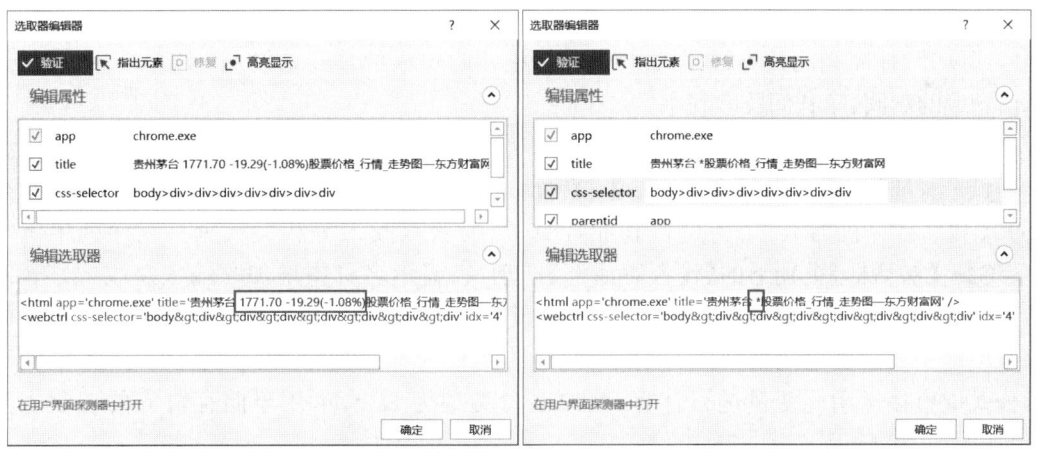

图 2-89 修改"股价"所在网页的标题

(5) 添加【系统】—【对话框】类别下的【消息框】活动,输入文本为"贵州茅台今日股价为"＋price,如图 2-90 所示。该步骤表示令机器人对自动获取到的贵州茅台股价信息进行反馈。

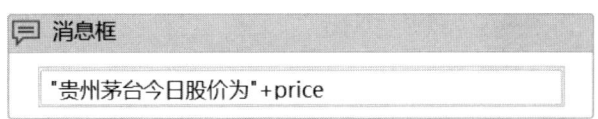

图 2-90 【消息框】活动输出股价信息

4. 运行结果

点击"调试文件"按钮,股票信息查询机器人即会通过消息框弹出贵州茅台今日股价,如

图 2-91 所示。

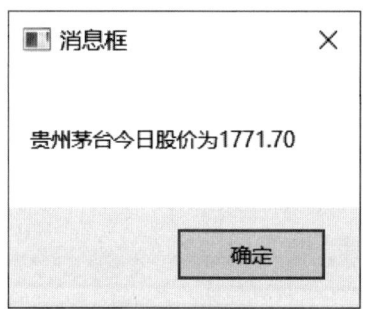

图 2-91　机器人提示贵州茅台今日股价

技能训练 2　利润计算机器人

视频 2.3.2
利润计算机
器人

1. 案例描述

根据《中华人民共和国企业所得税法》规定,依法在中国境内成立的居民企业,征收企业所得税时适用 25% 的基本税率。

2. 案例要求

请设计 RPA 利润计算机器人,使其能根据用户输入的企业总收入与成本费用,自动计算出企业的利润、净利润及净利率。

3. 案例开发

(1) 添加【System】—【Activities】—【Statements】类别下的【序列】活动,修改名称为"RPA 利润计算机器人"。为进行利润计算,需要获取收入等相关数据。在序列中添加【系统】—【对话框】类别下的【输入对话框】活动,在显示名称中增加"(输入总收入)"。对话框标题设置为"输入相关数据",输入标签设置为"请输入公司本年总收入",在已输入的值选项框中右击创建变量"收入",右击创建的变量为通用变量,类型为 String,为方便后续公式中直接运用此变量进行计算,修改变量类型为 Double,用于储存输入的总收入数据,如图 2-92 所示。

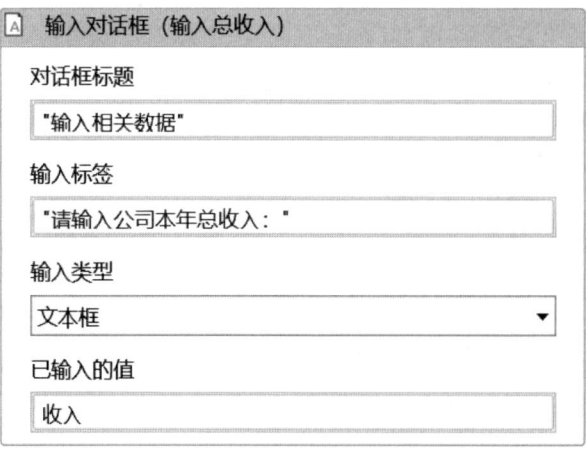

图 2-92　【输入对话框】(输入总收入)

(2) 添加【系统】—【对话框】类别下的【输入对话框】活动,在显示名称中增加"(输入成本费用)"。对话框标题设置为"输入相关数据",输入标签设置为"请输入公司本年成本费用",在已输入的值选项框中右击创建变量"成本费用",修改变量类型为Double,用于储存输入的成本费用数据,如图2-93所示。

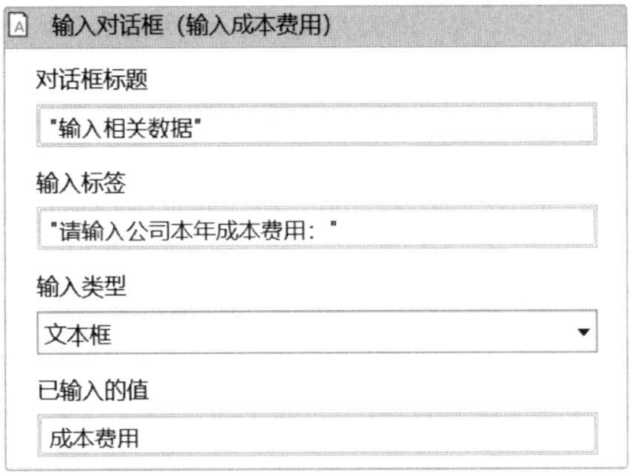

图2-93 【输入对话框】(输入成本费用)

(3) 开始计算利润等指标,添加【工作流】—【控件】类别下的【分配】活动,在变量面板创建变量"利润",变量类型为Double,范围为"RPA利润计算机器人",用于储存计算出的利润。由于利润、收入、成本费用几个变量均为Double类型,可直接计算,因此设置【分配】活动,令利润=收入-成本费用,如图2-94所示。

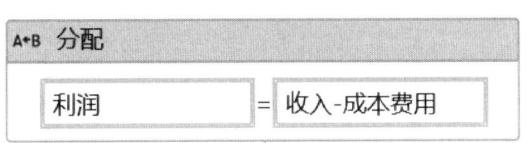

图2-94 设置【分配】活动计算利润

(4) 添加【工作流】—【控件】类别下的【分配】活动,在变量面板创建变量"净利润",变量类型为Double,范围为"RPA利润计算机器人",用于储存计算出的净利润。净利润等于利润减去所得税费用,实际所得税计算工作较为复杂,此处暂时不考虑所得税计算过程中的调整额,简易计算。设置【分配】活动,令净利润=利润*(1-0.25),如图2-95所示。

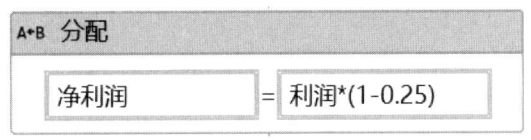

图2-95 设置【分配】活动计算净利润

(5) 添加【工作流】—【控件】类别下的【分配】活动,在变量面板创建变量"净利率",变量类型为Double,范围为"RPA利润计算机器人",用于储存计算出的净利率。净利率等于净利润与总收入的比值。设置【分配】活动,令净利率＝净利润/收入,如图 2-96 所示。

图 2-96　设置【分配】活动计算净利率

（6）至此,利润指标已经计算完成,结果均储存在对应的变量中,需要输出。添加【系统】—【对话框】类别下的【消息框】活动,在显示名称中增加"(输出结果)"。输入文本设置为:"公司经营利润分析情况如下:"+vbcrlf+"(1)利润总额:"+利润.ToString+vbcrlf+"(2)净利润:"＋净利润.ToString＋vbcrlf＋"(3)净利率:"＋formatpercent(净利率.ToString)。其中,vbcrlf 为换行语法,formatpercent()是将数值转换成百分数形式的函数。运行完成会弹出消息框,显示计算结果,如图 2-97 所示。

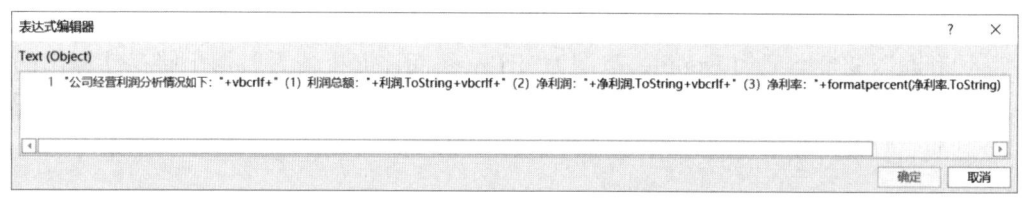

图 2-97　设置【消息框】活动输出结果

4. 运行结果

点击调试文件,在弹出的输入对话框内输入收入为 3 000 000,成本费用为 2 500 000,运行结果如图 2-98 所示。

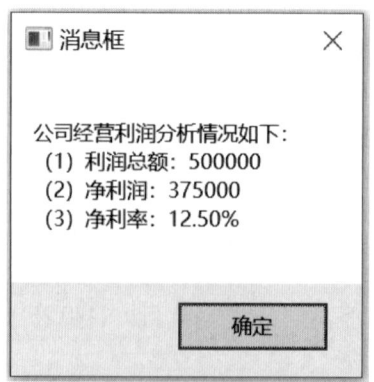

图 2-98　公司经营利润分析情况

任务四　认识条件分支活动

一、IF 条件

（一）【IF 条件】活动

【IF 条件】是 UiPath 提供的条件分支活动之一，活动包含 Condition、Then、Else。在流程执行的过程中先判断 Condition 中的条件，如果条件判断结果为 True，则执行 Then 中的活动；如果条件判断结果为 False，则执行 Else 中的活动。IF 条件活动位于【可用】—【System】—【Activities】—【Statements】类别下，如图 2-99 所示。

视频 2.3.3
IF 条件活动

图 2-99　【IF 条件】活动

例如，已知变量 a=10，在【IF 条件】活动的 Condition 内输入 a>7，则判断结果为 True，此时机器人流程执行 Then 分支内的活动。已知变量 a=3，在【IF 条件】活动的 Condition 内输入 a>7，则判断结果为 False，此时机器人流程执行 Else 分支内的活动，如图 2-100 所示。

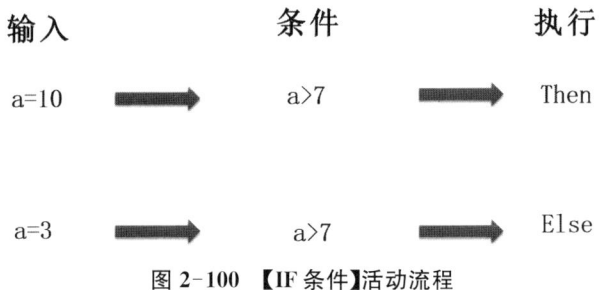

图 2-100　【IF 条件】活动流程

（二）【IF 条件】活动使用场景及适用工作流

【IF 条件】活动用于处理一些决策性质的事件，根据不同的条件执行不同的逻辑。IF 条件活动既可以用于流程图中，也可以用于序列中。

🏠 示例 1：IF 条件

➢ 示例描述

说明：Z 公司为清理库存，决定打折销售一批存货。A 商品单价为 5 000 元，当购买数量大于 20 件时，商品总价打九折，小于等于 20 件时，不打折。

要求：设计一个机器人来计算购买数量为30件商品时的总价。

活动：【IF 条件】【日志消息】

➢ 操作步骤

（1）先在序列中添加【System】—【Activities】—【Statements】类别下的【IF 条件】活动，然后打开变量面板创建变量 a，修改变量类型为 Int32，默认值为 30，如图 2-101、图 2-102 所示。

图 2-101 添加【IF 条件】活动

图 2-102 在变量面板创建变量

（2）接着设置【IF 条件】活动的判断条件为 a＞20，然后在 Then 执行语句内添加【编程】—【调试】类别下的【日志消息】活动，日志级别为 Info，日志消息为 5000＊a＊0.9，最后在 Else 执行语句内添加【编程】—【调试】类别下的【日志消息】活动，日志级别为 Info，日志消息为 5000＊a，如图 2-103 所示。

图 2-103 【IF 条件】判断设置

➢ 运行结果

运行结果如图 2-104 所示。

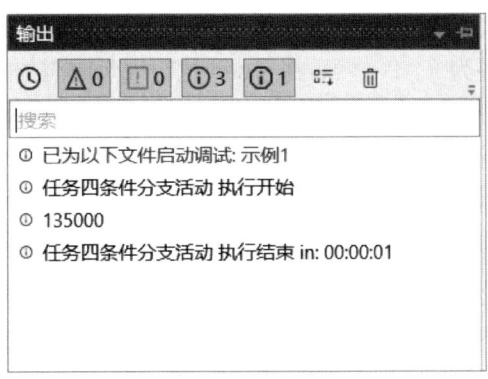

图 2-104 【日志消息】活动输出总价

示例 2:IF 条件(交互输入数量设计)

> 示例描述

说明:Z 公司为清理库存,决定打折销售一批存货。A 商品单价为 5 000 元,当购买数量大于 20 件时,商品总价打九折,小于等于 20 件时,不打折。

要求:设计一个机器人能接收用户输入的购买数量,并计算购买商品数量为 25 件时的总价。

活动:【输入对话框】【IF 条件】【日志消息】

> 操作步骤

(1)先在序列中添加一个【系统】—【对话框】类别下的【输入对话框】活动,设置该活动的对话框标题为"购买件数",输入标签为"请输入购买件数",已输入值处创建变量 a,如图 2-105 所示。

图 2-105 【输入对话框】活动设置

(2)打开变量面板,修改变量类型为 Int32,如图 2-106 所示。

图 2-106 在变量面板修改变量类型

（3）继续添加【System】—【Activities】—【Statements】类别下的【IF 条件】活动，先设置【IF 条件】活动的判断条件为 a>20，然后在 Then 执行语句内添加【编程】—【调试】类别下的【日志消息】活动，日志级别为 Info，日志消息为 5000*a*0.9，最后在 Else 执行语句内添加【编程】—【调试】类别下的【日志消息】活动，日志级别为 Info，日志消息为 5000*a，如图 2-107 所示。

图 2-107　【IF 条件】判断设置

（4）点击调试文件，根据机器人弹出的文本框输入数量 25，如图 2-108 所示。

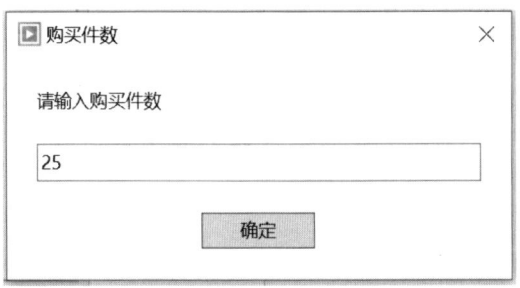

图 2-108　输入购买件数

➢ 运行结果

运行结果如图 2-109 所示。

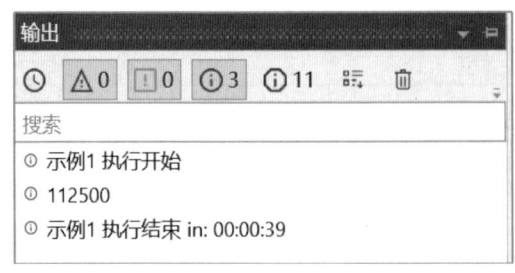

图 2-109　【日志消息】活动输出总价

二、流程决策

视频 2.3.4 流程决策活动

（一）【流程决策】活动

【流程决策】活动是当满足流程决策指定条件时，执行两个分支之一的活动。默认情况下,分支的名称为 True 和 False,该名称可以在属性面板中修改。流程决策活动位于【可用】—【工作流】—【流程图】类别下,如图 2-110、图 2-111 所示。

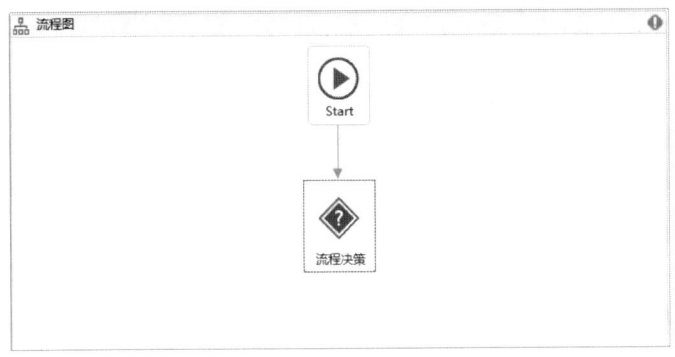

图 2-110 【流程决策】活动

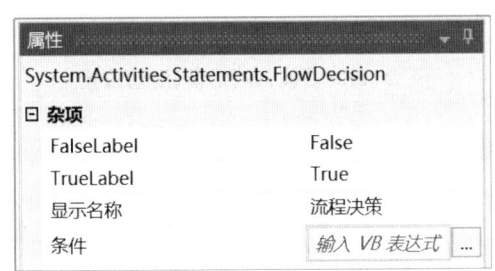

图 2-111 【流程决策】活动的属性面板

【流程决策】活动主要属性介绍如表 2-14 所示。

表 2-14 【流程决策】活动主要属性介绍

属性	功能
TrueLabel	默认情况下,此项填写为 True。此处添加的字符串不必放在引号之间
FalseLabel	默认情况下,此项填写为 False。此处添加的字符串不必放在引号之间
条件	在执行两个分支之一之前要分析的条件。该字段仅支持布尔表达式

(二)【流程决策】活动使用场景及适用工作流

流程决策可以用于处理一些决策性质的事件,相当于 IF 条件活动。但是流程决策只能在流程图中使用,不能单独添加在序列内。

示例 3:流程决策

➢ 示例描述

说明:Z 公司为清理库存,决定打折销售一批存货。A 商品单价为 5 000 元,当购买数量大于等于 20 件时,商品总价打九折,小于 20 件时,不打折。

要求:设计一个机器人能接收用户输入的购买数量,并计算购买商品数量为 15 件时的总价。

活动:【输入对话框】【流程决策】【日志消息】

➢ 操作步骤

（1）新建一个流程图,在流程图中添加一个【系统】—【对话框】类别下的【输入对话框】活动,设置该活动的对话框标题为"购买件数",输入标签为"请输入购买件数",已输入值处创建变量 a,如图 2-112 所示。

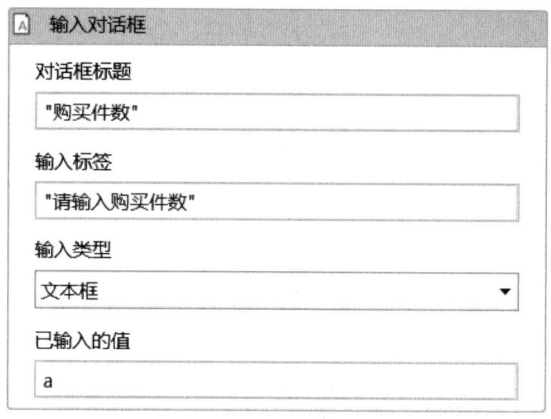

图 2-112 【输入对话框】活动设置

（2）打开变量面板,修改变量类型为 Int32,如图 2-113 所示。

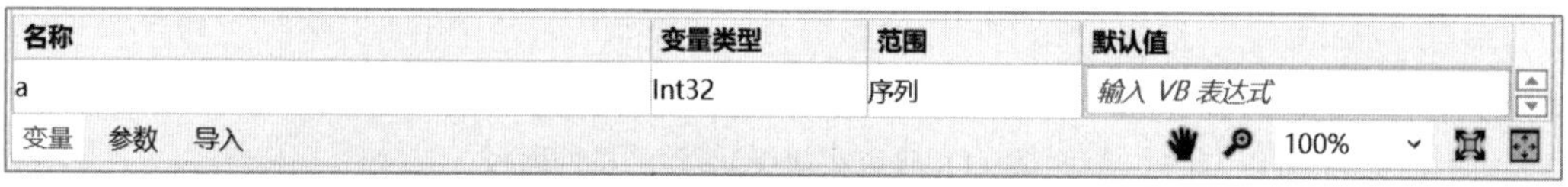

名称	变量类型	范围	默认值
a	Int32	序列	输入 VB 表达式

变量　参数　导入　　　　　　　　　　　　　　　　　　100%

图 2-113 在变量面板修改变量类型

（3）继续添加一个【工作流】—【流程图】类别下的【流程决策】活动,设置该活动的判断条件为 a>20,如图 2-114 所示。

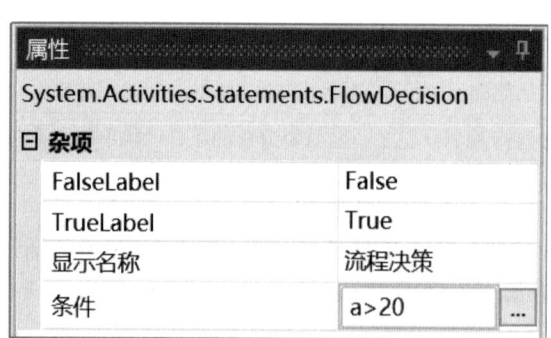

图 2-114 设置【流程决策】活动的判断条件

（4）在【流程决策】活动的 True 方向上添加一个【编程】—【调试】类别下的【日志消息】活动,设置该活动的日志级别为 Info,日志消息为 5000 * a * 0.9,如图 2-115 所示。

（5）在【流程决策】活动的 False 方向上添加一个【编程】—【调试】类别下的【日志消息】活动,设置该活动的日志级别为 Info,日志消息为 5000 * a,如图 2-116 所示。

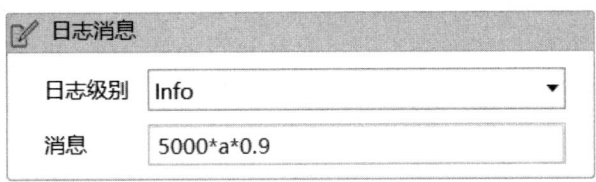

图 2-115 【日志消息】活动设置

图 2-116 【日志消息】活动设置

（6）点击调试文件，根据机器人弹出的文本框输入 15，如图 2-117 所示。

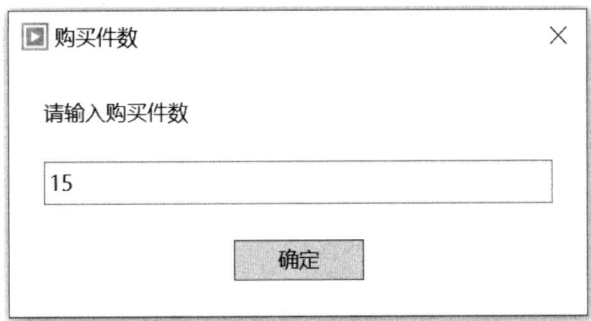

图 2-117 输入购买件数

➢ 运行结果

运行结果如图 2-118 所示。

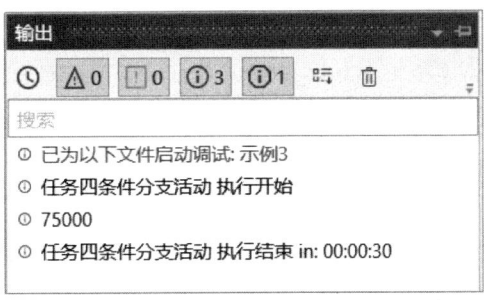

图 2-118 【日志消息】活动输出总价

三、切换

（一）【切换】活动

【切换】活动也是分支结构活动之一，该活动由三部分组成：Expression、Default、Case。

视频 2.3.5
切换活动

其中,Expression 用于编写条件表达式;Case 用于符合某一种情况要执行的一个或一组活动;Default 用于包含在所有情况都不满足时才执行的默认活动。该活动位于【可用】—【System】—【Activities】—【Statements】类别下,如图 2-119、图 2-120 所示。

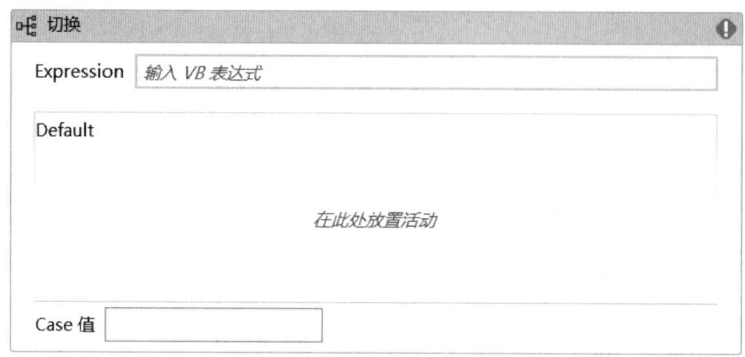

图 2-119 【切换】活动

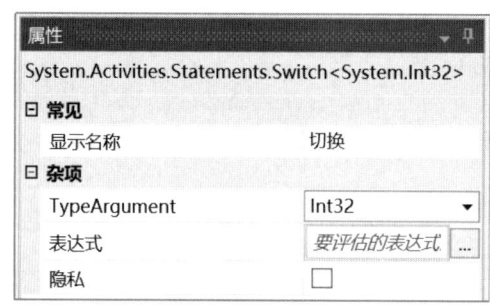

图 2-120 【切换】活动的属性面板

【切换】活动主要属性介绍如表 2-15 所示。

表 2-15 【切换】活动主要属性介绍

属性	功能
表达式	执行某个 case 值时所要遵循的语句。默认情况下,该字段支持的变量类型为 Int32。如要更改类型,在"TypeArgument"下拉列表中选择其他选项
TypeArgument	用于选择可在"表达式"属性中添加的语句类型。系统默认选择 Int32

(二)【切换】活动使用场景及适用工作流

切换(switch)是多条件分支活动,专门用于根据不同的情况,选择其中一种情况执行。如果必须针对三个或以上情况进行判断,则可以使用切换活动。

示例 4:切换

➤ 示例描述

说明:增值税发票类型,可分为"增值税专用发票""增值税普通发票""增值税电子发票"。

要求:设计一个机器人,令机器人根据用户选择的发票类型,执行输出选择的发票类型。

活动:【切换】【日志消息】【输入对话框】

> 操作步骤

(1) 在序列中添加一个【系统】—【对话框】类别下的【输入对话框】活动,设置该活动的对话框标题为"发票类型",输入标签为"请选择发票类型",输入类型选择"多选",输入选项输入"增值税专用发票;增值税普通发票;增值税电子发票",已输入值处创建变量 a,如图 2-121 所示。

图 2-121 【输入对话框】活动设置

(2) 继续添加一个【System】—【Activities】—【Statements】类别下的【切换】活动,将该活动的属性 TypeArgument 更改为 String,表达式处输入变量 a,如图 2-122、图 2-123 所示。

图 2-122 【切换】活动

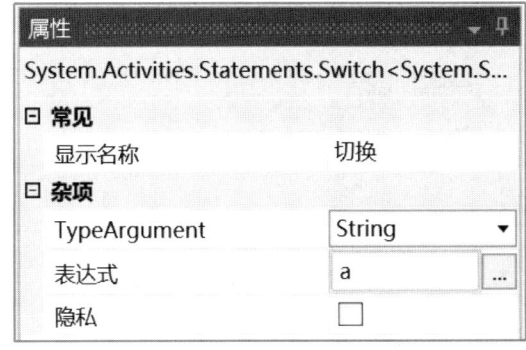

图 2-123 【切换】活动属性面板设置

(3) 在【切换】活动处点击添加新的用例,Case 值更改为增值税专用发票,然后在该分支下拖入一个【编程】—【调试】类别下的【日志消息】活动,日志级别为 Info,消息为"增值税专用发票",如图 2-124 所示。

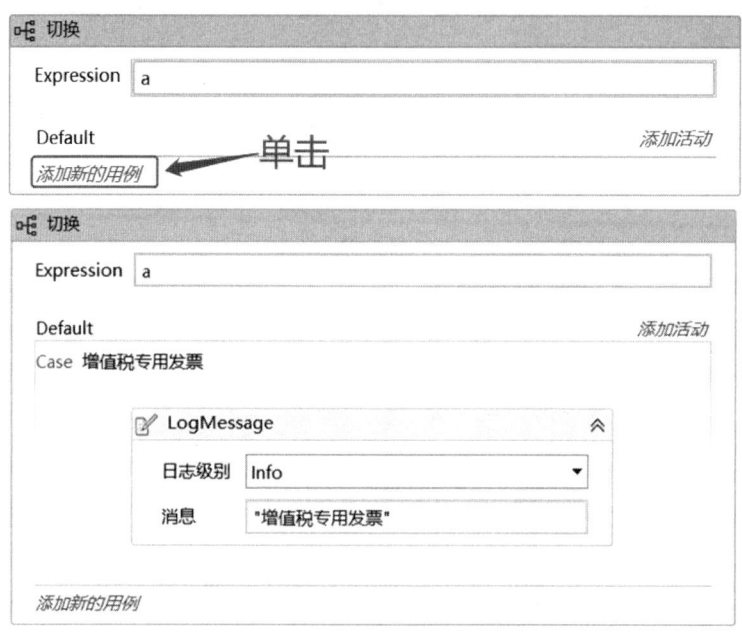

图 2-124 添加增值税专用发票用例

(4) 继续点击添加新的用例,Case 值更改为增值税普通发票,然后在该分支下拖入一个【编程】—【调试】类别下的【日志消息】活动,日志级别为 Info,消息为"增值税普通发票",如图 2-125 所示。

图 2-125 添加增值税普通发票用例

(5) 继续点击添加新的用例,Case 值更改为增值税电子发票,然后在该分支下拖入一个【编程】—【调试】类别下的【日志消息】活动,日志级别为 Info,消息为"增值税电子发票",如

图 2-126 所示。

图 2-126 添加增值税电子发票用例

（6）点击调试文件，根据机器人弹出的文本框选择"增值税专用发票"，如图 2-127 所示。

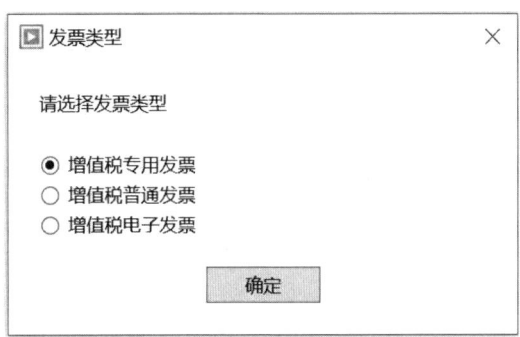

图 2-127 选择发票类型

➢ 运行结果

运行结果如图 2-128 所示。

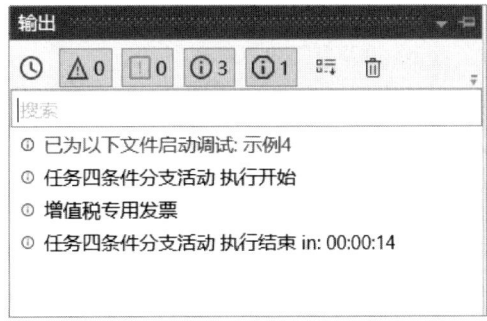

图 2-128 【日志消息】活动输出增值税专用发票

四、流程切换

（一）【流程切换】活动

【流程切换】活动是为一种特定于流程图的活动,可控制三个或更多个分支,并根据指定条件择一执行。流程切换活动位于【可用】—【工作流】—【流程图】类别下,如图 2-129 所示。

视频 2.3.6
流程切换
活动

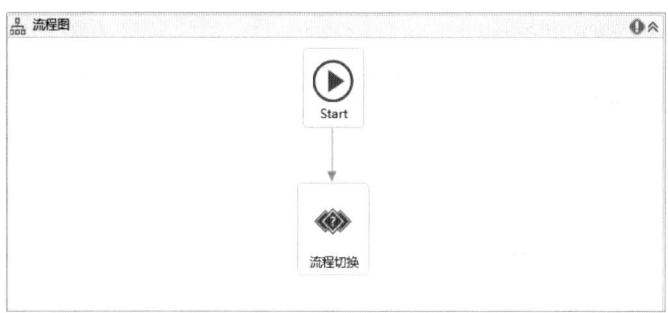

图 2-129 【流程切换】活动

（二）【流程切换】活动使用场景及适用工作流

流程切换(flow switch)是多条件分支活动,和切换功能一样,区别在于流程切换仅在流程图中使用,一般用于大型程序逻辑设计。

🏠 **示例 5:流程切换**

➢ **示例描述**

说明:增值税发票类型,可分为"增值税专用发票""增值税普通发票""增值税电子发票"。

要求:设计一个机器人,令机器人根据用户选择的发票类型,执行输出选择的发票类型。

活动:【流程切换】【日志消息】【输入对话框】

➢ **操作步骤**

（1）新建一个流程图,在流程图中添加一个【系统】—【对话框】类别下的【输入对话框】活动,设置该活动的对话框标题为"发票类型",输入标签为"请选择发票类型",输入类型选择"多选",输入选项输入"增值税专用发票;增值税普通发票;增值税电子发票",已输入值处创建变量 a,如图 2-130 所示。

图 2-130 【输入对话框】活动设置

(2) 继续添加一个【工作流】—【流程图】类别下的【流程切换】活动,将该活动的属性 TypeArgument 更改为 String,输入表达式为 a,如图 2-131、图 2-132 所示。

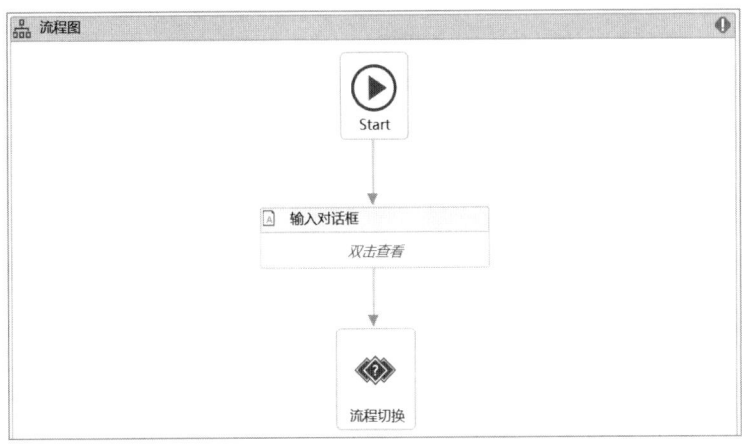

图 2-131　添加【流程切换】活动

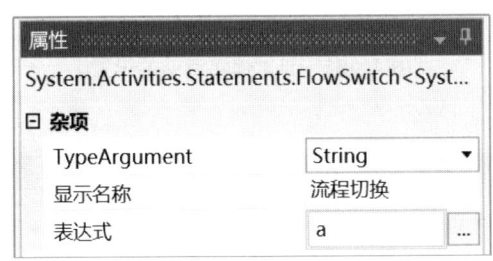

图 2-132　【流程切换】活动属性面板设置

(3) 添加一个【编程】—【调试】类别下的【日志消息】活动连接【工作流】—【流程图】类别下的【流程切换】活动,该条连接线为 Default,设置【日志消息】活动的日志级别为 Info,消息为"增值税电子发票",如图 2-133 所示。

图 2-133　增值税电子发票的设置

(4) 添加一个【编程】—【调试】类别下的【日志消息】活动连接【工作流】—【流程图】类别下的【流程切换】活动,连接线的 Case 值更改为"增值税专用发票",设置该活动的日志级别为 Info,消息为"增值税专用发票";再继续添加一个【编程】—【调试】类别下的【日志消息】活动连接【工作流】—【流程图】类别下的【流程切换】活动,连接线的 Case 值更改为"增值税普通发票",设置该活动的日志级别为 Info,消息为"增值税普通发票",如图 2-134 至图 2-136 所示。

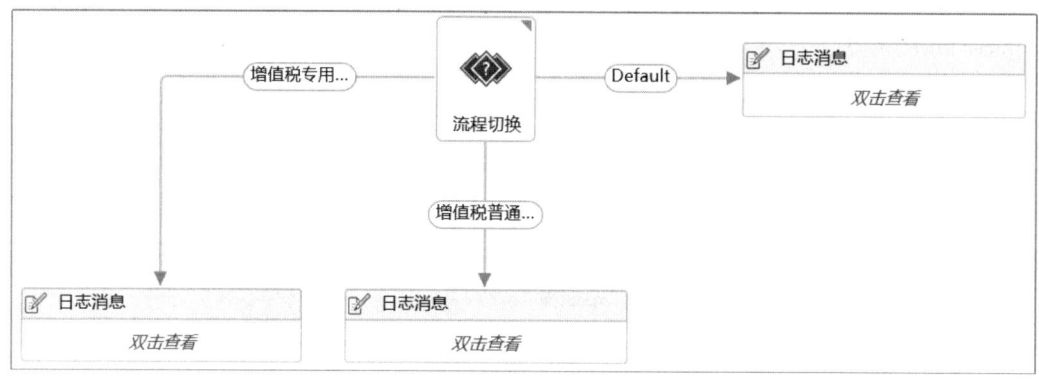

图 2-134 流程设计

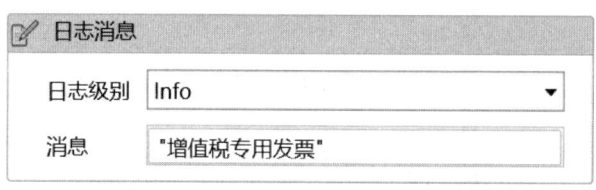

图 2-135 日志消息活动的设置

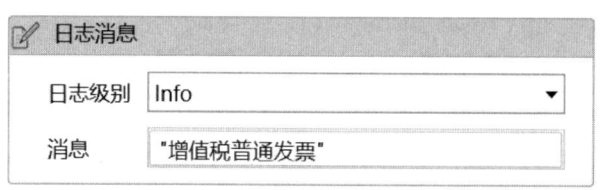

图 2-136 日志消息活动的设置

（5）点击调试文件，根据机器人弹出的文本框选择"增值税普通发票"，如图 2-137 所示。

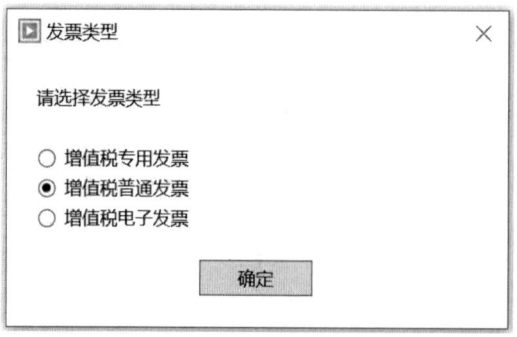

图 2-137 选择发票类型

➤ 运行结果

运行结果如图 2-138 所示。

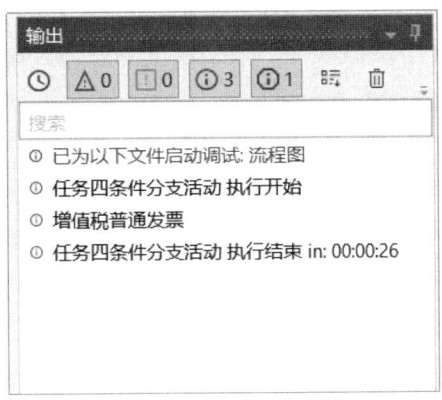

图 2-138 【日志消息】活动输出增值税普通发票

技能训练 1　居民工资薪金所得税计算机器人

1. 案例描述

根据《中华人民共和国个人所得税法》规定,居民取得的工资薪金所得,应当按照累计预扣法计算预扣税款,计算公式为:本期应预扣预缴税额＝(累计预扣预缴应纳税所得额×预扣率－速算扣除数)－累计减免税额－累计已预扣预缴税额。(累计减免税额符合个人所得税减免税情况才扣除,本案例不考虑累计减免税额)。现在使用 UiPath 设计一个"居民工资薪金所得税计算机器人"来计算个人所得税。

视频 2.3.7 居民工资薪金机器人

2. 案例要求

(1) 通过输入对话框活动令机器人接收输入的累计预扣预缴应纳税所得额及累计已预扣预缴税额,机器人接收后会自动计算本期应预扣预缴税额,并通过消息框提示应交个人所得税税额。

(2) 设计机器人的状态为循环计算本期应预扣预缴税额,即每计算出一个本期应预扣预缴税额,会继续弹出对话框,提示用户继续输入累计预扣预缴应纳税所得额及累计已预扣预缴税额,机器人根据输入将再次进入计算本期应预扣预缴税额流程。

3. 案例开发

(1) 在序列中添加【工作流】—【控件】类别下的【先条件循环】活动,输入循环条件为 True,这是一个条件永远为真的循环,如果不手动终止机器人的运行,机器人就会永远执行,如图 2-139 所示。

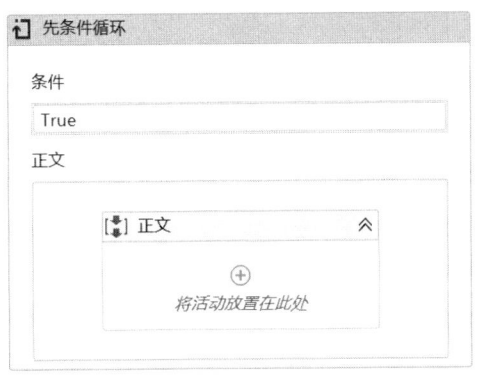

图 2-139　设置【先条件循环】活动的判断条件

（2）在正文序列内添加【工作流】—【流程图】类别下的【流程图】活动，再在【流程图】活动中添加 8 个活动来完成整体流程设计。由于居民工资薪金所得税计算存在多重条件判断，因此可通过流程决策语句来设计流程，如图 2-140 所示。

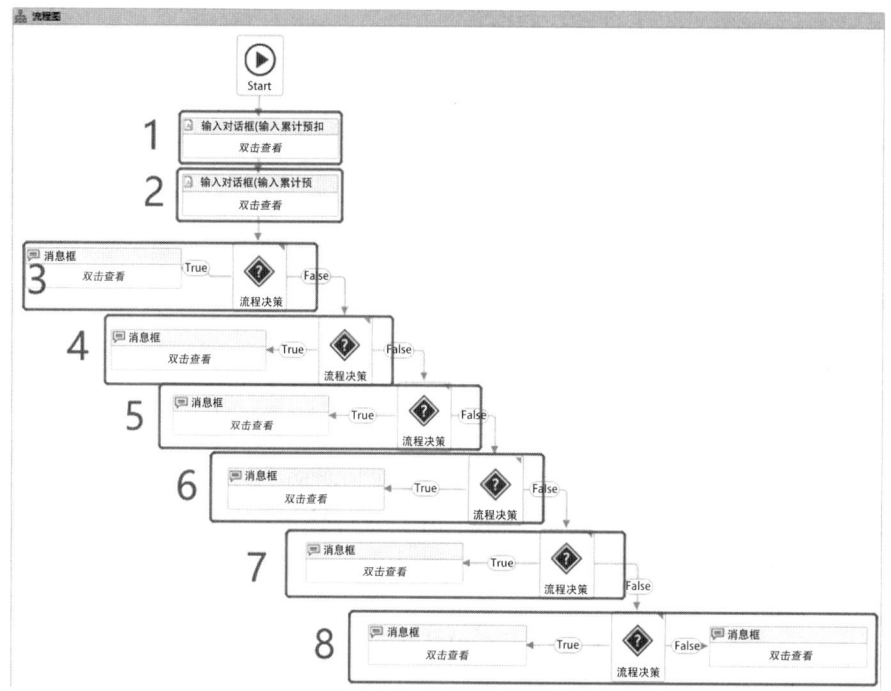

图 2-140　居民工资薪金所得税计算流程图

（3）在【流程图】活动内添加一个【系统】—【对话框】类别下的【输入对话框】活动，并修改名称为"输入对话框(输入累计预扣预缴应纳税所得额)"。输入对话框标题为"累计预扣预缴应纳税所得额"，输入标签为"请输入累计预扣预缴应纳税所得额"，在已输入的值处创建变量 Taxableincome，变量类型为 Double，范围为序列，该变量用于存储用户输入的累计预扣预缴应纳税所得额，如图 2-141 所示。

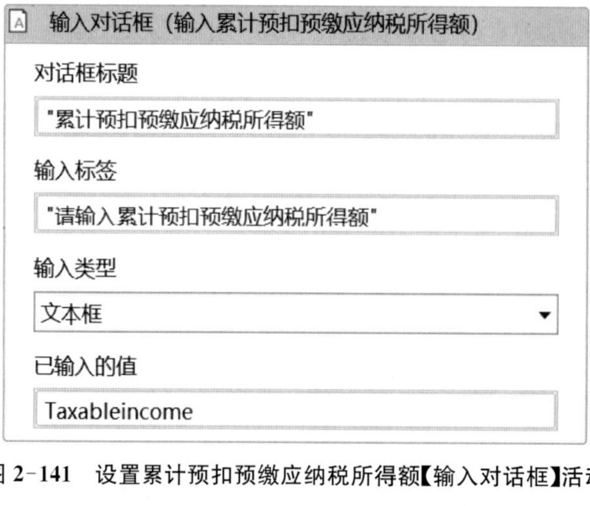

图 2-141　设置累计预扣预缴应纳税所得额【输入对话框】活动

(4) 继续添加一个【系统】—【对话框】类别下的【输入对话框】活动,并修改名称为"输入对话框(输入累计已预扣预缴税额)"。输入对话框标题为"累计已预扣预缴税额",输入标签为"请输入累计已预扣预缴税额",在已输入的值处创建变量 Tax,变量类型为 Int32,范围为序列,该变量用于存储用户输入的累计已预扣预缴税额,如图 2-142 所示。

图 2-142 设置累计已预扣预缴应纳税所得额【输入对话框】活动

(5) 在第二个【输入对话框】活动下,添加第一个【工作流】—【流程图】类别下的【流程决策】活动,设置判断条件 Taxableincome≤=36 000,在判断结果为 True 的方向上添加一个【系统】—【对话框】类别下【消息框】活动,输入文本为"本期应预扣预缴税额为"＋(Taxableincome＊0.03－Tax).ToString。此步骤的功能是当机器人接收的累计预扣预缴应纳税所得额符合小于或等于 36 000 元的条件时,将计算出的个税值进行反馈,如图 2-143、图 2-144 所示。(注意:【消息框】活动内的提示消息需为 String 类型,因此需要对计算出的金额进行变量转换,转换为 String 类型。转换为 String 类型变量的方法为 CStr(X),或 X.Tostring,其中 X 为需要转换的变量,转换结果即(Taxableincome＊0.03－Tax).ToString)

图 2-143 第一个【流程决策】活动流程图

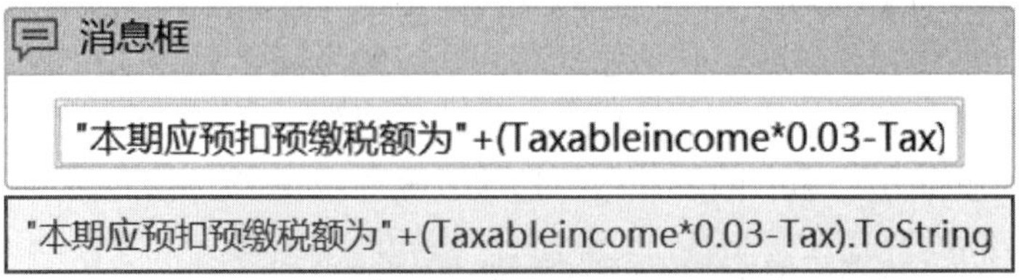

```
┌─ 消息框
│  "本期应预扣预缴税额为"+(Taxableincome*0.03-Tax)
│
│  "本期应预扣预缴税额为"+(Taxableincome*0.03-Tax).ToString
```

图 2-144　设置【消息框】活动的提示消息

（6）在第一个【流程决策】活动的 False 方向上添加一个【流程决策】活动，即第二个【流程决策】活动，设置判断条件 Taxableincome≤=144 000。在第二个【流程决策】活动的 True 方向上，添加一个【消息框】活动，输入文本为"本期应预扣预缴税额为"＋(Taxableincome＊0.1－2520－Tax).ToString。此步骤功能是当机器人接收的累计预扣预交应纳税所得额符合第二个【流程决策】活动的判断条件时，将计算出的个税值进行反馈，如图 2-145 所示。

```
┌─ 消息框
│  "本期应预扣预缴税额为"+(Taxableincome*0.1-2520)
│
│  "本期应预扣预缴税额为"+(Taxableincome*0.1-2520-Tax).ToString
```

图 2-145　设置【消息框】活动的提示消息

（7）在第二个【流程决策】活动的 False 方向上，再添加一个【流程决策】活动，即第三个【流程决策】活动，设置判断条件 Taxableincome≤=300 000。在第三个【流程决策】活动的 True 方向上，添加一个【消息框】活动，输入文本为"本期应预扣预缴税额为"＋(Taxableincome＊0.2－16920－Tax).ToString。此步骤功能是当机器人接收的累计预扣预缴应纳税所得额符合第三个【流程决策】活动的判断条件时，将计算的个税值结果进行反馈，如图 2-146 所示。

```
┌─ 消息框
│  "本期应预扣预缴税额为"+(Taxableincome*0.2-1692)
│
│  "本期应预扣预缴税额为"+(Taxableincome*0.2-16920-Tax).ToString
```

图 2-146　设置【消息框】活动的提示消息

（8）在第三个【流程决策】活动的 False 方向上，继续添加一个【流程决策】活动，即第四个【流程决策】活动，设置判断条件 Taxableincome≤=420 000。在第四个【流程决策】活动的 True 方向上，添加一个【消息框】活动，输入文本为"本期应预扣预缴税额为"＋(Taxableincome＊0.25－31920－Tax).ToString。此步骤功能是当机器人接收的累计预扣预缴应纳税所得额符合第四个【流程决策】活动的判断条件时，将计算的个税值结果进行反馈，如图 2-147 所示。

图 2-147 设置【消息框】活动的提示消息

(9) 在第四个【流程决策】的 False 方向上,继续添加一个【流程决策】活动,即第五个【流程决策】活动,设置判断条件 Taxableincome<=66 0000。在第五个【流程决策】活动的 True 方向上,继续添加一个【消息框】活动,输入文本为"本期应预扣预缴税额为" + (Taxableincome * 0.3－52920－Tax).ToString。此步骤功能是当机器人接收的累计预扣预缴应纳税所得额符合第五个【流程决策】活动的判断条件时,将计算的个税值结果进行反馈,如图 2-148 所示。

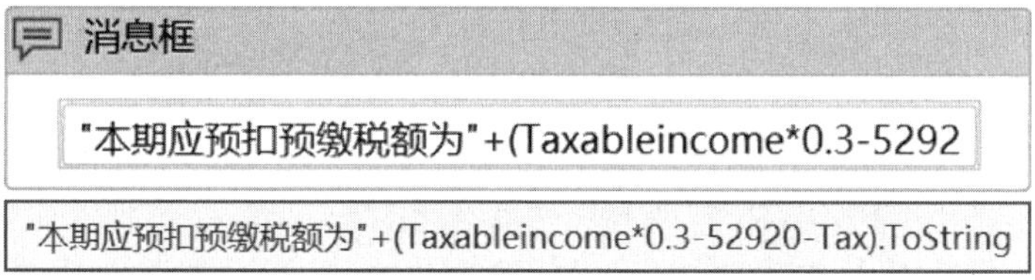

图 2-148 设置【消息框】活动的提示消息

(10) 在第五个【流程决策】的 False 方向上,继续添加一个【流程决策】活动,即第六个【流程决策】活动,设置判断条件为 Taxableincome<=960 000。在第六个【流程决策】活动的 True 方向上,添加一个【消息框】活动,输入文本为"本期应预扣预缴税额为" + (Taxableincome * 0.35－85920－Tax).ToString,如图 2-149 所示。在第六个【流程决策】活动的 False 方向上,添加一个【消息框】活动,输入文本为"本期应预扣预缴税额为" + (Taxableincome * 0.45－181920－Tax).ToString。此步骤功能是让机器人根据接收到的累计预扣预缴应纳税所得额在第六个【流程决策】活动中进行判断,根据判断结果输出不同的个税计算额,如图 2-150 所示。

图 2-149 设置【消息框】活动的提示消息

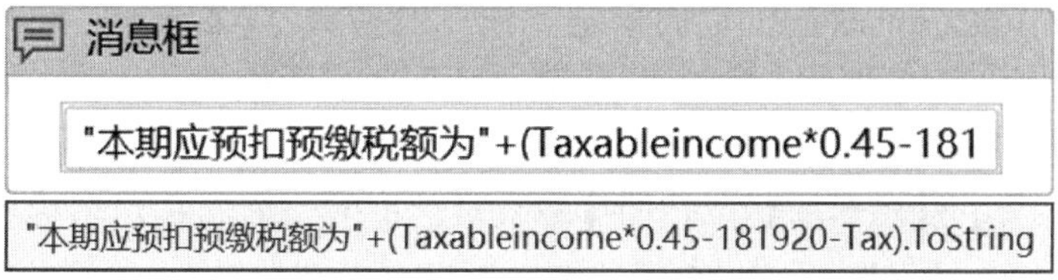

图 2-150 设置【消息框】活动的提示消息

4. 运行结果

假设累计预扣预缴应纳税所得额为 120 000 元，累计已预扣预缴税额为 825 元，调试文件，运行结果如图 2-151 所示。

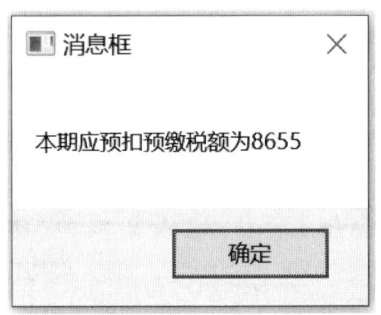

图 2-151　消息框提示本期应预扣预缴税额

拓展思维

本任务设计的居民工资薪金所得税计算机器人是一个永真循环流程，也就是说此机器人会一直不断地根据用户的输入数据计算应交个人所得税税额。调试流程过程中，可以单击【调试】菜单下的【停止】按钮随时终止流程运行。

若要增加机器人流程的灵活性，可以修改上面的流程，让机器人根据用户指令决定是否终止个人所得税运算。下面给出修改的参考思路：在循环内计算个人所得税的流程后增加一个判断，此判断可询问用户是否愿意继续计算，并根据用户输入的意愿（是或否）决定是否终止循环的运行，从而实现根据用户意愿继续运行机器人或结束运行机器人。

技能训练 2　猜数字游戏机器人

视频 2.3.8
猜数字游戏
机器人

1. 案例描述

系统随机生成 1 个 1～100 范围内的数字。用户从键盘输入 1 个猜测的数字，系统对用户输入的数与随机生成的数进行比较，若输入的数字小于随机数，则输出"太小了！"；若输入的数字大于随机数，则输出"太大了！"；若输入的数字等于随机数，则输出"恭喜你猜对啦！"。请根据规则设计一个猜数字游戏机器人。

2. 案例开发

（1）新建流程图，修改名称为"猜数字游戏机器人"，添加【工作流】—【控件】类别下的【分配】活动，显示名称中增加"（随机生成数字）"。接着在变量面板创建变量"随机数"，变量类型为 Int32，范围为"猜数字游戏机器人"，用于储存系统随机生成的数字。使用 new random().Next() 函数可以随机生成指定范围内的整数，例如：new random().Next(1, 100) 可以随机生成 100 以内的正整数。设置【分配】活动，令随机数＝new random().Next(1,100)，目的是将随机生成的正整数赋值给变量随机数，如图 2-152 所示。

（2）添加【系统】—【对话框】类别下的【输入对话框】活动，在显示名称中增加"（输入猜测数字）"。对话框标题设置为"输入数字"，输入标签设置为"请输入猜测的数字"，在已输入的值选项框中右击创建变量"猜测数",修改变量类型为 Int32,范围为"猜数字游戏机器人",用于储存输入的猜测数字,如图 2-153 所示。

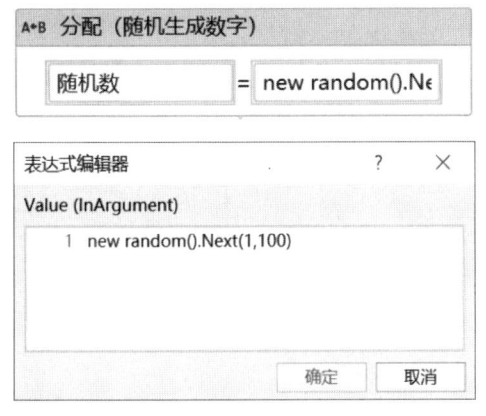

图 2-152 【分配】活动设置随机数

图 2-153 【输入对话框】活动输入猜测数字

（3）添加【工作流】—【流程图】类别下的【流程决策】活动,设置判断条件为:猜测数＜随机数,即猜测数小于随机数时执行【流程决策】活动左侧为真的流程:弹出消息框提示猜小了;当猜测数大于或等于随机数时执行【流程决策】活动右侧为假的流程:进入下一流程决策,判断是猜大了还是猜对了,如图 2-154 所示。

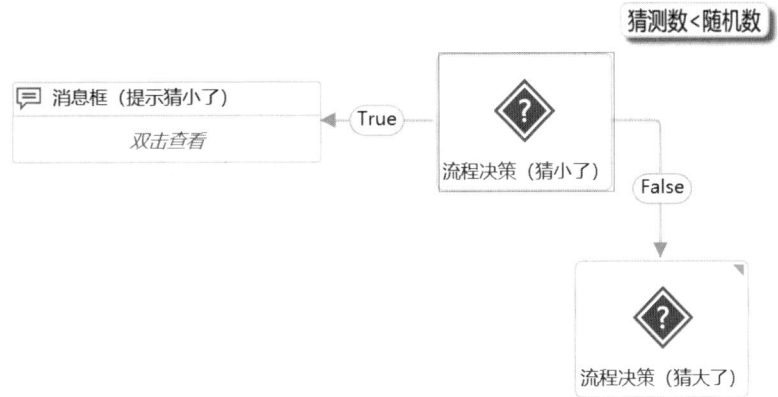

图 2-154 【流程决策】(猜小了)活动设置

（4）猜测数小于随机数时执行【流程决策】活动左侧为真的流程:弹出消息框提示猜小了。添加【系统】—【对话框】类别下的【消息框】活动,在显示名称中增加"(提示猜小了)",消息框内文本设置为"猜小了",如图 2-155 所示。

（5）当猜测数大于随机数时执行【流程决策】活动右侧为假的流程,进入下一流程决策,判断是猜大了还是猜对了。添加【工作流】—【流程图】类别下的【流程决策】活动,设置判断条件为"猜测数＞随机数",即猜测数大于随机数时执行【流程决策】活动左侧为真的流程:弹出消息框提示猜大了;当猜测数字既不小于也不大于随机数字时执行【流程决策】活动右侧为假的流程:弹出消息框提示猜对了,如图 2-156 所示。

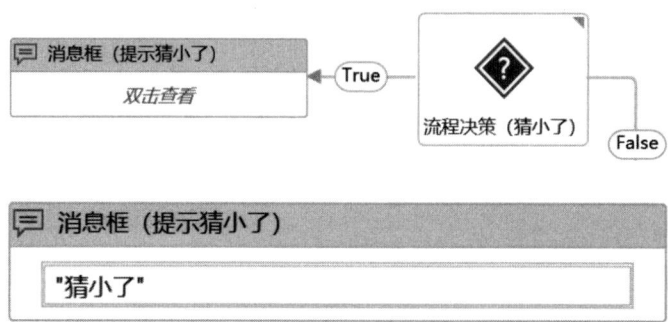

图 2-155 设置【消息框】活动提示猜小了

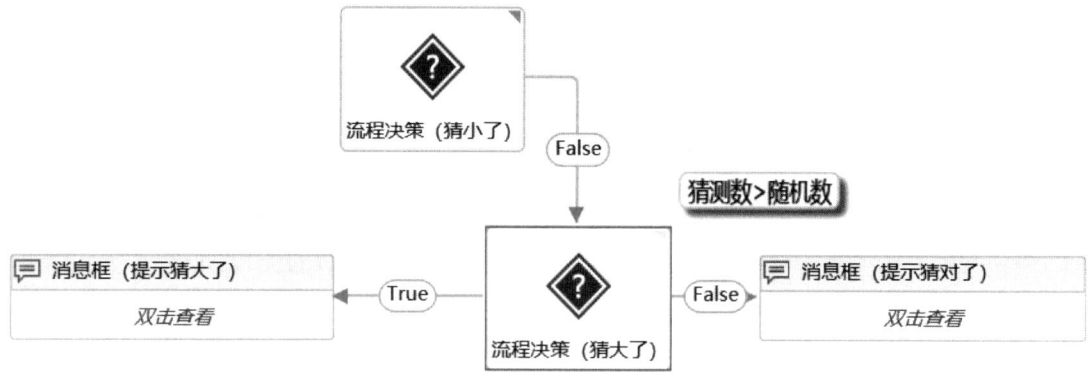

图 2-156 【流程决策】(猜大了)活动设置

（6）猜测数字大于随机数字时执行【流程决策】活动左侧为真的流程，弹出消息框提示猜大了。添加【系统】—【对话框】类别下的【消息框】活动，在显示名称中增加"(提示猜大了)"，消息框内文本设置为"猜大了"，如图 2-157 所示。

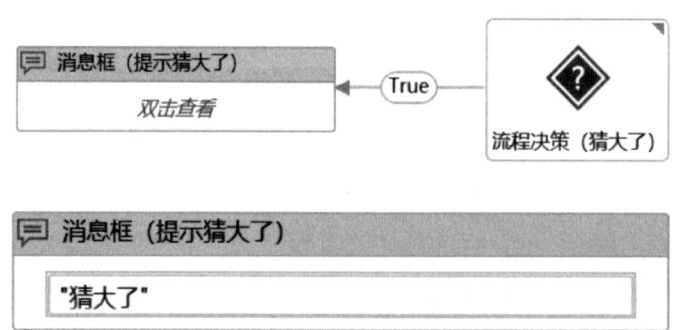

图 2-157 设置【消息框】活动提示猜大了

（7）当猜测数字既不小于也不大于随机数字时执行【流程决策】活动右侧为假的流程，弹出消息框提示猜对了。添加【系统】—【对话框】类别下的【消息框】活动，在显示名称中增加"(提示猜对了)"，消息框内文本设置为"恭喜你猜对啦"，如图 2-158 所示。

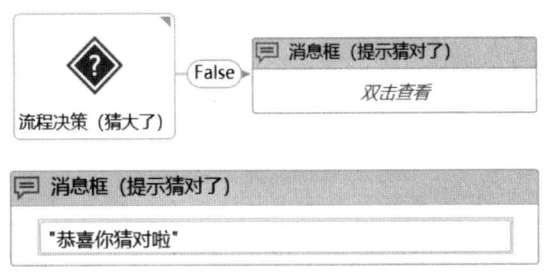

图 2-158 设置【消息框】活动提示猜对了

3. 运行结果

调试文件,输入猜测数字 10,运行结果如图 2-159 所示。

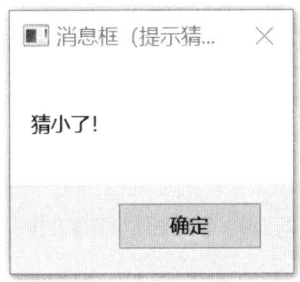

图 2-159 消息框提示猜小了

任务五 认识条件循环活动

一、先条件循环

（一）【先条件循环】活动

【先条件循环】活动是 UiPath 的条件循环活动之一。当流程中需要满足某种条件就重复执行某件事务时,就可以使用【先条件循环】活动,如图 2-160 所示。

视频 2.3.9
【先条件循环】活动

图 2-160 【先条件循环】活动

（二）【先条件循环】活动的工作原理

【先条件循环】活动由条件和正文两部分组成，当流程执行到该活动时，程序会先执行条件，如果条件判断为 True，则继续执行正文内的活动，如此循环往复，直到条件判断为 False 时，结束循环。如果【先条件循环】活动条件判断永远为 True，则会进入死循环。【先条件循环】工作原理如图 2-161 所示。

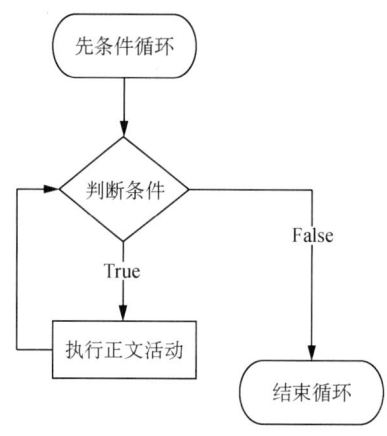

图 2-161 【先条件循环】工作原理

🏠 示例 1：先条件循环

➢ 示例描述

说明：李明购买了一款 10 000 元的理财产品，期限为 10 年，年利率为 2.75%，每年复利一次。

要求：设计一个机器人，计算该理财产品每年年末的本利和，并将计算结果输出。

活动：【分配】【先条件循环】【日志消息】

➢ 操作步骤

（1）添加【System】—【Activities】—【Statements】类别下的【序列】活动，在【序列】中添加【工作流】—【控件】类别下的【先条件循环】活动。在变量面板中创建变量"存款年限"，变量类型为 Int32，范围为"序列"，默认值为 1。由于本示例中理财产品的存款年限为 10 年，因此设置【先条件循环】活动的条件为存款年限<=10，如图 2-162、图 2-163 所示。

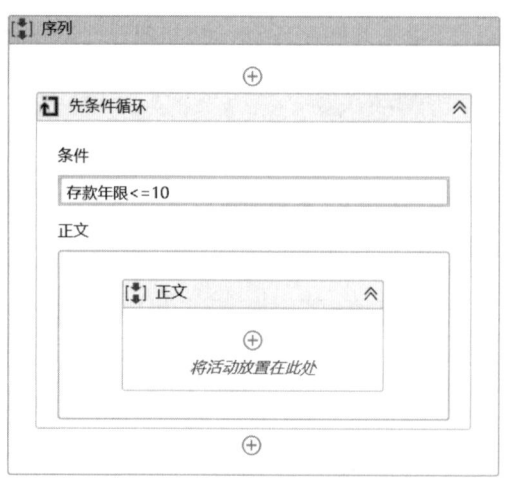

图 2-162 【先条件循环】活动判断条件设置

图 2-163 在变量面板创建变量存款年限

（2）在【先条件循环】活动的"正文"中添加【System】—【Activities】—【Statements】类别下的【分配】活动。在变量面板中创建变量"本利和"和"本金"，变量类型均为 Double，范围为"序列"，其中本金的默认值设置为 10 000。设置【分配】活动，令本利和＝本金＊(1＋0.0275)，如图 2-164、图 2-165 所示。

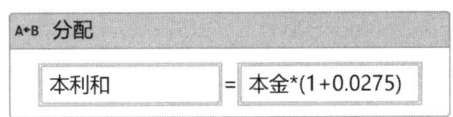

图 2-164 在变量面板创建变量"本利和"和"本金"

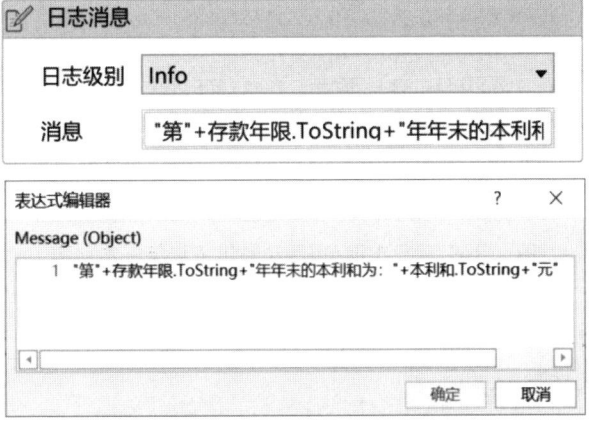

图 2-165 【分配】活动设置本利和

（3）添加【编程】—【调试】类别下的【日志消息】，设置日志消息级别为 Info，消息为""第"＋存款年限.ToString＋"年年末的本利和为："＋本利和.ToString＋"元""，即可输出上一步【分配】活动计算出的本利和，如图 2-166 所示。

图 2-166 【日志消息】活动输出本利和

（4）由于本示例为复利计算，因此每一年年末的本利和即为下一年年初的本金。添加【System】—【Activities】—【Statements】类别下的【分配】活动，令本金＝本利和，如图 2-167 所示。

图 2-167　【分配】活动设置本金

（5）为控制【先条件循环】活动能进入下一年的本利和计算，添加【System】—【Activities】—【Statements】类别下的【分配】活动，令存款年限＝存款年限＋1，如图 2-168 所示。

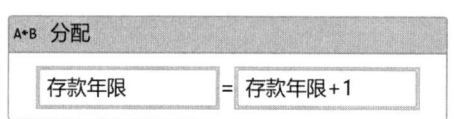

图 2-168　【分配】活动设置存款年限

➢ 运行结果

运行结果如图 2-169 所示。

图 2-169　【日志消息】活动输出每年年末本利和

二、后条件循环

（一）【后条件循环】活动

【后条件循环】活动也是条件循环活动，和【先条件循环】活动功能类似。两者的区别是【后条件循环】活动会至少执行一遍循环体内的事务，而【先条件循环】活动有可能一开始条件都不满足而没有执行循环体内的事务，如图 2-170 所示。

图 2-170 【后条件循环】活动

（二）【后条件循环】活动工作原理

【后条件循环】活动由条件和正文两部分组成,当流程执行到该活动时,程序会先执行一次正文内的活动,然后再进入条件判断。如果条件判断为 True,则继续执行正文内的活动,如此循环往复,直到条件判断为 False 时,结束循环。【后条件循环】工作流程如图 2-171 所示。

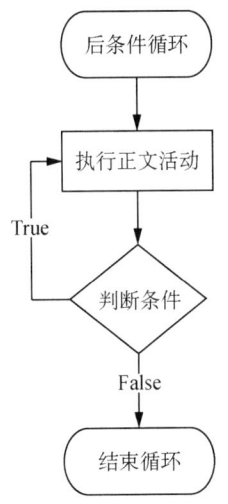

图 2-171 【后条件循环】工作流程

示例 2:后条件循环
> 示例描述

说明:李明购买了一款 10 000 元的理财产品,期限为 10 年,年利率为 2.75%,每年复利一次。
要求:设计一个机器人,计算该理财产品每年年末的本利和,并将计算结果输出。
活动:【分配】【后条件循环】【日志消息】

> 操作步骤

（1）添加【System】—【Activities】—【Statements】类别下的【序列】活动,在【序列】中添加【工作流】—【控件】类别下的【后条件循环】活动。在变量面板中创建变量"存款年限",变量类型为Int32,范围为“序列”,默认值为1。由于本示例中理财产品的存款年限为10年,因此设置【后条件循环】活动的条件为存款年限<=10,如图2-172、图2-173所示。

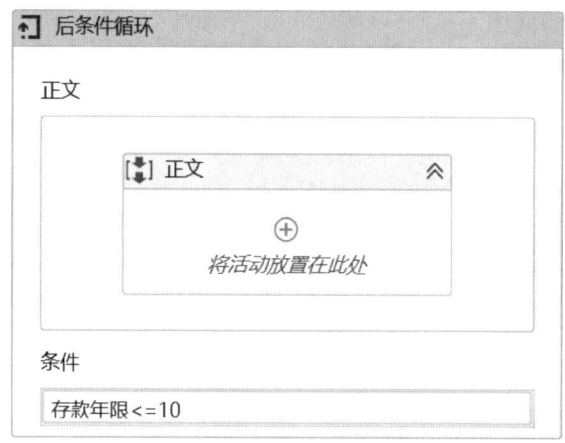

图2-172 【后条件循环】活动判断条件设置

名称	变量类型	范围	默认值
存款年限	Int32	序列	1

变量 参数 导入 97%

图2-173 在变量面板创建变量存款年限

(2) 在【后条件循环】活动的“正文”中添加【System】—【Activities】—【Statements】类别下的【分配】活动。在变量面板中创建变量“本利和”和“本金”,变量类型均为Double,范围为“序列”,其中本金的默认值设置为10 000。设置【分配】活动,令本利和=本金*(1+0.027 5),如图2-174、图2-175所示。

名称	变量类型	范围	默认值
存款年限	Int32	序列	1
本利和	Double	序列	输入 VB 表达式
本金	Double	序列	10000

变量 参数 导入 100%

图2-174 在变量面板创建变量“本利和”和“本金”

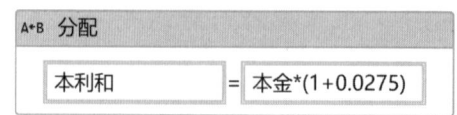

图2-175 【分配】活动设置本利和

(3) 添加【编程】—【调试】类别下的【日志消息】,设置日志消息级别为Info,消息为“"第"+存款年限.ToString+"年年末的本利和为:"+本利和.ToString+"元"”,即可输出上一步【分配】活动计算出的本利和,如图2-176所示。

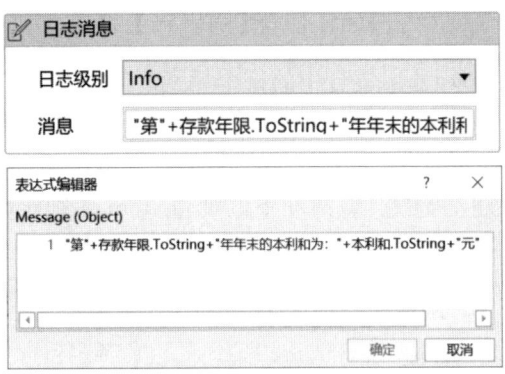

图 2-176 【日志消息】活动输出本利和

（4）由于本示例为复利计算，因此每一年年末的本利和即为下一年年初的本金。添加【System】—【Activities】—【Statements】类别下的【分配】活动，令本金＝本利和，如图 2-177 所示。

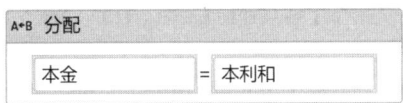

图 2-177 【分配】活动设置本金

（5）为控制【后条件循环】活动能进入下一年的本利和计算，添加【System】—【Activities】—【Statements】类别下的【分配】活动，令存款年限＝存款年限＋1，如图 2-178 所示。

图 2-178 【分配】活动设置存款年限

➢ 运行结果

运行结果如图 2-179 所示。

图 2-179 【日志消息】活动输出每年年末本利和

三、遍历循环

【遍历循环】活动用于循环遍历集合中的每个元素。当我们要对某个集合中的每个元素执行相同操作时，便可使用【遍历循环】活动。当流程执行到该活动时，由变量 item 遍历表达式，取集合中的第一个元素，再执行正文内的活动，如此遍历循环，直到集合中最后一个元素执行正文内的活动完为止。注意：该活动下的变量 item 无须定义，此处变量也可按实际需要自行定义名称，如图 2-180 所示。

图 2-180 遍历循环活动

🏠 **示例 3：遍历循环**

➤ **示例描述**

说明：李明购买了一款 10 000 元的理财产品，期限为 10 年，年利率为 2.75%，每年复利一次。

要求：设计一个机器人，令机器人通过遍历循环数组{1,2,3,4,5,6,7,8,9,10}，完成每年年末的本利和的计算，并将结果输出。

活动：【分配】【遍历循环】【日志消息】

➤ **操作步骤**

（1）添加【System】—【Activities】—【Statements】类别下的【序列】活动，在【序列】中添加【System】—【Activities】—【Statements】类别下的【分配】活动。在变量面板中创建变量"存款年限"，变量类型为 Int32[]，范围为"序列"。由于本示例中理财产品的存款年限为 10 年，因此设置【分配】活动，令存款年限={1,2,3,4,5,6,7,8,9,10}，如图 2-181 所示。

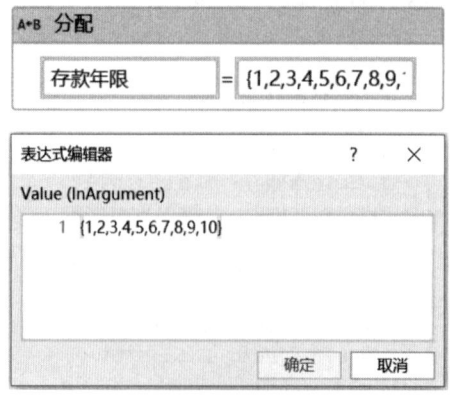

图 2-181 【分配】活动设置存款年限

(2)在【分配】活动后添加【工作流】—【控件】类别下的【遍历循环】活动,由于此【遍历循环】活动所要循环的变量"存款年限"为 Int32[]类型,在【遍历循环】的属性界面设置 TypeArgument 为 Int32,值为变量"存款年限"。每一次循环,item 都会依次引用数组"存款年限"中的元素,如图 2-182、图 2-183 所示。

图 2-182 【遍历循环】活动输入存款年限

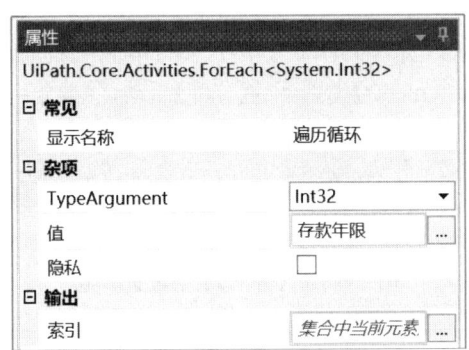

图 2-183 【遍历循环】活动的属性面板

(3)添加【System】—【Activities】—【Statements】类别下的【分配】活动。在变量面板中创建变量"本利和"和"本金",变量类型均为 Double,范围为序列,其中本金的默认值设置为 10 000。设置【分配】活动,令本利和=本金 * (1+0.0275),如图 2-184、图 2-185 所示。

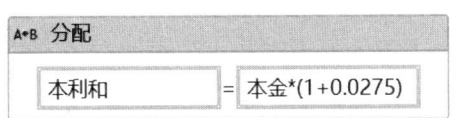

图 2-184 【分配】活动设置本利和

名称	变量类型	范围	默认值
存款年限	Int32[]	序列	输入 VB 表达式
本利和	Double	序列	输入 VB 表达式
本金	Double	序列	10000

图 2-185 在变量面板创建变量"本利和"和"本金"

(4)添加【编程】—【调试】类别下的【日志消息】,设置日志消息级别为 Info,消息为 ""第"+item.ToString+"年年末的本利和为:"+本利和.ToString+"元"",即可输出上一步【分配】活动计算出的本利和,如图 2-186 所示。

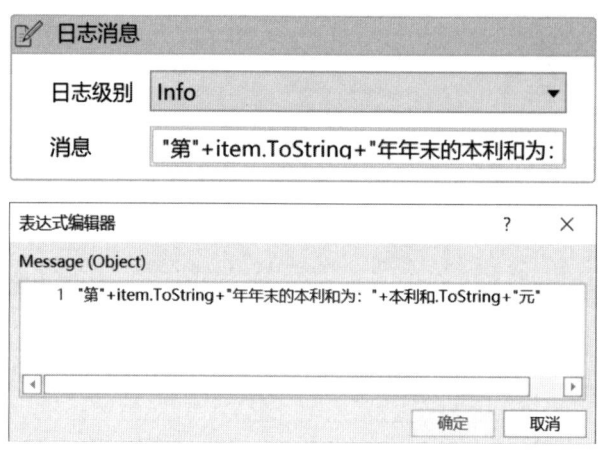

图 2-186 【日志消息】活动设置

(5)由于本示例为复利计算,因此每一年年末的本利和即为下一年年初的本金。添加【System】—【Activities】—【Statements】类别下的【分配】活动,令本金=本利和,如图 2-187 所示。

图 2-187 【分配】活动设置本金

➢ 运行结果

运行结果如图 2-188 所示。

图 2-188 【日志消息】活动输出每年年末本利和

四、循环中断

(一)【中断】活动

【中断】是一种中断活动,只能用于循环体中,表示活动所在位置退出"循环"活动(遍历循环、先条件循环、后条件循环),并使用随后的活动继续执行工作流,如图 2-189 所示。

图 2-189 【中断】活动

(二)【继续】活动

【继续】也是一种中断活动,与【中断】活动不同的是,【继续】活动只是中断当次循环,整个循环并不会结束,如图 2-190 所示。

图 2-190 【继续】活动

技能训练 企业所得税测算机器人

1. 案例描述

根据税法规定,依法在中国境内成立的居民企业,征收企业所得税时适用 25% 的基本税率。而对于部分企业,可适用 20%、15% 和 10% 的征收率。例如,符合条件的小型微利企业适用 20% 的征收率,国家需要重点扶持的高新技术企业则适用 15% 的征收率。

2. 案例要求

假设暂时不考虑适用 15% 税率的其他类型企业以及适用 10% 税率的企业,请设计 RPA 企业所得税测算机器人,使其能自动计算出企业的应纳所得税。

3. 案例开发

(1) 新建序列,修改名称为"企业所得税测算机器人"。添加【工作流】—【控件】类别下的【先条件循环】活动,条件设置为 True,即正文会一直执行,如图 2-191 所示。

图 2-191 【先条件循环】活动判断条件设置

(2)在【先条件循环】活动的正文里添加【系统】—【对话框】类别下的【输入对话框】活动,对话框标题设置为"企业所得税测算机器人",输入标签设置为"是否测算企业所得税",输入类型选择"多选",输入选项数组设置为"继续;退出",在已输入的值选项框中右击创建变量"是否继续",用于储存选项继续和退出,如图 2-192 所示。

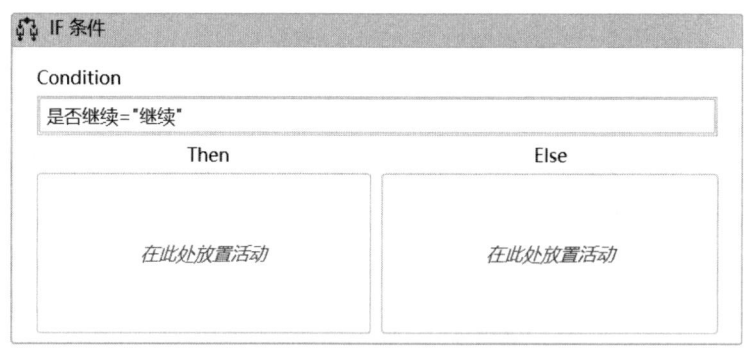

图 2-192 【输入对话框】活动设置

(3)添加一个【工作流】—【控制】类别下的【IF 条件】活动,设置该活动的判断条件为:是否继续="继续",即当在第一个【输入对话框】活动中选择"继续"时,执行 Then 的活动,否则执行 Else 语句下的活动,如图 2-193 所示。

图 2-193 【IF 条件】活动判断条件设置

(4)当条件是否继续="继续"不成立时,意味着第一个【输入对话框】活动运行时选择了"退出"选项。在 Else 方向中添加【工作流】—【控件】类别下的【中断】活动,用于跳出先条件循环,如图 2-194 所示。

(5)添加【系统】—【对话框】类别下的【输入对话框】活动,对话框标题设置为"企业所得税测算机器人",输入标签设置为"当前企业是否小微企业",输入类型选择"多选",输入选项数组设置为"是;否",在已输入的值选项框中右击创建变量"是否小微企业",用于储存选项是和否,如图 2-195 所示。

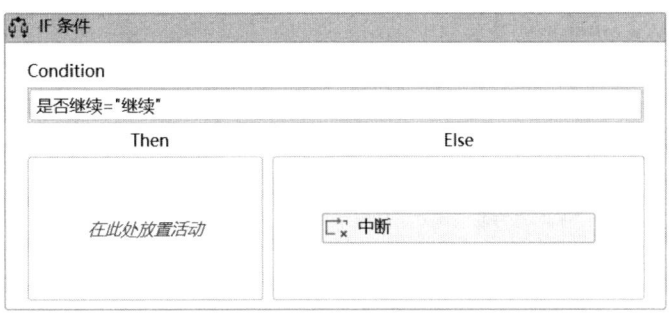

图 2-194 【中断】活动设置

图 2-195 【输入对话框】活动设置

（6）添加【系统】—【对话框】类别下的【输入对话框】活动，对话框标题设置为"企业所得税测算机器人"，输入标签设置为"当前企业是否高新技术企业"，输入类型选择"多选"，输入选项数组设置为"是;否"，在已输入的值选项框中右击创建变量"是否高新企业"，用于储存选项是和否，如图 2-196 所示。

图 2-196 【输入对话框】活动设置

(7) 添加【系统】—【对话框】类别下的【输入对话框】活动,对话框标题设置为"企业所得税测算机器人",输入标签设置为"请输入当前企业应纳税所得额",输入类型选择"文本框",在已输入的值选项框中右击创建变量"应纳税所得额",修改变量类型为 Double,范围为企业所得税测算机器人,用于储存输入的应纳税所得额数值,如图 2-197 所示。

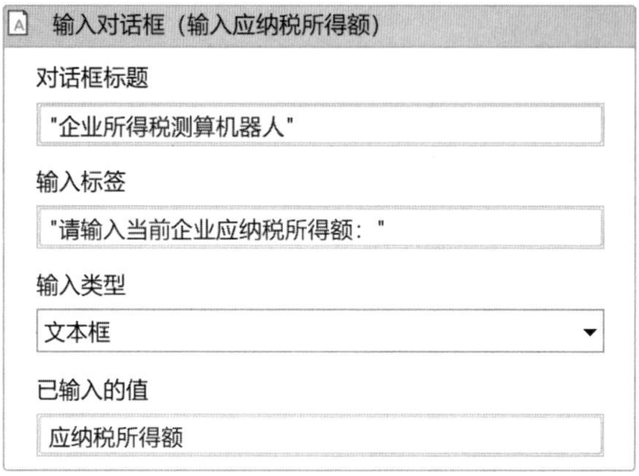

图 2-197 【输入对话框】活动设置

(8) 添加【工作流】—【控件】类别下的【多重分配】活动,在变量面板中创建三个变量:普通企业所得税、小微企业所得税、高新企业所得税,变量类型选择 Double,范围为企业所得税测算机器人。设置【多重分配】,按照计算规则将结果分配给三个变量,令普通企业所得税=If(应纳税所得额>0,应纳税所得额*0.25,0);小微企业所得税=If(应纳税所得额>0,If(应纳税所得额<=1 000 000,应纳税所得额*0.125*0.2,应纳税所得额*0.05-25 000),0);高新企业所得税=If(应纳税所得额>0,应纳税所得额*0.15,0),如图 2-198 所示。

图 2-198 设置【多重分配】活动计算企业所得税

(9) 添加【工作流】—【控件】类别下的【分配】活动,在变量面板创建变量"输入有误",变量类型为 String,范围为企业所得税测算机器人,用于储存输入的应纳税所得额是否符合小微企业条件的判断结果。设置【分配】活动,令输入有误=if(是否小微企业="是"And 应纳税所得额>3 000 000,"提示：测算可能有误;"+vbcrlf+"应纳税所得额为"+应纳税所得额.ToString+"超过3 000 000;"+vbcrlf+"请重新确认是否小微企业;"+vbcrlf+"如有问题请重新测算!!",""),其中的 vbcrlf 为换行语法,如图 2-199 所示。

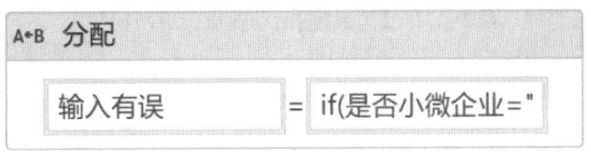

图 2-199 【分配】活动设置

（10）添加【工作流】—【控件】类别下的【分配】活动,在变量面板创建变量"企业所得税",变量类型为 String,范围为企业所得税测算机器人,用于储存整个计算后的最终输出结果。设置【分配】活动,令企业所得税=If(是否小微企业="是",If(是否高新企业="否","当前企业是小微企业;"+vbcrlf+"应纳税额测算:"+小微企业所得税.ToString+"元。"+vbcrlf+输入有误,"当前企业既是小微企业又是高新技术企业;"+vbcrlf+"按小微企业应纳税额测算:"+小微企业所得税.ToString+"元;"+vbcrlf+"按高新技术企业应纳税额测算:"+高新企业所得税.ToString+"元;"+vbcrlf+"建议按小微企业优惠政策缴纳企业所得税。"+vbcrlf+输入有误),If(是否高新企业="是","当前企业是高新技术企业;"+vbcrlf+"应纳税额测算:"+高新企业所得税.ToString+"元。","当前企业无企业所得税税收优惠;"+vbcrlf+"应纳税额测算:"+普通企业所得税.ToString+"元。")),其中的 vbcrlf 为换行语法,如图 2-200 所示。

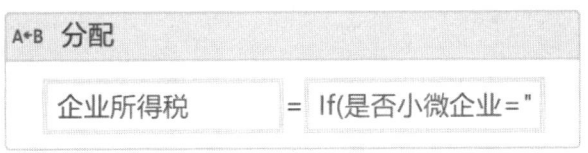

图 2-200 【分配】活动设置

（11）添加【系统】—【对话框】类别下的【消息框】活动,消息框内文本设置为变量"企业所得税",如图 2-201 所示。

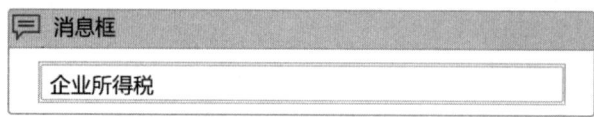

图 2-201 【消息框】活动输出企业所得税

【运行结果】

假设一家小微企业的应纳税所得额为 2 600 000 元,调试文件,运行结果如图 2-202 所示。

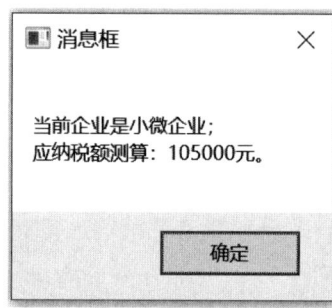

图 2-202 【消息框】活动输出应纳税额测算

项目三

RPA 财务机器人 Excel 应用

知识目标

- 掌握【应用程序集成】—【Excel】类别下活动的应用
- 了解【系统】—【文件】—【工作簿】类别下的活动的应用
- 区分数据表与 Excel
- 掌握读取数据表方法和常用活动
- 掌握数据表类别下常用活动

技能目标

- 能利用 UiPath 开发应用 Excel 的 RPA 财务机器人
- 能掌握 UiPath 中操作 Excel、数据表的相关活动
- 能根据 UiPath 数据表、Excel 功能完成财务数据的整理与处理

素养目标

- 培养学生具备利用财务机器人完成数据表、Excel 的操作能力
- 提升学生对人工智能技术在财务数据读取和应用的感知
- 拓展学生应用能力,增强学生对数据的敏感性

 **思维导图**

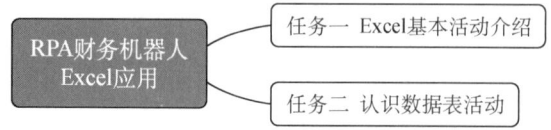

 **领思探知**

RPA 财务机器人能够通过模拟人类操作规则,复制并回放操作轨迹,实现 Excel 操作的自动化。这包括自动执行数据的复制、粘贴、筛选、行增删等操作,极大地提升了财务工作的效率。此外,RPA 财务机器人还可应用于多种财务活动,如账单核对、报表生成等。它能够减轻财务人员的工作负担,使他们能够专注于更复杂、更有价值的工作。随着技术的不断进步,RPA 财务机器人在 Excel 应用领域展现出广阔的应用前景和巨大潜力,未来在财务工作中将发挥更为关键的作用,大大提高财务工作的效率。

思考:针对批量处理的 Excel 数据,RPA 财务机器人可以起到哪些作用?哪些业务可以通过 RPA 财务机器人完成?

任务一　Excel 基本活动介绍

一、Excel 操作自动化

视频 3.1
Excel 基本
活动介绍

UiPath 中与操作 Excel 有关的活动主要用于帮助各种类型的企业用户实现 Microsoft Excel 数据处理自动化。与操作 Excel 有关的活动包括从单元格、列、行或范围中读取数据,向其他电子表格或工作簿写入数据,从 Excel 中提取公式等等。UiPath 中操作 Excel 的活动主要包括【应用程序集成】—【Excel】类别下的活动和【系统】—【文件】—【工作簿】类别下的活动。

图 3-1 为【应用程序集成】—【Excel】类别下的活动,该组里的活动都必须包含在【Excel 应用程序范围】活动里,不能单独使用,同时各个活动要操作的 Excel 工作簿路径统一在【Excel 应用程序范围】活动里设置。

图 3-2 为【系统】—【文件】—【工作簿】类别下的活动,该组活动对 Excel 工作簿进行操作时,需要为每个活动各自设置工作簿路径。

相比较而言,图 3-1 中的功能比图 3-2 中的功能更丰富。

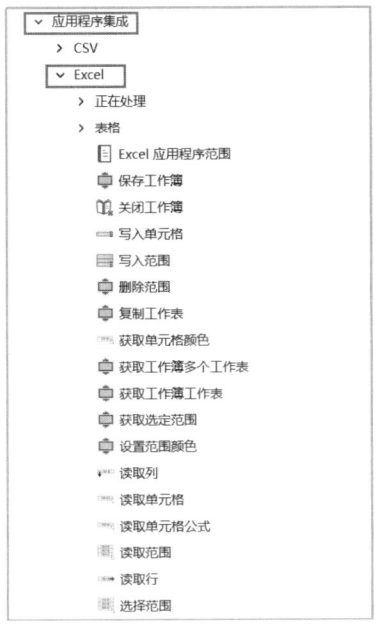 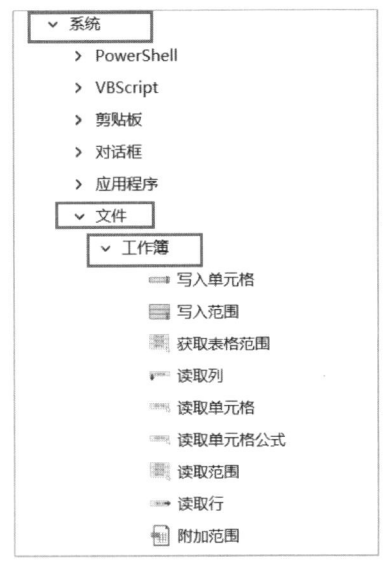

图 3-1 【Excel】类别下的活动　　图 3-2 【工作簿】类别下的活动

二、表格类活动

Excel 自动化的表格类活动主要包括【Excel 应用程序范围】等活动,表格类活动的主要功能是对单元格进行基本操作,如对单元格进行读取、写入等操作。

（一）【Excel 应用程序范围】活动

【Excel 应用程序范围】活动在【应用程序集成】—【Excel】—【表格】类别下,该活动用于打开 Excel 工作簿并为其他 Excel 活动提供数据范围。当此活动结束时,机器人将关闭指定的工作簿和 Excel 应用程序。如果在该活动的"输出"—"工作簿"属性中提供了类型为 WorkbookApplication 的变量,则工作簿数据将保存在相应的变量中,即使此活动结束,该变量中的数据仍然可以使用。如果指定的工作簿文件不存在,此活动将创建一个新的 Excel 工作簿,如图 3-3 所示。

图 3-3 【Excel 应用程序范围】活动

(二)【读取范围】活动

视频3.2 读取范围活动

【读取范围】活动是从Excel工作表中读取指定范围内的若干个单元格数据。图3-4为在【Excel应用程序范围】活动的执行序列内添加一个【读取范围】活动,令机器人读取"工资结算明细表"中A:F范围内的数据。

图3-4 【读取范围】活动

在【读取范围】活动属性面板的输出数据表处设置变量DT,即将读到的数据保存在变量DT中。此时,属性面板中的"添加标头"选项默认为选中状态,即该活动会自动提取指定电子表格范围中的列标题,如图3-5所示。

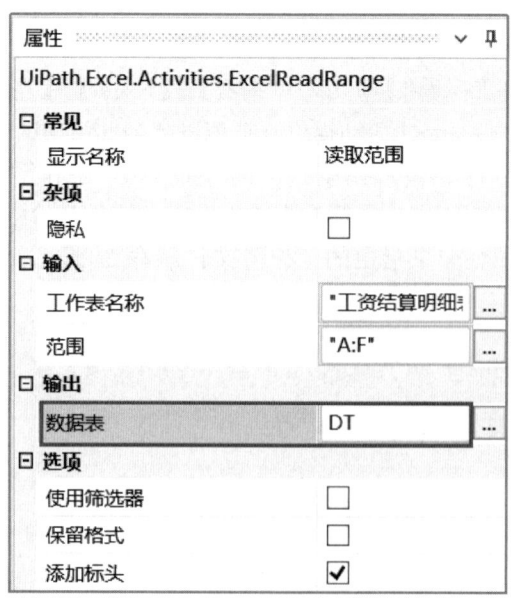

图3-5 【读取范围】活动的属性面板

【读取范围】活动的主要属性如表3-1所示。

表 3-1　【读取范围】活动的主要属性

活动	属性	参数	功能
读取范围	输入	工作表名称	表示需要读取的工作表名称
		范围	表示要读取的数据范围。如未指定范围，将读取整个表格；如果将范围指定为某个单元格，则读取从该单元格开始的整个表格。范围的表示形式同 Excel 区域的表示形式
	输出	数据表	将读到的数据存储在 DataTable 类型的变量中
	选项	使用筛选器	如果选中，则该活动不会读取指定范围中已筛除的内容，默认未选中
		保留格式	选中此复选框将保留所读取的范围的格式，默认未选中
		添加标头	如果选中，则将提取指定数据范围中的列标头，默认选中

示例 1：读取范围

➢ 示例描述

说明：已知“A 公司费用汇总表. xlsx”内包含三张表，分别为“1 号门店经营费用”“2 号门店经营费用”“3 号门店经营费用”，如图 3-6 所示。

要求：设计一个机器人读取“1 号门店经营费用”表并通过消息框提示费用合计金额。

活动：【Excel 应用程序范围】【读取范围】【消息框】

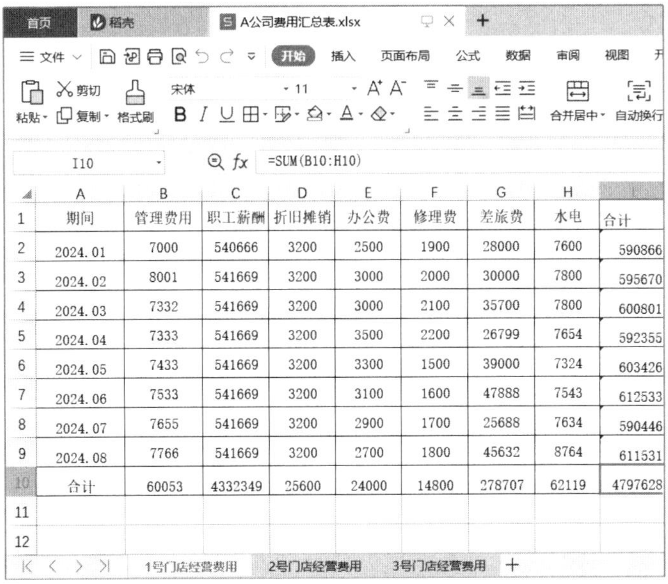

期间	管理费用	职工薪酬	折旧摊销	办公费	修理费	差旅费	水电	合计
2024.01	7000	540666	3200	2500	1900	28000	7600	590866
2024.02	8001	541669	3200	3000	2000	30000	7800	595670
2024.03	7332	541669	3200	3000	2100	35700	7800	600801
2024.04	7333	541669	3200	3500	2200	26799	7654	592355
2024.05	7433	541669	3200	3300	1500	39000	7324	603426
2024.06	7533	541669	3200	3100	1600	47888	7543	612533
2024.07	7655	541669	3200	2900	1700	25688	7634	590446
2024.08	7766	541669	3200	2700	1800	45632	8764	611531
合计	60053	4332349	25600	24000	14800	278707	62119	4797628

图 3-6　A 公司费用汇总表

➢ 操作步骤

（1）先在序列中添加【应用程序集成】—【Excel】类别下的【Excel 应用程序范围】活动。为该活动设置工作簿路径，单击“浏览”按钮，选择"A 公司费用汇总表. xlsx"文件，如图 3-7 所示。（注意：需将"A 公司费用汇总表. xlsx"保存在当前 RPA 项目文件夹中，即将文件保存

在相对路径下）

图 3-7 【Excel 应用程序范围】活动

（2）在【Excel 应用程序范围】活动下的执行序列中添加【应用程序集成】—【Excel】类别下的【读取范围】活动。打开该活动的属性面板，设置工作表名称为"1号门店经营费用"，范围为"A:I"，接着在输出数据表处创建变量 Data，变量类型为 DataTable，范围为"执行"，该变量 Data 用于存储"1号门店经营费用"表中 A 列至 I 列的数据，如图 3-8 所示。

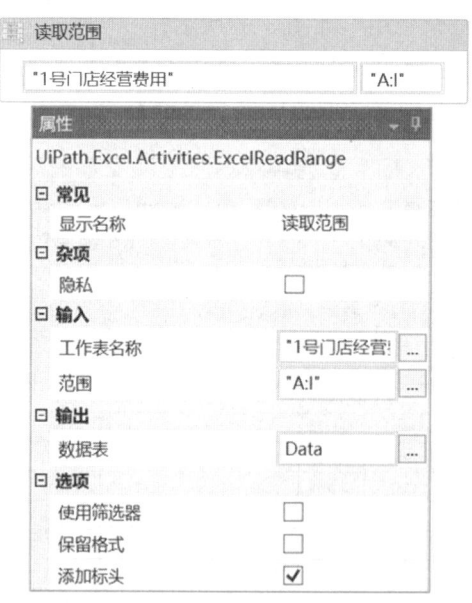

图 3-8 【读取范围】活动设置

（3）继续添加【系统】—【对话框】类别下的【消息框】活动，设置文本为"1号门店经营费用合计数为"＋Data(8)(8).tostring＋"元"，用于输出 1 号门店经营费用的合计数，如图 3-9 所示。

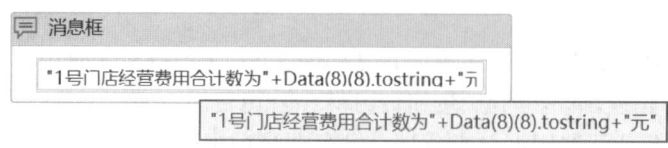

图 3-9 【消息框】活动设置

➢ 运行结果

运行结果如图 3-10 所示。

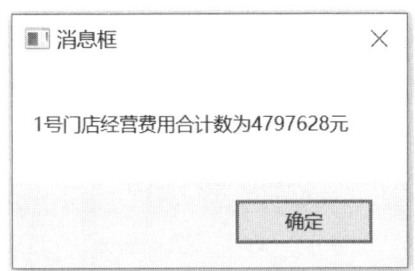

图 3-10 【消息框】活动提示 1 号门店经营费用合计数

（三）【读取列】活动

【读取列】活动是从指定单元格所在的列中读取整列数据。在【Excel 应用程序范围】活动的执行序列内添加一个【读取列】活动，令机器人读取"工资结算明细表"工作表中 B1 单元格所在的整列数据，如图 3-11 所示。

视频 3.3 读取列活动

图 3-11 【读取列】活动

🏠 示例 2：读取列

➢ 示例描述

说明：已知"A 公司费用汇总表.xlsx"内包含三张表，分别为"1 号门店经营费用""2 号门店经营费用""3 号门店经营费用"，如图 3-6 所示。

要求：设计一个机器人读取"1 号门店经营费用"表中"合计"列的数据，并通过消息框提示期间为"2024.08"的合计费用。

活动：【Excel 应用程序范围】【读取列】【消息框】

➢ 操作步骤

（1）先在序列中添加【应用程序集成】—【Excel】类别下的【Excel 应用程序范围】活动。为该活动设置工作簿路径，单击"浏览"按钮，选择"A 公司费用汇总表.xlsx"文件，如图 3-12 所示。（注意：需将"A 公司费用汇总表.xlsx"保存在当前 RPA 项目文件夹中，即将文件保存在相对路径下）

图 3-12 【Excel 应用程序范围】活动

（2）在【Excel 应用程序范围】活动下的执行序列中添加【应用程序集成】—【Excel】类别下的【读取列】活动。打开该活动的属性面板，设置工作表名称为"1号门店经营费用"，起始单元格为"I1"，接着在输出数据表处创建变量，该变量命名为合计，变量类型为 IEnumerable＜Object＞，范围为"执行"，该变量用于存储"1号门店经营费用"表中 I 列的数据，如图 3-13、图 3-14 所示。

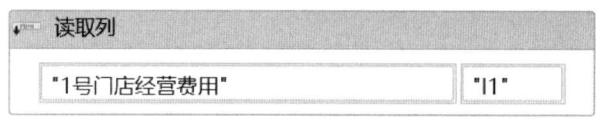

图 3-13 【读取列】活动设置

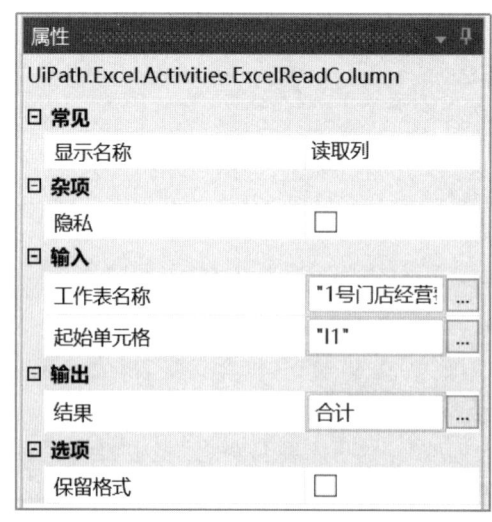

图 3-14 【读取列】活动属性设置

（3）继续添加【系统】—【对话框】类别下的【消息框】活动，设置文本为"1号门店 2024 年 8 月的费用合计数为"＋合计(8).tostring＋"元"，用于输出 1 号门店 2024 年 8 月的费用合计数，如图 3-15 所示。

图 3-15 【消息框】活动设置

➢ 运行结果

运行结果如图 3-16 所示。

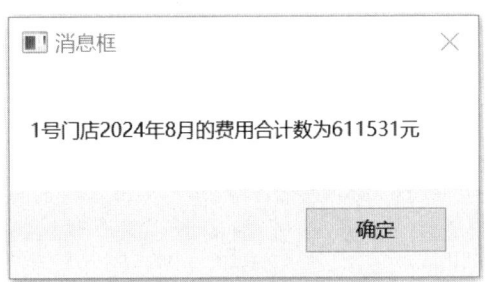

图 3-16 【消息框】活动提示

（四）【读取行】活动

【读取行】活动是从给定单元格所在的行中读取整行数据。在【Excel 应用程序范围】活动的执行序列内添加一个【读取行】活动，令机器人读取"工资结算明细表"工作表中 A2 单元格所在行的数据，如图 3-17 所示。

视频 3.4 读取行活动

图 3-17 【读取行】活动

🏠 示例 3：读取行

➢ 示例描述

说明：已知"A 公司费用汇总表.xlsx"内包含三张表，分别为"1 号门店经营费用""2 号门店经营费用""3 号门店经营费用"，如图 3-6 所示。

要求：设计一个机器人读取"1 号门店经营费用"表中期间为"2024.02"的数据，并通过消息框提示该期间的管理费用。

活动:【Excel 应用程序范围】【读取行】【消息框】

> 操作步骤

（1）先在序列中添加【应用程序集成】—【Excel】类别下的【Excel 应用程序范围】活动。为该活动设置工作簿路径，单击"浏览"按钮，选择"A 公司费用汇总表.xlsx"文件，如图 3-18 所示。（注意：需将"A 公司费用汇总表.xlsx"保存在当前 RPA 项目文件夹中，即将文件保存在相对路径下）

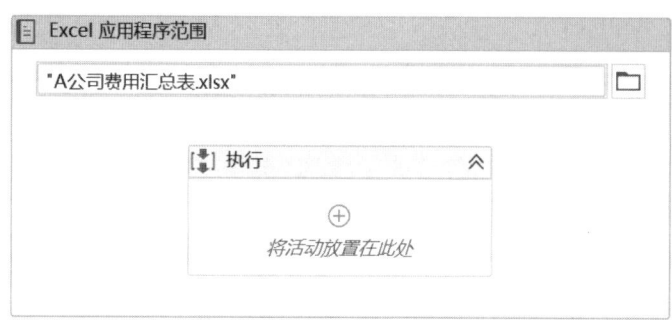

图 3-18 【Excel 应用程序范围】活动

（2）在【Excel 应用程序范围】活动下的执行序列中添加【应用程序集成】—【Excel】类别下的【读取行】活动。打开该活动的属性面板，设置工作表名称为"1 号门店经营费用"，起始单元格为"A3"，接着在输出数据表处创建变量，该变量命名为二月费用，变量类型为 IEnumerable<Object>，范围为"执行"，该变量用于存储"1 号门店经营费用"表中第三行的数据，如图 3-19 所示。

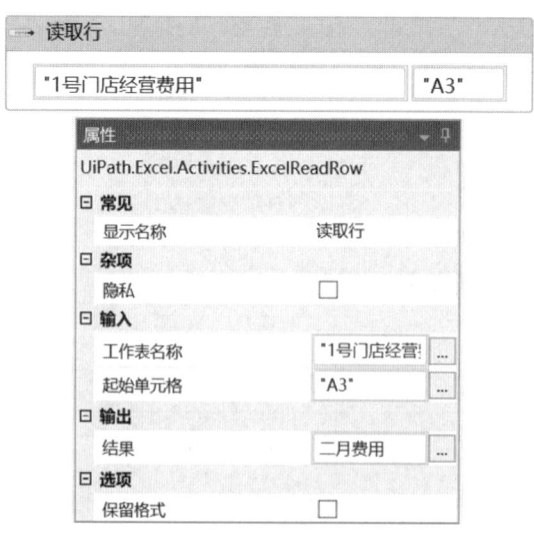

图 3-19 【读取行】活动设置

（3）继续添加【系统】—【对话框】类别下的【消息框】活动，设置文本为"1 号门店 2024 年 2 月的管理费用为"＋二月费用(1).tostring＋"元"，用于输出 1 号门店 2024 年 2 月的管理费用，如图 3-20 所示。

图 3-20 【消息框】活动设置

➤ 运行结果

运行结果如图 3-21 所示。

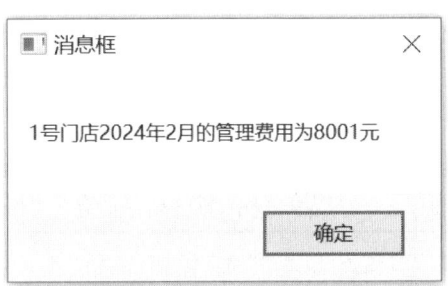

图 3-21 【消息框】活动提示

(五)【读取单元格】活动

【读取单元格】活动是指读取 Excel 单元格的值,并可将读出的数据存储在变量中。在【Excel 应用程序范围】活动的执行序列内添加一个【读取单元格】活动,令机器人读取 Excel 工作簿"工资明细表.xlsx"的"工资结算明细表"工作表的 A1 单元格的数据,如图 3-22 所示。

图 3-22 【读取单元格】活动

(六)【写入范围】活动

【写入范围】活动用于将流程中的数据表写入 Excel 工作簿中指定工作表的指定范围内,写入数据的位置从指定的起始单元格开始,如果未指定起始单元格,则从 A1 单元格开始写入,如图 3-23 所示。如果操作的工作表不存在,系统将自动创建新工作表。(注意:新写入的数据将覆盖原有指定范围内的数据)

视频 3.5 写入范围活动

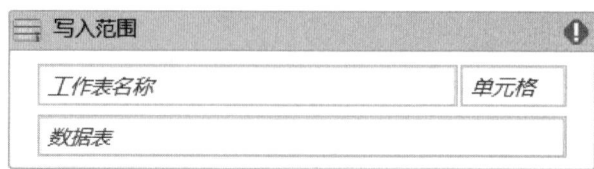

图 3-23 【写入范围】活动

【写入范围】活动的主要属性如表 3-2 所示。

表 3-2 【写入范围】活动的主要属性

活动	属性	参数	功能
写入范围	目标	工作表名称	要写入的工作表名
		起始单元格	从指定单元格开始写入数据
	输入	数据表	数据表中保存着即将要写入 Excel 中的数据
	选项	添加标头	如果选中,则将列标头写入工作表的指定范围,默认未选中

示例 4:写入范围

➤ 示例描述

说明:已知“工资明细表. xlsx”内包含一张工资结算明细表,如图 3-24 所示。

要求:设计一个机器人读取工资结算明细表中战略规划部的工资情况,并将该数据写入名称显示为“战略规划部”的工作表。

活动:【Excel 应用程序范围】【读取范围】【写入范围】

工号	一级部门	二级部门	岗位	姓名	姓别	证照号码	出勤	基本工资	加班费	奖金	补贴	应付工资	个人缴纳社保	个人缴纳住房公积	税前工资	应交个税	单位缴纳社保	单位缴纳住房公积
KY82001	战略规划部	总经办	总经理	许建辉	男	35092519920617014	22	12000.00	0.00			13638.00	178.50	240.00	13219.50	1388.90	414.80	240.00
KY82002	战略规划部	总经办	副总经理	刘晓光	男	13072819871224439	22	10500.00	0.00			10500.00	178.50	240.00	10081.50	761.30	414.80	240.00
KY82003	战略规划部	总经办	总经理助理	林丽萍	女	34042119880523098	22	6500.00	0.00	866.00		7366.00	178.50	240.00	6947.50	239.75	414.80	240.00
KY82004	战略规划部	企划部	企划部经理	王辉	男	14042919910923411	22	6200.00	0.00	348.00		6548.00	178.50	240.00	6129.50	157.95	414.80	240.00
KY82005	战略规划部	企划部	规划员	林艺芳	女	13082619870913808	26	4000.00	444.00	315.00		4759.00	178.50	240.00	4340.50	25.22	414.80	240.00
KY82006	战略规划部	企划部	规划员	李玉	女	13063119920914399	25	4000.00	252.00	251.00		4503.00	178.50	240.00	4084.50	17.54	414.80	240.00
KY82007	综合管理部	行政部	行政部经理	凯琳	女	34040519870406299	22	6000.00	0.00	746.00		6746.00	178.50	240.00	6327.50	177.75	414.80	240.00
KY82008	综合管理部	行政部	行政助理	董智磊	男	130682198212256431	25	3800.00	255.00	327.00		4382.00	178.50	240.00	3963.50	13.91	414.80	240.00
KY82009	综合管理部	行政部	行政助理	曹丽珠	女	33052219880517588	28	3800.00	233.00	291.00		4324.00	178.50	240.00	3905.50	12.17	414.80	240.00
KY82010	综合管理部	采购部	采购部经理	林月	女	35030419801102621	22	6000.00	0.00	923.00		6923.00	178.50	240.00	6504.50	195.45	414.80	240.00
KY82011	综合管理部	采购部	采购人员	黄莱悦	男	33092219890602981	26	3800.00	272.00	209.00		4281.00	178.50	240.00	3862.50	10.88	414.80	240.00
KY82012	综合管理部	采购部	采购人员	李丽云	女	33108219900829275	25	3800.00	194.00	409.00		4403.00	178.50	240.00	3984.50	14.54	414.80	240.00
KY82013	综合管理部	人力资源部	人事部经理	林志刚	男	34060119801207233	22	6000.00	296.00	989.00		7285.00	178.50	240.00	6866.50	231.65	414.80	240.00
KY82014	综合管理部	人力资源部	人事助理	吴伟平	男	34088119830722266	27	3800.00	375.00	418.00		4593.00	178.50	240.00	4174.50	20.24	414.80	240.00
KY82015	综合管理部	人力资源部	人事助理	曹艳玲	女	330281198706081051	23	3800.00	105.00	259.00		4164.00	178.50	240.00	3745.50	7.37	414.80	240.00
KY82016	综合管理部	仓储后勤部	仓库主管	张玲	女	35058219850119153	25	4800.00	646.00	927.00		6373.00	178.50	240.00	5954.50	140.45	414.80	240.00
KY82017	综合管理部	仓储后勤部	仓库管理员	岳嘉禾	男	13018119831117398	26	3800.00	316.00	366.00		4482.00	178.50	240.00	4063.50	16.91	414.80	240.00
KY82018	综合管理部	仓储后勤部	货车司机	戴君华	男	13030119871119284	23	4500.00	98.00	200.00		4798.00	178.50	240.00	4379.50	26.39	414.80	240.00
KY82019	综合管理部	仓储后勤部	装卸员	黄建军	男	23042119900426305	22	4000.00	122.00	377.00		4499.00	178.50	240.00	4080.50	17.42	414.80	240.00
KY82020	综合管理部	仓储后勤部	装卸员	吴飞宏	男	13072819881102279	24	4000.00	118.00	216.00		4334.00	178.50	240.00	3915.50	12.47	414.80	240.00
KY82021	财务部	会计核算部	财务经理	张乐	男	22042219851126574	22	6500.00	0.00	1000.00		7500.00	178.50	240.00	7081.50	253.15	414.80	240.00
KY82022	财务部	会计核算部	会计主管	吴浩	男	14082819881129542	27	4800.00	329.00	660.00		5789.00	178.50	240.00	5370.50	82.05	414.80	240.00
KY82023	财务部	会计核算部	总账会计	陈飞	女	13050319820811812	27	4600.00	310.00	313.00		5223.00	178.50	240.00	4804.50	39.14	414.80	240.00
KY82024	财务部	会计核算部	成本会计	陈丽婷	女	21081119810813267	23	4600.00	101.00	289.00		4990.00	178.50	240.00	4571.50	32.15	414.80	240.00
KY82025	财务部	会计核算部	出纳	谢娜	女	23071119871221234	25	4000.00	183.00	241.00		4424.00	178.50	240.00	4005.50	15.17	414.80	240.00
KY82026	财务部	税务管理部	税务主管	何翔	男	331101198711178411	25	4200.00	306.00	841.00		5347.00	178.50	240.00	4928.50	42.86	414.80	240.00
KY82027	财务部	税务管理部	税收筹划专员	黄海清	女	13070619891114666	27	3800.00	550.00	364.00		4714.00	178.50	240.00	4295.50	23.87	414.80	240.00
KY82028	财务部	税务管理部	税务稽核专员	吴赫	女	14042119811107888	28	3800.00	169.00	399.00		4368.00	178.50	240.00	3949.50	13.49	414.80	240.00

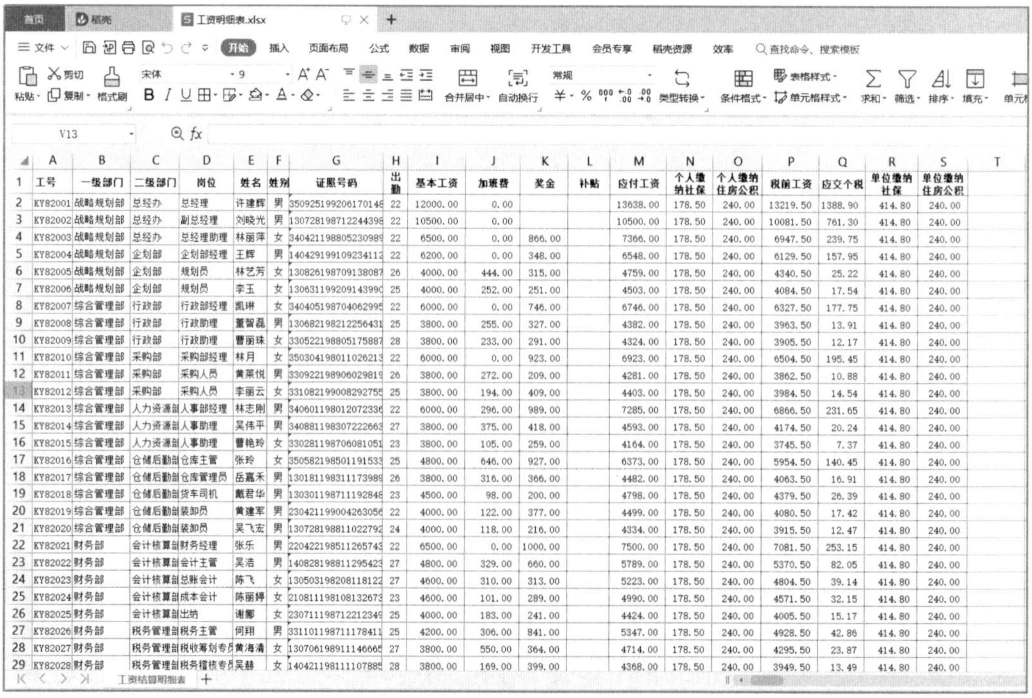

图 3-24 工资明细表

➤ 操作步骤

（1）先在序列中添加【应用程序集成】—【Excel】类别下的【Excel 应用程序范围】活动。为该活动设置工作簿路径，单击"浏览"按钮，选择"工资明细表.xlsx"文件，如图 3-25 所示。（注意：需将"工资明细表.xlsx"保存在当前 RPA 项目文件夹中，即将文件保存在相对路径下）

图 3-25 【Excel 应用程序范围】活动

（2）在【Excel 应用程序范围】活动下的执行序列中添加【应用程序集成】—【Excel】类别下的【读取范围】活动。打开该活动的属性面板，设置工作表名称为"工资结算明细表"，起始单元格为"A1:S7"，接着在输出数据表处创建变量 Data_1，变量类型为 DataTable，范围为"执行"，该变量用于存储"工资结算明细表"中单元格 A1 到 S7 范围的数据，即战略规划部的工资情况，如图 3-26 所示。

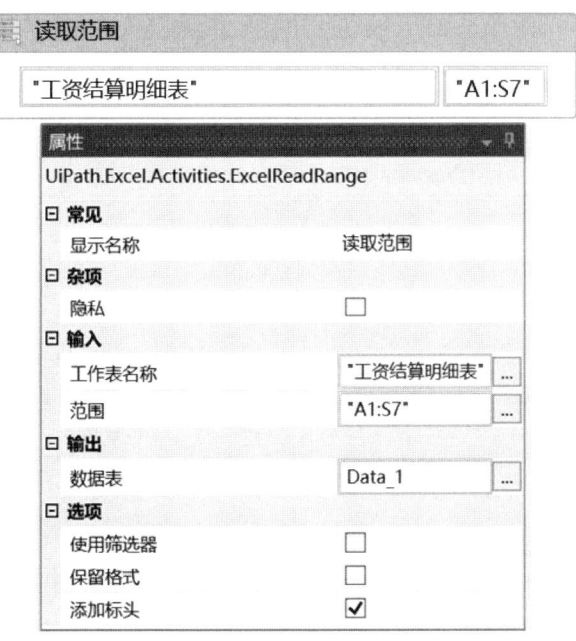

图 3-26 【读取范围】活动设置

（3）继续添加【应用程序集成】—【Excel】类别下的【写入范围】活动，设置工作表名称为"战略规划部"，起始单元格为"A1"，输入数据表为 Data_1，勾选添加标头，将存储在变量 Data_1 中的数据写入表格"战略规划部"中，如图 3-27 所示。（注意："战略规划部"表不存在，通过【写入范围】活动下，机器人会自动在"工资明细表.xlsx"内创建该工作表，命名为"战略规划部"）

图 3-27 【写入范围】活动设置

运行结果

运行结果如图 3-28 所示。

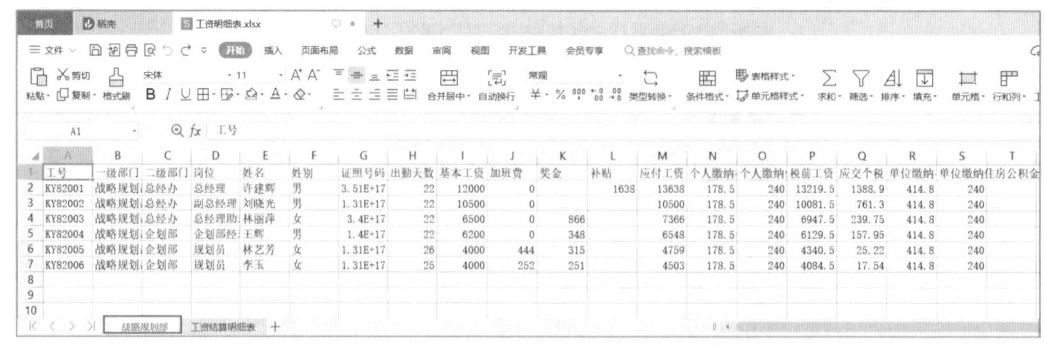

图 3-28 "战略规划部"工作表

（七）【写入单元格】活动

【写入单元格】活动用于将值或公式写入指定的单元格或范围。如果操作的工作表不存在，则系统自动创建该工作表；如果对应单元格内有值，则被覆盖，如图 3-29 所示。

图 3-29 【写入单元格】活动

【写入单元格】活动的主要属性如表 3-3 所示。

表 3-3 【写入单元格】活动的主要属性

活动	属性	参数	功能
写入单元格	目标	工作表名称	要写入数据的工作表名
		范围	要写入的单元格或范围
	输入	值	要写入单元格或范围的值或公式

示例 5：写入单元格

> 示例描述

说明：已知"工资明细表.xlsx"内包含一张工资结算明细表，如图 3-24 所示。

要求：设计一个机器人在工资结算明细表的 T1 单元格处写入"实发工资"，在 T2 单元格出写入公式"＝SUM(M2－N2－O2－Q2)"计算实发工资。

活动：【Excel 应用程序范围】【写入单元格】

> 操作步骤

（1）先在序列中添加【应用程序集成】—【Excel】类别下的【Excel 应用程序范围】活动。为该活动设置工作簿路径，单击"浏览"按钮，选择"工资明细表.xlsx"文件，如图 3-30 所示。（注意：需将"工资明细表.xlsx"保存在当前 RPA 项目文件夹中，即将文件保存在相对路径下）

图 3-30 【Excel 应用程序范围】活动

（2）在【Excel 应用程序范围】活动下的执行序列中添加【应用程序集成】—【Excel】类别下的【写入单元格】活动，设置工作表名称为"工资结算明细表"，范围为"T1"，输入值为"实发工资"，即令机器人将输入值"实发工资"写入"工资结算明细表"的 T1 单元格，如

图 3-31 所示。

图 3-31 【写入单元格】活动写入实发工资

（3）继续添加【应用程序集成】—【Excel】类别下的【写入单元格】活动，设置工作表名称为"工资结算明细表"，范围为"T2"，输入值为"=SUM(M2−N2−O2−Q2)"，即令机器人写入公式，计算出 T2 单元格的实发工资，如图 3-32 所示。

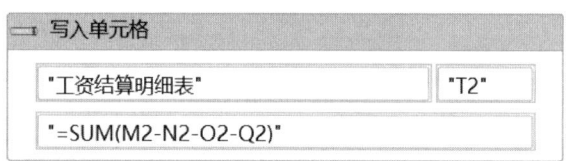

图 3-32 【写入单元格】活动计算实发工资

> 运行结果

运行结果如图 3-33 所示。

图 3-33 T2 单元格的实发工资

三、正在处理类活动

图 3-34 为【应用程序集成】—【Excel】—【正在处理】类别下的 8 个过程活动，主要包括删除重复范围、复制范围、执行宏、插入/删除列、插入/删除行、查找范围、自动填充范围、调用应用程序视觉化 Basic 等功能。

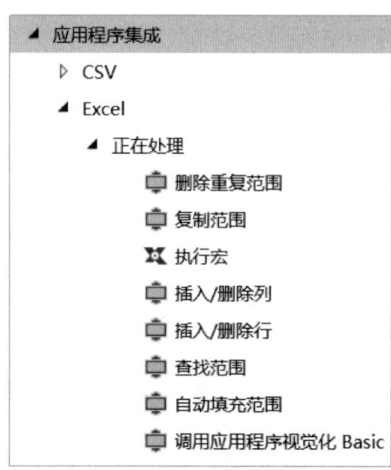

图 3-34 【正在处理】类别下的活动

【Excel】—【正在处理】类别下的活动的功能如表 3-4 所示。

表 3-4 【正在处理】类别下的活动的功能

类型	活动	功能
Excel	删除重复范围	删除指定范围内所有重复行
	复制范围	复制整个范围,包括值、公式、表格式和单元格格式,并将其粘贴到指定工作表中
	执行宏	工作簿需要一个启用宏的工作簿,更改将立即保存,只能在 Excel 应用程序范围中使用
	插入/删除列	在某个位置添加或删除指定数量的列
	插入/删除行	在某个位置添加或删除指定数量的行
	查找范围	在指定范围内搜索具有特定值的单元格坐标,并将其作为字符串变量返回
	自动填充范围	使用源范围中定义的公式规则,并根据最终范围对其进行调整,模拟 Excel 中的自动填充功能
	调用应用程序视觉化 Basic	调用应用程序视觉化 Basic 控件的主要功能是从包含 VBA 代码的外部文件调用宏,并对 Excel 文件运行宏

（一）【复制范围】活动

【复制范围】活动主要用于复制整个范围,包括值、公式、表格和单元格格式,并将其粘贴到指定的工作表中的具体位置上,如图 3-35 所示。

视频 3.7 复制范围活动

图 3-35 【复制范围】活动

【复制范围】活动的主要属性如表 3-5 所示。

表 3-5 【复制范围】活动的主要属性

活动	属性	参数	功能
复制范围	目标	目标单元格	待粘贴范围的起始单元格
		目标工作表	待粘贴数据的目标工作表
	输入	工作表名称	要复制的源工作表名
		源范围	要复制的原始范围
	选项	复制项目	选择性复制粘贴,可从下拉菜单中选择要复制粘贴的项目,例如值、公式等。默认为"All"

🏠 示例 6:复制范围
➤ 示例描述

说明:通过示例 5,机器人已在工资结算明细表的 T2 单元格内写入公式计算实发工资。
要求:令机器人复制 T2 单元格的公式,写入 T3 至 T45 单元格,完成全体员工实发工资的计算。

活动:【Excel 应用程序范围】【先条件循环】【读取范围】【复制范围】

➢ 操作步骤

(1) 先在序列中添加【应用程序集成】—【Excel】类别下的【Excel 应用程序范围】活动。为该活动设置工作簿路径,单击"浏览"按钮,选择"工资明细表.xlsx"文件,如图 3-36 所示。(注意:需将示例 5 中已计算出 T2 单元格实发工资的"工资明细表.xlsx"保存在当前 RPA 项目文件夹中,即将文件保存在相对路径下)

图 3-36 【Excel 应用程序范围】活动

(2) 在【Excel 应用程序范围】活动下的执行序列中添加【应用程序集成】—【Excel】类别下的【读取范围】活动。设置工作表名称为"工资结算明细表",范围为"A:S",输出数据表处创建变量 Data_2,变量类型为 DataTable,范围为"执行",该变量用于存储"工资结算明细表"中 A 列至 S 列的数据,如图 3-37 所示。

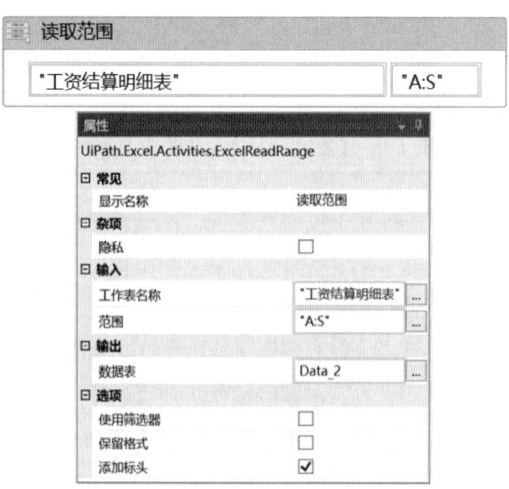

图 3-37 【读取范围】活动设置

(3) 继续添加【工作流】—【控件】类别下的【先条件循环】活动,在变量面板处创建变量 i,变量类型为 Int32,范围为"执行",设置默认值为 1,该变量用于表示第几行。设置【先条件循环】活动的输入条件为 Data_2(i)(0).tostring<>"",表示第 i 行第一列的数据不为空时,需要继续执行正文序列里的活动,如图 3-38、图 3-39 所示。

名称	变量类型	范围	默认值
Data_2	DataTable	执行	输入 VB 表达式
i	Int32	执行	1

图 3-38 变量面板创建变量

图 3-39 【先条件循环】活动设置

(4)在正文序列中添加【应用程序集成】—【Excel】类别下的【复制范围】活动。打开【复制范围】的属性面板,设置目标单元格为"T"+(i+2).tostring,目标工作表为"工资结算明细表",输入工作表名称为"工资结算明细表",输入源范围为"T2",复制项目默认为"All",表示将"工资结算明细表"中 T2 单元格的所有内容全部复制至该表的"T"+(i+2)单元格,如图 3-40、图 3-41 所示。

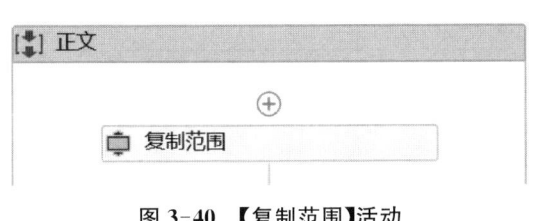

图 3-40 【复制范围】活动 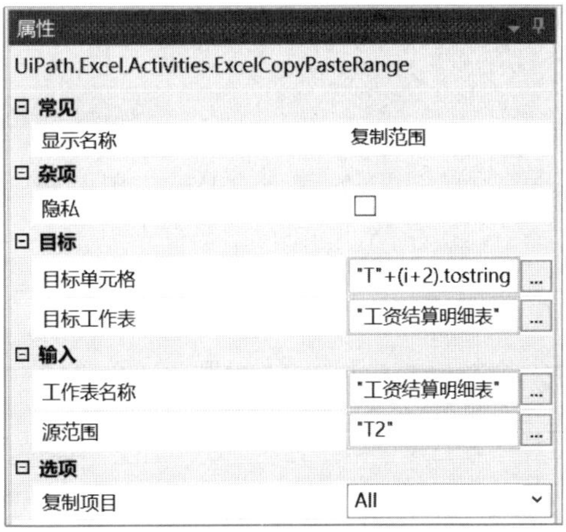　　图 3-41 【复制范围】活动属性设置

(5)【复制范围】活动下添加【System】—【Activities】—【Statements】类别下的【分配活动】,设置【分配】活动,令 i=i+1,如图 3-42 所示。

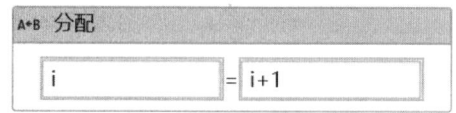

图 3-42 【分配】活动设置

➢ 运行结果

运行结果如图 3-43 所示。

视频 3.8 插入/删除列活动

图 3-43 工资结算明细表的实发工资

（二）【插入/删除列】活动

【插入/删除列】活动主要是在某个位置添加或删除指定数量的列，如图 3-44 所示。

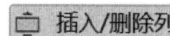

图 3-44 【插入/删除列】活动

【插入/删除列】活动的主要属性如表 3-6 所示。

表 3-6 【插入/删除列】活动的主要属性

活动	属性	参数	功能
插入/删除列	目标	位置	默认值为"1"，执行插入/删除操作的位置，该字段仅支持整数或 Int32 类型变量
		无列	默认值为"1"，需要删除或添加的列数，该字段仅支持整数或 Int32 类型变量
	输入	更改模式	选择活动添加或删除；Add 将向文档添加列，而选择 Remove 将删除列

示例7：插入/删除列

> 示例描述

说明：已知A公司"工资明细表.xlsx"内包含一张工资结算明细表，目前该公司取消工资补贴制度。

要求：设计一个机器人删除工资结算明细表内的补贴列。

活动：【Excel应用程序】【插入/删除列】

> 操作步骤

（1）先在序列中添加【应用程序集成】—【Excel】类别下的【Excel应用程序范围】活动。为该活动设置工作簿路径，单击"浏览"按钮，选择"工资明细表.xlsx"文件，如图3-45所示。（注意：需将"工资明细表.xlsx"保存在当前RPA项目文件夹中，即将文件保存在相对路径下）

图3-45 【Excel应用程序范围】活动

（2）在【Excel应用程序范围】活动下的执行序列中添加【应用程序集成】—【Excel】类别下的【插入/删除列】活动。打开该活动的属性面板，设置目标位置为12，无列为1，输入工作表名称为"工资结算明细表"，更改模式为Remove，表示将"工资结算明细表"中第12列删除，即删除补贴这一列，如图3-46、图3-47所示。

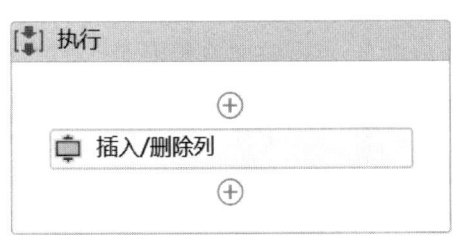

图3-46 【插入/删除列】活动

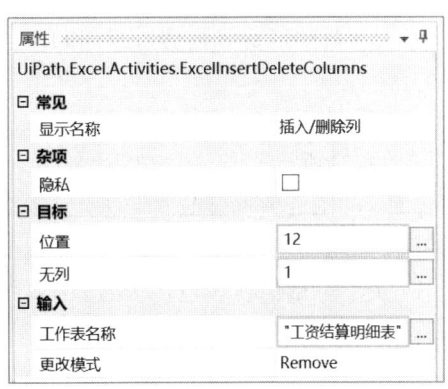

图3-47 【插入/删除列】活动属性设置

➢ 运行结果

运行结果如图3-48所示。

图3-48 删除补贴列

技能训练 工资结算机器人

视频3.9案例：工资结算机器人

1. 案例描述

企业每个月都需要做工资表，工资结算工作通常需要对员工的基础信息、考勤数据、各部门奖金数据、各部门加班费数据等进行综合计算。虽然借助Excel这样的办公软件可以很快完成此项工作，但若是集团公司旗下有几百家公司，每个月都重复编写计算函数、重复进行计算的工作量就会非常大，也很容易出错。

2. 案例要求

请作为集团公司的工资核算人员，结合Excel和UiPath，利用员工基础信息、本月考勤、本月奖金、本月加班费等数据，设计和开发工资结算机器人，以达成30秒内准确生成集团工资表的目标。

3. 案例开发

1）收集数据

将Excel工资数据表收集起来，为后续流程做好准备。Excel工资数据文件包含"员工基础信息.xlsx"、"本月考勤.xlsx"、"本月奖金.xlsx"和"本月加班费.xlsx"。

（1）员工基础信息表包含工号、所属部门、职位、姓名、岗位基本工资等信息，注意数据列从A列至H列，如图3-49所示。

	A	B	C	D	E	F	G	H
1	工号	一级部门	二级部门	职位	姓名	性别	居民身份证	岗位基本工资（含满勤奖300元）
2	TL10001	综合管理部	总经办	总经理	陆奕文	男	230708197907214214	12000.00
3	TL10002	综合管理部	总经办	副总经理	朱樱	女	140929197810277802	9000.00
4	TL10003	综合管理部	总经办	副总经理	钟玲	女	222401198912276845	7000.00
5	TL10004	综合管理部	行政部	行政经理	吴绚丽	女	210114198408250043	7000.00
6	TL10005	综合管理部	行政部	行政助理	张倩均	女	210114199408151643	5000.00
7	TL10006	综合管理部	财务部	会计主管	周鑫童	男	110107197903118434	4500.00
8	TL10007	综合管理部	财务部	总账会计	钟罗荇	女	110106198406200912	4500.00
9	TL10008	综合管理部	财务部	出纳	陆雨朋	女	110111199609083563	3500.00
10	TL10009	综合管理部	采购部	采购主管	刘磷品	男	110115198409044033	4500.00
11	TL10010	综合管理部	仓管部	仓库主管	陈战力	男	140724198002236555	5000.00
12	TL10011	综合管理部	仓管部	仓管员	吴轩	女	140724198902453265	4000.00
13	TL10012	销售部	业务部	业务主管	杨帆	男	141022199102013856	6500.00
14	TL10013	销售部	业务部	业务人员	廖丽霞	女	150204199007023643	3500.00
15	TL10014	销售部	业务部	业务人员	詹渊	男	150422198909034637	3500.00
16	TL10015	销售部	业务部	业务人员	宋子洋	男	150422199409235539	3500.00
17	TL10016	销售部	业务部	业务人员	宋秦	男	150422199604037837	3500.00
18	TL10017	销售部	业务部	业务人员	陈飞展	女	130202199012058565	3500.00
19	TL10018	基本生产车间	生产管理部	生产负责人	赵凌霄	男	210904198004198874	6000.00
20	TL10019	基本生产车间	生产管理部	生产主管	林一淡	男	210904199504296824	5000.00
21	TL10020	基本生产车间	生产管理部	生产主管	吴长江	男	211102198006206514	5000.00
22	TL10021	基本生产车间	加工车间	车间组长	王伟	男	210904198711097093	6000.00
23	TL10022	基本生产车间	加工车间	质量检测员	蔡亦辉	男	131102199009129414	5000.00
24	TL10023	基本生产车间	加工车间	生产工人	柳韵平	女	321003197801231980	4000.00
25	TL10024	基本生产车间	加工车间	生产工人	柯寻依	女	210782198411306182	4000.00
26	TL10026	基本生产车间	加工车间	生产工人	孙敏涛	男	140826198411096896	4000.00
27	TL10027	基本生产车间	加工车间	生产工人	黄梅	女	210101197809027642	4000.00
28	TL10028	基本生产车间	加工车间	生产工人	张恒	男	350505199207051214	4000.00

图 3-49 员工基础信息表

（2）本月考勤表包含员工信息和考勤信息，如图 3-50 所示。

	A	B	C	D	E	F	G	H	I	J
1	工号	姓名	性别	居民身份证	满勤	事假	年假（带薪休假）	病假	缺勤	出勤
2	TL10001	陆奕文	男	230708197907214214	22				0	22
3	TL10002	朱樱	女	140929197810277802	22				0	22
4	TL10003	钟玲	女	222401198912276845	22				0	22
5	TL10004	吴绚丽	女	210114198408250043	22				0	22
6	TL10005	张倩均	女	210114199408151643	22		3		3	19
7	TL10006	周鑫童	男	110107197903118434	22				0	22
8	TL10007	钟罗荇	女	110106198406200912	22				0	22
9	TL10008	陆雨朋	女	110111199609083563	22				0	22
10	TL10009	刘磷品	男	110115198409044033	22	1			1	21
11	TL10010	陈战力	男	140724198002236555	22				0	22
12	TL10011	吴轩	女	140724198902453265	22				0	22
13	TL10012	杨帆	男	141022199102013856	22			2	2	20
14	TL10013	廖丽霞	女	150204199007023643	22				0	22
15	TL10014	詹渊	男	150422198909034637	22				0	22
16	TL10015	宋子洋	男	150422199409235539	22	2			2	20
17	TL10016	宋秦	男	150422199604037837	22				0	22
18	TL10017	陈飞展	女	130202199012058565	22				0	22
19	TL10018	赵凌霄	男	210904198004198874	22				0	22
20	TL10019	林一淡	男	210904199504296824	22				0	22
21	TL10020	吴长江	男	211102198006206514	22			5	5	17
22	TL10021	王伟	男	210904198711097093	22				0	22
23	TL10022	蔡亦辉	男	131102199009129414	22				0	22
24	TL10023	柳韵平	女	321003197801231980	22				0	22
25	TL10024	柯寻依	女	210782198411306182	22	2			2	20
26	TL10026	孙敏涛	男	140826198411096896	22				0	22
27	TL10027	黄梅	女	210101197809027642	22				0	22
28	TL10028	张恒	男	350505199207051214	22				0	22

图 3-50 本月考勤表

（3）本月奖金表和本月加班费表包含了员工信息、奖金数据、加班费数据等，如图 3-51、图 3-52 所示。

	A	B	C	D	E
1	工号	姓名	性别	居民身份证	奖金
2	TL10001	陆奕文	男	230708197907214214	1187.00
3	TL10002	朱樱	女	140929197810277802	1152.00
4	TL10003	钟玲	女	222401198912276845	1242.00
5	TL10004	吴绚丽	女	210114198408250043	1413.00
6	TL10006	周鑫童	男	110107197903118434	1427.00
7	TL10007	钟罗荇	男	110106198406200912	1254.00
8	TL10009	刘磷品	男	110115198409044033	1002.00
9	TL10010	陈战力	男	140724198002236555	2222.00
10	TL10011	吴轩	女	140724198902453265	1022.00
11	TL10012	杨帆	男	141022199102013856	2977.00
12	TL10013	廖丽霞	女	150204199007023643	3575.00
13	TL10014	詹渊	男	150422198909034637	3082.00
14	TL10015	宋子洋	男	150422199409235539	3917.00
15	TL10016	宋秦	男	150422199604037837	2943.00
16	TL10017	陈飞展	女	130202199012058565	4158.00

图 3-51 本月奖金表

	A	B	C	D	E
1	工号	姓名	性别	居民身份证	加班费
2	TL10018	赵凌霄	男	210904********8874	2301
3	TL10019	林一淡	女	210904********6824	2563
4	TL10020	吴长江	男	211102********6514	1684
5	TL10021	王伟	男	210904********7093	504
6	TL10022	蔡亦辉	男	131102********9414	680
7	TL10023	柳韵平	女	321003********1980	674
8	TL10024	柯寻依	女	210782********6182	1295
9	TL10026	孙敏涛	男	140826********6896	990
10	TL10027	黄梅	女	210101********7642	1690
11	TL10028	张恒	男	350505********1214	1576
12	TL10029	李礼辉	女	211303********7608	1018
13	TL10030	秦亚飞	男	141029********5193	1340
14	TL10031	吴浩然	女	140202********0900	1529
15	TL10032	刘筱雪	女	210702********3247	1474
16	TL10033	钟玲玉	女	350701********9849	907
17	TL10034	钟迪淳	女	321011********2485	1317
18	TL10035	王俞莹	男	350627********2052	1443
19	TL10036	李杰	男	310118********1198	704
20	TL10037	吴玲	女	140222********5402	1177
21	TL10038	朱壹多	男	220204********9359	1510
22	TL10039	林一强	男	110107********2156	1203
23	TL10040	章冬清	女	140110********1242	815
24	TL10041	黄乐平	男	130402********0650	1340
25	TL10042	王玲	女	140411********1623	599
26	TL10043	胡平一	男	210302********1778	1240
27	TL10044	柯泽兵	女	110109********1328	1104

图 3-52 本月加班费表

2）设置工资表基础数据

（1）在 Main 主工作流的序列内添加【Excel 应用程序范围】活动,修改此活动的显示名称为"Excel 应用程序范围（工资表基础数据）",设置工作簿路径为"员工基础信息.xlsx",然后在【Excel 应用程序范围】活动的执行序列内添加【读取范围】活动,并修改该活动的名称为"读取范围（员工基本信息）",读取"Sheet1"工作表中 A:K 范围内的数据,如图 3-53 所示。（注意:此处读取了 Sheet1 工作表中 A:K 范围内的数据,员工基础信息表中只有 A:H 列中有原始数据,而读取到的数据显然多了 I 列、J 列和 K 列,这三个列并没有数据,后续步骤将由机器人自动为这三列补充数据）

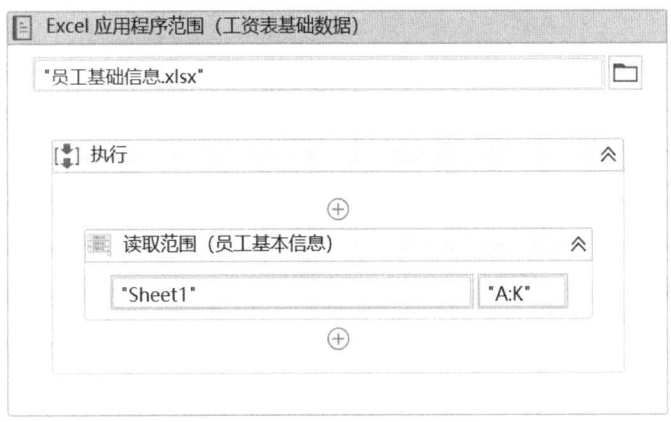

图 3-53 读取员工基本信息

（2）在【读取范围】活动的属性面板中,添加数据表变量 DATA 来接收此活动读取到的数据,因为此处要获取表格的列标题,所以不要勾选"添加标头"选项。此步骤功能是让机器人读取员工基础信息表里的基础信息,并将读到的数据保存在数据表变量 DATA 中,后续流程中就可以使用 DATA 中的数据进行进一步的计算和处理,如图 3-54 所示。

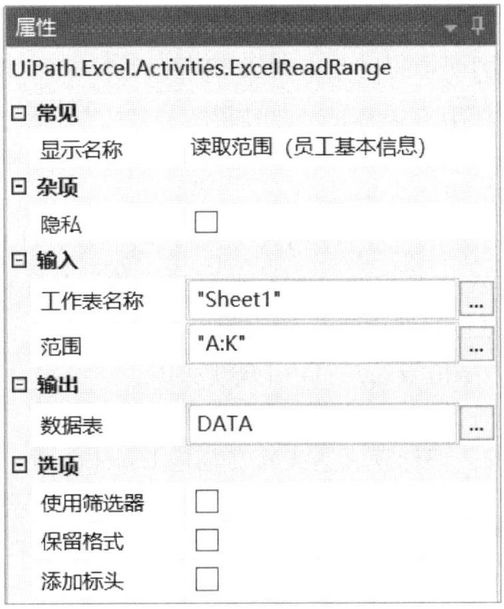

图 3-54 设置【读取范围】活动属性

（3）在【读取范围】活动后面添加【工作流】—【控件】类别下的【多重分配】活动,设置显示名称为"多重分配（添加表头）"。在此活动中为 DATA 变量添加新列名。首先,修改 DATA 中 DATA(0)(7)的值,对照"员工基础信息表"可知,DATA(0)(7)对应的是 Excel 表中的 H1 单元格,令 DATA(0)(7)="基本薪资",即修改 DATA(0)(7)中原来的值为基本薪资；接着,令 DATA(0)(8)="奖金",DATA(0)(9)="加班费",DATA(0)(10)="合计",即在 DATA 变量中添加三个新列名。此步骤功能是使机器人在数据表 DATA 中设置"基本薪资""奖金""加班费"和"合计"四个列名,为后续读取其他工资数据并存储到 DATA 中做好准备,如图 3-55 所示。

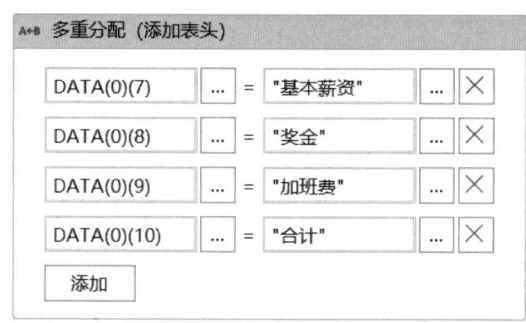

图 3-55　设置【多重分配】(添加表头)

（4）继续添加【多重分配】活动,设置显示名称为"多重分配（添加函数）",为"基本薪资""奖金""加班费"和"合计"四个列添加读取数据的函数。(注意:本步骤仅为 DATA(1)行的(7)(8)(9)(10)四个列读取工资数据)

其中 a 处为 DATA(1)(7)赋值表达式:DATA(1)(7)="=ROUND(VLOOKUP(A2,[员工基础信息.xlsx]Sheet1!＄A:＄H,8,0)－(VLOOKUP(A2,[员工基础信息.xlsx]Sheet1!＄A:＄H,8,0)－300)/22＊(VLOOKUP(A2,[本月考勤.xlsx]Sheet1!＄A:＄J,6,0)+VLOOKUP(A2,[本月考勤.xlsx]Sheet1!＄A:＄J,8,0)＊0.5)－IF(VLOOKUP(A2,[本月考勤.xlsx]Sheet1!＄A:＄J,9,0)>0,300,0),2)"。此赋值的作用是让机器人根据计算公式计算出员工当月可取得的基本薪资,并将计算结果添加到 DATA(1)(7)中。

b 处为 DATA(1)(8)赋值表达式:DATA(1)(8)="=IFERROR(VLOOKUP(A2,[本月奖金.xlsx]Sheet1!＄A:＄E,5,0),0)"。此赋值的作用是让机器人获取员工本月奖金,并将结果添加到 DATA(1)(8)中。

c 处为 DATA(1)(9)赋值表达式:DATA(1)(9)="=IFERROR(VLOOKUP(A2,[本月加班费.xlsx]Sheet1!＄A:＄E,5,0),0)"。此赋值的作用是让机器人获取员工本月加班费,并将结果添加到 DATA(1)(9)中。

d 处为 DATA(1)(10)赋值表达式:DATA(1)(10)="=SUM(H2:J2)"。此赋值的作用是让机器人计算工资合计数,并将计算结果添加到 DATA(1)(10)中。

可以看出,以上设置的工资计算表达式其实就是 Excel 函数。通过上述流程,机器人就可以自动从多张 Excel 表中读取数据,并完成工资计算,如图 3-56 所示。

图 3-56 设置【多重分配】(添加函数)

3)生成本月工资结算表

(1)在序列中继续添加一个【Excel 应用程序范围】活动,修改此活动的显示名称为"Excel 应用程序范围(工资表生成)",设置工作簿路径为"本月工资结算表.xlsx"。由于此工作簿并不存在,机器人将创建一个新的名为"本月工资结算表.xlsx"的 Excel 文件,如图 3-57 所示。

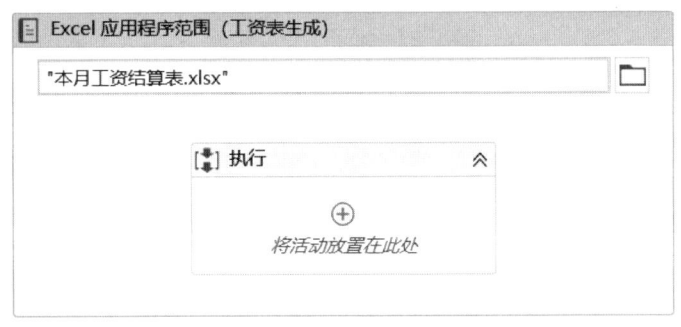

图 3-57 Excel 应用程序范围(工资表生成)

(2)在 Excel 应用程序范围(工资表生成)活动的执行序列内添加【写入范围】活动,设置显示名称为"写入范围(基础数据写入)",将"二、设置工资表基础数据"中创建的存储工资计算结果的数据表变量 DATA 写入本月工资结算表中,如图 3-58 所示。

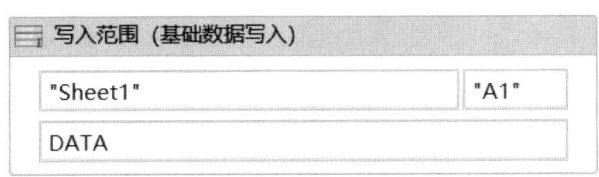

图 3-58 写入范围(基础数据写入)

(3)设置工资表基础数据环节使机器人在生成的"本月工资结算表.xlsx"内写入工资结果数据,最终生成的工资表包含"工号""一级部门""二级部门""职位""姓名""性别""居民身份证""基本薪资""奖金""加班费""合计"等列,写入结果,如图 3-59 所示。(注意:写入所读取的表格数据时并不会将格式一起写入,因此身份号码显示为乱码,运行完成后调整单元格格式即可正常显示)

	A	B	C	D	E	F	G	H	I	J	K
1	工号	一级部门	二级部门	职位	姓名	性别	居民身份证	基本薪资	奖金	加班费	合计
2	TL10001	综合管理部	总经办	总经理	陆奕文	男	230708********4214	12000	1187	0	13187
3	TL10002	综合管理部	总经办	副总经理	朱樱	女	140929********7802				
4	TL10003	综合管理部	总经办	副总经理	钟玲	女	222401********6845				
5	TL10004	综合管理部	行政部	行政经理	吴绚丽	女	210114********0043				
6	TL10005	综合管理部	行政部	行政助理	张倩均	女	210114********1643				
7	TL10006	综合管理部	财务部	会计主管	周鑫童	男	110107********8434				
8	TL10007	综合管理部	财务部	总账会计	钟罗芬	女	110106********0912				
9	TL10008	综合管理部	财务部	出纳	陆雨朋	男	110111********3563				
10	TL10009	综合管理部	采购部	采购主管	刘磷品	男	110115********4033				
11	TL10010	综合管理部	仓管部	仓库主管	陈战力	男	140724********6555				
12	TL10011	综合管理部	仓管部	仓管员	吴轩	女	140724********3265				
13	TL10012	销售部	业务部	业务主管	杨帆	男	141022********3856				
14	TL10013	销售部	业务部	业务人员	廖丽霞	女	150204********3643				
15	TL10014	销售部	业务部	业务人员	詹渊	男	150422********4637				
16	TL10015	销售部	业务部	业务人员	宋子洋	男	150422********5539				
17	TL10016	销售部	业务部	业务人员	宋豢	女	150422********7837				
18	TL10017	销售部	业务部	业务人员	陈飞展	男	130202********8565				
19	TL10018	基本生产车间	生产管理部	生产负责人	赵凌雷	男	210904********8874				
20	TL10019	基本生产车间	生产管理部	生产主管	林一淡	男	210904********6824				
21	TL10020	基本生产车间	生产管理部	生产主管	吴长江	男	211102********6514				
22	TL10021	基本生产车间	加工车间	车间组长	王伟	男	210904********7093				
23	TL10022	基本生产车间	加工车间	质量检测员	蔡亦辉	男	131102********9414				
24	TL10023	基本生产车间	加工车间	生产工人	柳韵平	女	321003********1980				
25	TL10024	基本生产车间	加工车间	生产工人	柯寻依	女	210782********6182				

图 3-59　本月工资结算表

（4）从 H3 单元格开始的一片区域还没有写入相应的工资数据，下面的操作将采用 Excel 中复制单元格的方法来完成这些数据的写入。在【写入范围】活动后面添加【先条件循环】活动，并修改该活动名称为"先条件循环（复制函数）"，对此活动进行设置，增加循环变量 i，变量类型为 Int32，默认值为 2，循环条件为 DATA(i)(0).ToString<>""，如图 3-60、图 3-61 所示。

图 3-60　设置【先条件循环】活动判断条件

名称	变量类型	范围	默认值
DATA	DataTable	序列	输入 VB 表达式
i	Int32	序列	2

图 3-61　在变量面板创建变量

(5)在循环活动的正文中添加【复制范围】活动,设置工作表名称为"Sheet1",源范围为"H2:K2",目标单元格为"H"+(i+1).ToString,目标工作表为"Sheet1",如图 3-62、图 3-63 所示。

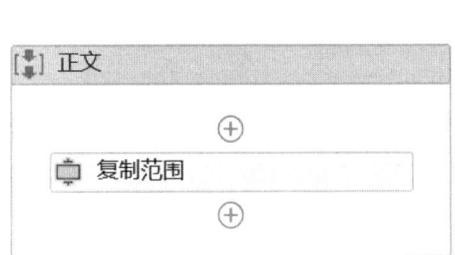

图 3-62 【复制范围】活动

图 3-63 【复制范围】活动属性设置

(6)添加【分配】活动,设置 i=i+1 表达式,如图 3-64 所示。(4)到(6)这三个步骤功能是使机器人完成从源单元格区域 H2:K2 到目标单元格区域的复制,每次循环复制一行,直到工号列的值为空时停止。

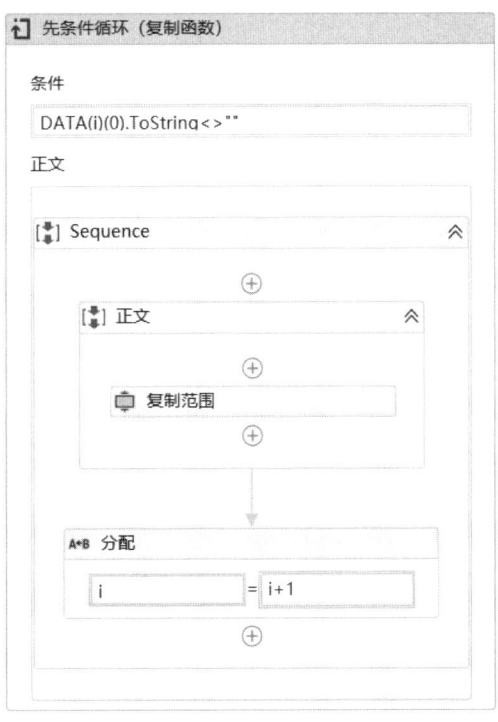

图 3-64 循环复制范围

4. 运行结果

单击"调试文件"按钮，机器人会读取员工基础信息、本月考勤、本月奖金、本月加班费等数据，自动生成本月工资结算表，如图 3-65 所示。

	A	B	C	D	E	F	G	H	I	J	K
1	工号	一级部门	二级部门	职位	姓名	性别	居民身份证	基本薪资	奖金	加班费	合计
2	TL10001	综合管理部	总经办	总经理	陆奕文	男	230708********4214	12000	1187	0	13187
3	TL10002	综合管理部	总经办	副总经理	朱樱	女	140929********7802	9000	1152	0	10152
4	TL10003	综合管理部	总经办	副总经理	钟玲	女	222401********6845	7000	1242	0	8242
5	TL10004	综合管理部	行政部	行政经理	吴绚丽	女	210114********0043	7000	1413	0	8413
6	TL10005	综合管理部	行政部	行政助理	张倩均	女	210114********1643	4700	0	0	4700
7	TL10006	综合管理部	财务部	会计主管	周鑫童	男	110107********8434	4500	1427	0	5927
8	TL10007	综合管理部	财务部	总账会计	钟罗苇	男	110106********0912	4500	1254	0	5754
9	TL10008	综合管理部	财务部	出纳	陆雨朋	女	110111********3563	3500	0	0	3500
10	TL10009	综合管理部	采购部	采购主管	刘磷品	男	110115********4033	4009.09	1002	0	5011.09
11	TL10010	综合管理部	仓管部	仓库主管	陈战力	男	140724********6555	5000	2222	0	7222
12	TL10011	综合管理部	仓管部	仓管员	吴轩	男	140724********3265	4000	1022	0	5022
13	TL10012	销售部	业务部	业务主管	杨帆	男	141022********3856	5918.18	2977	0	8895.18
14	TL10013	销售部	业务部	业务人员	廖丽霞	女	150204********3643	3500	3575	0	7075
15	TL10014	销售部	业务部	业务人员	詹渊	男	150422********4637	3500	3082	0	6582
16	TL10015	销售部	业务部	业务人员	宋子洋	男	150422********5539	2909.09	3917	0	6826.09
17	TL10016	销售部	业务部	业务人员	宋秦	男	150422********7837	3500	2943	0	6443
18	TL10017	销售部	业务部	业务人员	陈飞展	女	130202********8565	3500	4158	0	7658
19	TL10018	基本生产车间	生产管理部	生产负责人	赵凌霄	男	210904********8874	6000	0	2301	8301
20	TL10019	基本生产车间	生产管理部	生产主管	林一淡	女	210904********6824	5000	0	2563	7563
21	TL10020	基本生产车间	生产管理部	生产主管	吴长江	男	211102********6514	4165.91	0	1684	5849.91
22	TL10021	基本生产车间	加工车间	车间组长	王伟	男	210904********7093	6000	0	504	6504
23	TL10022	基本生产车间	加工车间	质量检测员	蔡亦辉	男	131102********9414	5000	0	680	5680

图 3-65　本月工资结算表

任务二　认识数据表活动

一、认识数据表

（一）数据表

视频 3.10
数据表活动
介绍

数据表（data table）是 UiPath 中的一种变量类型，这种变量类型可以储存大量的、具有行和列的、表格形式的数据，它以行索引和列索引来标识每个数据，可以简单地将数据表视为 Excel 工作表的内存表示形式。

（二）数据表的行列索引

在数据表中，行与列的索引都是从 0 开始，即数据表的第一行内容（不含标题行）索引为 0，第一列索引为 0；若数据表第一行内容为列标题，则行索引 0 从第二行开始，如图 3-66 所示。

（三）数据表的读取方法

假设数据表变量命名为 Data，读取该数据表的内容可用以下几种方法：

方法一：Data(i)(j) 代表数据表中的第 i 行第 j 列。

方法二：使用【对于每一个行】活动对每一行的数据访问。

方法三：Data.row(0).item("工资") 代表第 0 行的工资列。

图 3-66 数据表的行列索引

（四）数据表与 Excel 的区别

UiPath 中的数据表常用于存储从 Excel 文件中读取的数据，这种数据表与 Excel 数据的区别在于后者是一个 Excel 文件，其中可以存储各种类型的数据（文字、图片等），也可以格式化排版。而 UiPath 中的数据表只是最简单的电子表格数据类型，它只有行、列与可选标题。

二、数据表常用活动介绍

与操作数据表有关的活动位于【编程】—【数据表】类别下，其中主要包括【删除数据列】【删除数据行】【删除重复行】【合并数据表】等 16 个子活动，如图 3-67 所示。

图 3-67 【数据表】类别下的活动

（一）【对于每一个行】活动

【对于每一个行】活动的作用是遍历数据表中的每一行内容，遍历的结果为数据行（而非某一个元素），然后执行循环体中的活动。其中，该活动下的变量 row 无须定义，此处变量也可按实际需要自行定义名称。遍历的对象为 DataTable 类型的变量，如图 3-68 所示。

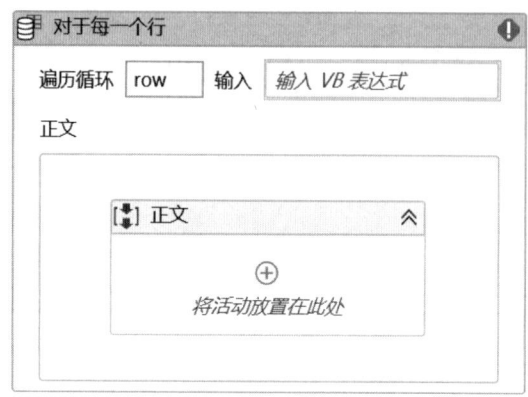

图 3-68 【对于每一个行】活动

示例 1:对于每一个行

➢ 示例描述

说明:已知“年终奖金. xlsx”内包含一张年终奖金发放表。该表数据如 3-69 所示。

要求:设计一个机器人遍历循环年终奖金发放表,筛选出年终奖金数额超过 10 000 的职员,并将筛选结果进行输出。

活动:【Excel 应用程序范围】【读取范围】【对于每一个行】【IF 条件】【日志消息】

工号	一级部门	二级部门	岗位	姓名	姓别	证照号码	年终奖金	个税	实发年终奖金
KY82001	战略规划部	总经办	总经理	许建辉	男	350925199206170148	28920	2787	26133
KY82002	战略规划部	总经办	副总经理	刘晓光	男	130728198712244398	30555	2950.5	27604.5
KY82003	战略规划部	总经办	总经理助理	林丽萍	女	340421198805230989	13975	419.25	13555.75
KY82004	战略规划部	企划部	企划部经理	王辉	男	140429199109234112	15128	453.84	14674.16
KY82005	战略规划部	企划部	规划员	林艺芳	女	130826198709138087	6200	186	6014
KY82006	战略规划部	企划部	规划员	李玉	女	130631199209143990	7880	236.4	7643.6
KY82007	综合管理部	行政部	行政部经理	凯琳	女	340405198704062995	11340	340.2	10999.8
KY82008	综合管理部	行政部	行政助理	董智磊	男	130682198212256431	6270	188.1	6081.9
KY82009	综合管理部	行政部	行政助理	曹丽珠	女	330522198805175887	4864	145.92	4718.08
KY82010	综合管理部	采购部	采购部经理	林月	女	350304198011026213	11580	347.4	11232.6
KY82011	综合管理部	采购部	采购人员	黄莱悦	男	330922198906029819	5624	168.72	5455.28
KY82012	综合管理部	采购部	采购人员	李丽云	女	331082199008292755	6308	189.24	6118.76
KY82013	综合管理部	人力资源部	人事部经理	林志刚	男	340601198012072336	13500	405	13095
KY82014	综合管理部	人力资源部	人事助理	吴伟平	男	340881198307222663	6346	190.38	6155.62
KY82015	综合管理部	人力资源部	人事助理	曹艳玲	女	330281198706081051	4598	137.94	4460.06
KY82016	综合管理部	仓储后勤部	仓库主管	张玲	女	350582198501191533	8928	267.84	8660.16
KY82017	综合管理部	仓储后勤部	仓库管理员	岳嘉禾	男	130181198311173989	6346	190.38	6155.62
KY82018	综合管理部	仓储后勤部	货车司机	戴君华	男	130301198711192848	7380	221.4	7158.6
KY82019	综合管理部	仓储后勤部	装卸员	黄建军	男	230421199004263056	6400	192	6208
KY82020	综合管理部	仓储后勤部	装卸员	吴飞宏	男	130728198811022792	5040	151.2	4888.8
KY82021	财务部	会计核算部	财务经理	张乐	男	220422198511265743	11895	356.85	11538.15
KY82022	财务部	会计核算部	会计主管	吴浩	男	140828198811295423	6624	198.72	6425.28
KY82023	财务部	会计核算部	总账会计	陈飞	女	130503198208118122	7452	223.56	7228.44
KY82024	财务部	会计核算部	成本会计	陈丽婷	女	210811198108132673	7314	219.42	7094.58
KY82025	财务部	会计核算部	出纳	谢娜	女	230711198712212349	5760	172.8	5587.2
KY82026	财务部	税务管理部	税务主管	何翔	男	331101198711178411	8022	240.66	7781.34
KY82027	财务部	税务管理部	税收筹划专员	黄海清	女	130706198911146665	5016	150.48	4865.52
KY82028	财务部	税务管理部	税务稽核专员	吴赫	女	140421198111107885	5662	169.86	5492.14

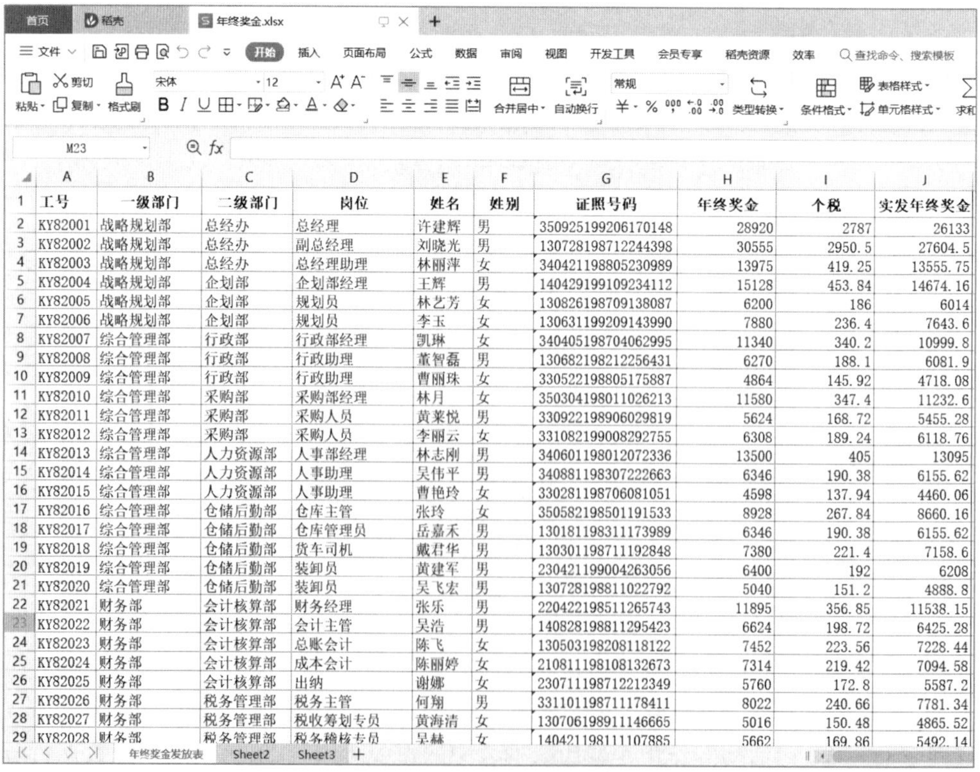

图 3-69 年终奖金发放表

项目三 RPA 财务机器人 Excel 应用

➢ **操作步骤**

（1）在序列中添加【应用程序集成】—【Excel】类别下的【Excel 应用程序范围】活动，设置工作簿路径为"年终奖金.xlsx"，该路径为相对路径，如图 3-70 所示。

图 3-70 【Excel 应用程序范围】活动

（2）在执行序列中添加【应用程序集成】—【Excel】类别下的【读取范围】活动，设置工作表名称为"年终奖金发放表"，范围为"A1:J45"，在该活动属性面板的输出数据表处创建变量 Data_3，变量类型为 DataTable，范围为"执行"，该变量用于存储"年终奖金发放表"中单元格 A1 到 J45 范围的所有数据，如图 3-71 所示。

图 3-71 设置【读取范围】活动读取年终奖金发放表

（3）继续添加【编程】—【数据表】类别下的【对于每一个行】活动，输入数据表为 Data_3，此处表示令机器人遍历数据表变量 Data_3 中的每一行数据，如图 3-72 所示。

图 3-72 【对于每一个行】活动设置

（4）在正文序列添加【System】—【Activities】—【Statements】类别下的【IF 条件】活动，设置判断条件为：cdbl(row(7))＞10 000，该活动用于判断每位职员的年终奖金是否大于

125

10 000，如图 3-73 所示。（注：cdbl( )函数可将数据类型转换为 Double 类型）

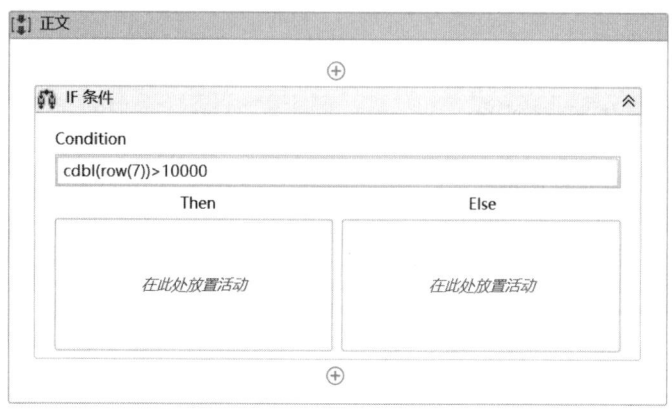

图 3-73　【IF 条件】活动判断条件设置

（5）在 Then 执行语句中添加【日志消息】活动，日志级别为 Info，日志消息为 row(3).tostring＋row(4).ToString＋"年终奖金为"＋row(7).ToString＋"元"，如图 3-74 所示。

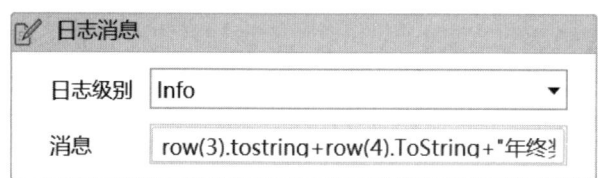

图 3-74　【日志消息】活动设置

➢ 运行结果

运行结果如图 3-75 所示。

图 3-75　年终奖金超过 10 000 元的职员

(二)【排序数据表】活动

【排序数据表】活动是根据指定列的值,按升序或降序对整个"DataTable"进行排序。活动如图 3-76 所示。

图 3-76 【排序数据表】活动

【排序数据表】活动的主要属性如表 3-7 所示。

表 3-7 【排序数据表】活动的主要属性

活动	属性	参数	功能
排序数据表	排序列	列	此为包含要排序的列的变量。该字段仅支持"DataColumn"变量。在该属性字段中设置变量将禁用其他两个属性
		名称	要搜索的列的名称。该字段仅支持字符串和"String"变量。在该属性字段中设置变量将禁用其他两个属性
		索引	要搜索的列的索引。该字段仅支持"Int32"变量。在该属性字段中设置变量将禁用其他两个属性
		顺序	表格的排序顺序。"Ascending"表示第一个值是最低值,而"Descending"表示第一个值是最高值
	输入	数据表	要排序的数据表。该字段仅支持"DataTable"变量
	输出	数据表	数据表的排序结果。该字段仅支持"DataTable"变量

示例 2:排序数据表

➢ 示例描述

说明:已知示例 1 中"年终奖金.xlsx"内包含一张年终奖金发放表,如图 3-69 所示。

要求:设计一个机器人对年终奖金发放表内的实发年终奖金进行降序排序。

活动:【Excel 应用程序范围】【读取范围】【排序数据表】【写入范围】

➢ 操作步骤

(1)在序列中添加【应用程序集成】—【Excel】类别下的【Excel 应用程序范围】活动,设置工作簿路径为"年终奖金.xlsx",该路径为相对路径,如图 3-77 所示。

图 3-77 【Excel 应用程序范围】活动

（2）在执行序列中添加【应用程序集成】—【Excel】类别下的【读取范围】活动,设置工作表名称为"年终奖金发放表",范围为"A:J",在该活动属性面板的输出数据表处创建变量DT,变量类型为DataTable,范围为"执行",该变量用于存储"年终奖金发放表"中 A 列到 J 列的数据,如图 3-78 所示。

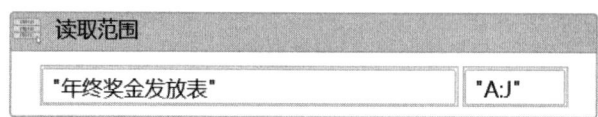

图 3-78　设置【读取范围】活动读取年终奖金发放表

（3）如图 3-79、图 3-80 所示,添加【编程】—【数据表】类别下的【排序数据表】活动,打开该活动的属性面板,输入索引为 9,顺序选择 Descending,设置输入数据表为 DT,输出数据表处创建变量 DT_1,变量类型为 DataTable,范围为"执行"。该活动表示对"年终奖金发放表"第九列(即实发年终奖金)进行降序排列,降序排列后的数据存储在变量 DT_1 中。

图 3-79　【排序数据表】活动

图 3-80　【排序数据表】活动属性设置

（4）添加【应用程序集成】—【Excel】类别下的【写入范围】活动,打开该活动的属性面板,设置工作表名称为"Sheet1",起始单元格为"A1",输入数据表为 DT_1,勾选添加标头。这一步表示将降序排列后的数据写入工作表"Sheet1"中,从 A1 单元格开始写,如图 3-81 所示。

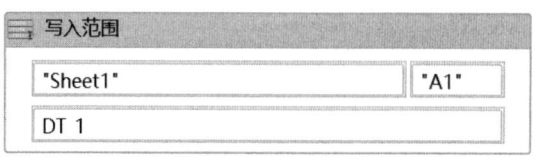

图 3-81　【写入范围】活动设置

➢ 运行结果

运行结果如图 3-82 所示。

	A	B	C	D	E	F	G	H	I	J	K
1	工号	一级部门	二级部门	岗位	姓名	姓别	证照号码	年终奖金	个税	实发年终奖金	
2	KY82002	战略规划部	总经办	副总经理	刘晓光	男	1.3073E+17	30555	2950.5	27604.5	
3	KY82001	战略规划部	总经办	总经理	许建辉	男	3.5093E+17	28920	2787	26133	
4	KY82035	销售部	市场部	市场部经理	胡素华	女	1.4021E+17	17040	511.2	16528.8	
5	KY82038	销售部	业务部	业务部经理	陈晓芬	女	3.4112E+17	15660	469.8	15190.2	
6	KY82004	战略规划部	企划部	企划部经理	王辉	男	1.4043E+17	15128	453.84	14674.16	
7	KY82003	战略规划部	总经办	总经理助理	林丽萍	女	3.4042E+17	13975	419.25	13555.75	
8	KY82013	综合管理部	人力资源部	人事经理	林志刚	男	3.406E+17	13500	405	13095	
9	KY82037	销售部	市场部	市场执专	陈晨	男	1.4093E+17	12348	370.44	11977.56	
10	KY82021	财务部	会计核算部	财务经理	张乐	男	2.2042E+17	11895	356.85	11538.15	
11	KY82039	销售部	业务部	业务人员	曹酷菲	男	1.1023E+17	11680	350.4	11329.6	
12	KY82010	综合管理部	采购部	采购部经理	林月	女	3.503E+17	11580	347.4	11232.6	
13	KY82007	综合管理部	行政部	行政部经理	凯琳	女	3.4041E+17	11340	340.2	10999.8	
14	KY82036	销售部	市场部	市场策划专	刘梅	女	3.411E+17	11298	338.94	10959.06	
15	KY82043	销售部	业务部	业务人员	戴丽萍	女	2.3122E+17	11200	336	10864	
16	KY82040	销售部	业务部	业务人员	张荣华	女	3.306E+17	11040	331.2	10708.8	
17	KY82041	销售部	业务部	业务人员	曾倩	男	1.3042E+17	10640	319.2	10320.8	
18	KY82044	销售部	业务部	业务人员	张含枫	女	1.3068E+17	9800	294	9506	
19	KY82042	销售部	业务部	业务人员	毛庆生	男	1.4043E+17	9280	278.4	9001.6	
20	KY82016	综合管理部	仓储后勤部	仓库主管	张玲	女	3.5058E+17	8928	267.84	8660.16	
21	KY82026	财务部	税务管理部	税务主管	何辉	男	3.311E+17	8022	240.66	7781.34	
22	KY82006	战略规划部	企划部	规划主	李玉	女	1.3063E+17	7880	236.4	7643.6	
23	KY82030	财务部	财务管理部	财务主管	林剑立	男	2.205E+17	7605	228.15	7376.85	
24	KY82023	财务部	会计核算部	总账会计	陈飞	女	1.305E+17	7452	223.56	7228.44	
25	KY82018	综合管理部	仓储后勤部	货车司机	戴君华	男	1.303E+17	7380	221.4	7158.6	
26	KY82024	财务部	会计核算部	成本会计	陈丽婷	女	2.1081E+17	7314	219.42	7094.58	
27	KY82034	财务部	财务管理部	内部审计专	林子怡	女	1.4083E+17	6760	202.8	6557.2	
28	KY82022	财务部	会计核算部	会计主管	吴浩	男	1.4083E+17	6624	198.72	6425.28	
29	KY82019	综合管理部	仓储后勤部	装卸工	黄建军	男	2.3042E+17	6400	192	6208	
30	KY82014	综合管理部	人力资源部	人事助理	吴伟平	男	3.4088E+17	6346	190.38	6155.62	

图 3-82　按年终奖金降序排序

(三)【构建数据表】活动

【构建数据表】是根据指定架构创建数据表。此处创建数据表允许自定义行列数以及每列数据类型、值等,创建完的数据表以变量的形式存储于系统内部,不会展示在人机交互界面,如果写入到 Excel 工作簿,则需要使用【写入范围】【附加范围】等活动来实现,如图 3-83 所示。

图 3-83　【构建数据表】活动

在活动主体中单击"数据表"按钮即可打开"构建数据表"窗口,这用于自定义要创建的表格,如图 3-84 所示。

图 3-84 构建数据表

示例 3：构建数据表

➤ 示例描述

说明：A 公司财务每月要向上级部门汇报经营成果，汇报内容主要为营业收入、营业成本、营业外支出、营业外收入、利润总额、净利润这几个项目的本期金额及上期金额。

要求：设计一个机器人为 A 公司编制一张简易利润表格式。

活动：【构建数据表】【Excel 应用程序】【写入范围】

➤ 操作步骤

（1）在序列中添加【应用程序集成】—【Excel】类别下的【Excel 应用程序范围】活动，设置工作簿路径为"简易利润表.xlsx"，该路径为相对路径，如图 3-85 所示。（注意：在相对路径下原先并不存在该表，系统在运行过程中会自动创建该表）

图 3-85 【Excel 应用程序范围】活动

（2）在执行序列中添加【编程】—【数据表】类别下的【构建数据表】活动，单击数据表，点击编辑列，修改第一列列名称为"项目"数据类型为 String，单击确定按钮。同理，后面几列按相同方法修改列名称，项目列下的行数据如图 3-86 所示添加。表格构建完后，在该活动的属性面板输出数据表处创建变量 data_4，该变量用于存储构建好的表格。

（3）继续添加【应用程序集成】—【Excel】类别下的【写入范围】活动，打开该活动的属性面板，设置工作表名称为"Sheet1"，起始单元格为"A1"，输入数据表为 Data_4，勾选"添加标头"。表示将存储在变量 Data_4 中已经构建好的数据表写入"简易利润表.xlsx"的"Sheet1"工作表中，从 A1 单元格开始写入，如图 3-87 所示。

项目三 RPA 财务机器人 Excel 应用

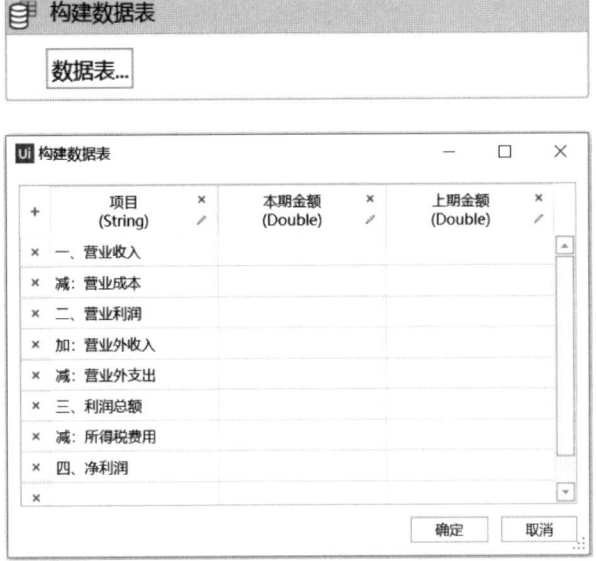

图 3-86 【构建数据表】活动创建简易利润表

图 3-87 【写入范围】活动设置

➢ 运行结果

运行结果如图 3-88 所示。

	A	B	C
1	项目	本期金额	上期金额
2	一、营业收入		
3	减：营业成本		
4	二、营业利润		
5	加：营业外收入		
6	减：营业外支出		
7	三、利润总额		
8	减：所得税费用		
9	四、净利润		

图 3-88 简易利润表

（四）【添加数据行】活动

【添加数据行】活动是将数据行添加到指定的数据表中，如图 3-89 所示。

图 3-89 【添加数据行】活动

131

【添加数据行】活动的主要属性如表 3-8 所示。

表 3-8 【添加数据行】活动的主要属性

活动	属性	参数	功能
添加数据行	输入	数据行	此为数据行对象,用于添加到数据表。如果设置了此属性,则系统会忽略"数组行"属性
		数据表	此为"数据表"对象,用于添加行
		数组行	此为对象数组,用于添加到数据表。每个对象类均应映射到数据表中对应列的类型

示例 4:添加数据行

> 示例描述

说明:由于 A 公司要求财务每月汇报的经营成果要包含每股收益项目,因此编制好的简易利润表要进行调整。

要求:令机器人在示例 3 创建的数据表 Data_4 中添加一行数据,为数组行{"五、每股收益"}。

活动:【构建数据表】【Excel 应用程序】【写入范围】【添加数据行】

> 操作步骤

基于示例 3 已创建好的 RPA 运行程序,在【构建数据表】活动下添加【编程】—【数据表】类别下的【添加数据行】活动。打开该活动的属性面板,输入数据表为 Data_4,数组行为{"五、每股收益"},表示将"五、每股收益"添加到示例 3 创建的数据表 Data_4 中,如图 3-90、图 3-91 所示。

图 3-90 【添加数据行】活动

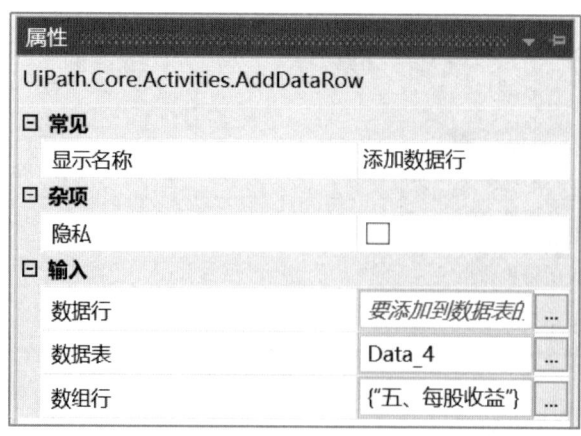

图 3-91 【添加数据行】活动属性设置

> 运行结果

运行结果如图 3-92 所示。

项目三　RPA 财务机器人 Excel 应用

	A	B	C
1	项目	本期金额	上期金额
2	一、营业收入		
3	减：营业成本		
4	二、营业利润		
5	加：营业外收入		
6	减：营业外支出		
7	三、利润总额		
8	减：所得税费用		
9	四、净利润		
10	五、每股收益		

图 3-92　添加"每股收益"行

（五）【筛选数据表】活动

【筛选数据表】活动用于在"筛选器向导"窗口中指定条件来筛选"DataTable"变量。此活动可以根据在该向导中指定的逻辑条件保留或删除行或列。活动主体包含"筛选器向导"按钮，便于随时访问向导并自定义设置，如图 3-93 所示。

图 3-93　【筛选数据表】活动

【筛选数据表】活动的主要属性如表 3-9 所示。

表 3-9　【筛选数据表】活动的主要属性

活动	属性	参数	功能
筛选数据表	输入	数据表	要筛选的 DataTable 变量。该字段仅支持 DataTable 变量
	输出	数据表	最终筛选出的 DataTable 变量。若使用与"输入"字段中相同的变量，则系统会覆盖初始变量，但添加新变量不会影响初始变量。该字段仅支持 DataTable 变量
	选项	筛选器行模式	指定通过保留或删除目标行来筛选表格
		选择列模式	指定通过保留或删除目标列来筛选表格

筛选器向导功能介绍如表 3-10 所示。

表 3-10　筛选器向导功能介绍

功能	功能	说明
筛选器向导	筛选行	选项卡用于按"行"筛选 DataTable
	And/Or	指定条件之间要使用的逻辑连词。系统仅在设置多个条件时才会显示该按钮。默认情况下，当添加新条件时，该按钮会显示为 And。单击按钮可将其值更改为 Or

133

(续表)

功能		说明
筛选器向导	添加/删除条件	单击"＋"按钮可在条件中另添一行,而单击"×"按钮则会删除行
	列	要在数据表中保留或删除的列
	操作	"列"和"值"之间要满足的逻辑条件
	值	要使用"运算"和"列"检查的值

示例5:筛选数据表
> 示例描述

说明:已知"年终奖金.xlsx"内包含一张年终奖金发放表。该表数据如图3-69所示。

要求:设计一个机器人筛选战略规划部的年终奖金,并将筛选结果写入战略规划部年终奖金表。

活动:【Excel应用程序】【筛选数据表】【读取范围】【写入范围】

> 操作步骤

(1)在序列中添加【应用程序集成】—【Excel】类别下的【Excel应用程序范围】活动,设置工作簿路径为"年终奖金.xlsx",该路径为相对路径,如图3-94所示。

图3-94 【Excel应用程序范围】活动

(2)在执行序列中添加【应用程序集成】—【Excel】类别下的【读取范围】活动,设置工作表名称为"年终奖金发放表",范围为"A:J",在该活动属性面板的输出数据表处创建变量Data_5,变量类型为DataTable,范围为"执行",该变量用于存储"年终奖金发放表"中A列到J列的数据,如图3-95所示。

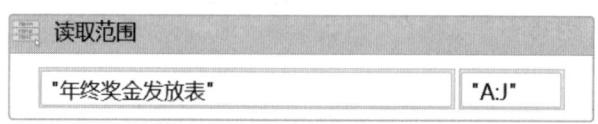

图3-95 设置【读取范围】活动读取年终奖金发放表

(3)添加【编程】—【数据表】类别下的【筛选数据表】活动,单击筛选器向导,输入数据表为 Data_5，输出数据表处创建变量 Data_6，变量类型为 DataTable，范围为“执行”。在行筛选模式处将规则定为保留一级部门为战略规划部的行数据，将筛选后的数据表存储在变量 Data_6，如图 3-96 所示。

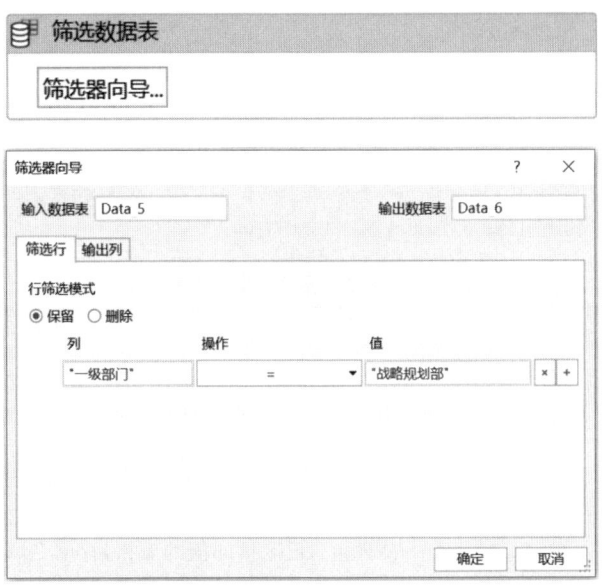

图 3-96 【筛选数据表】活动筛选战略规划部

(4) 继续添加【应用程序集成】—【Excel】类别下的【写入范围】活动，打开该活动的属性面板，设置工作表名称为"战略规划部年终奖金表"，起始单元格为"A1"，输入数据表为 Data_6，勾选添加标头。表示将存储在变量 Data_6 中的数据表写入"战略规划部年终奖金表"中，从 A1 单元格开始写入，如图 3-97 所示。

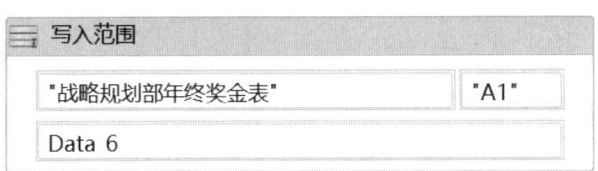

图 3-97 【写入范围】活动设置

➢ 运行结果

运行结果如图 3-98 所示。

工号	一级部门	二级部门	岗位	姓名	姓别	证照号码	年终奖金	个税	实发年终奖金
KY82001	战略规划部	总经办	总经理	许建辉	男	3.50925E+17	28920	2787	26133
KY82002	战略规划部	总经办	副总经理	刘晓光	男	1.30728E+17	30555	2950.5	27604.5
KY82003	战略规划部	总经办	总经理助理	林丽萍	女	3.40421E+17	13975	419.25	13555.75
KY82004	战略规划部	企划部	企划部经理	王辉	男	1.40429E+17	15128	453.84	14674.16
KY82005	战略规划部	企划部	规划员	林艺芳	女	1.30826E+17	6200	186	6014
KY82006	战略规划部	企划部	规划员	李玉	女	1.30631E+17	7880	236.4	7643.6

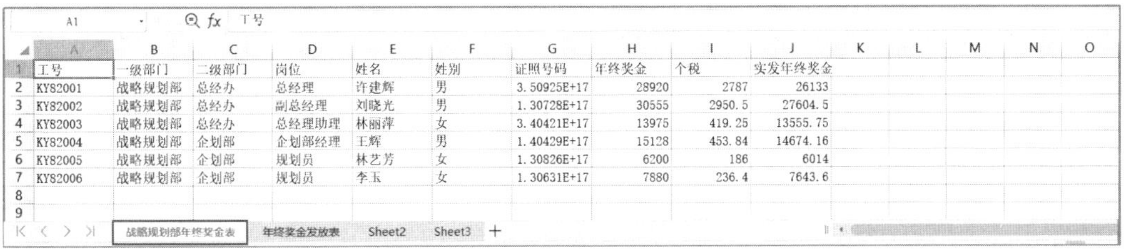

图 3-98 战略规划部年终奖金表

（六）【联接数据表】活动

【联接数据表】活动会根据"联接类型"属性中指定的"联接"规则，并使用两张表共有的值来合并两张表格中的行，如图3-99所示。

图 3-99　【联接数据表】活动

【联接数据表】活动的主要属性如表 3-11 所示。

表 3-11　【联接数据表】活动的主要属性

活动	属性	参数	功能
联接数据表	输入	数据表 1	要在"联接"操作中使用的第一张表，存储在"DataTable"变量中。该字段仅支持"DataTable"变量
		数据表 2	要在"联接"操作中使用的第二张表，存储在"DataTable"变量中。该字段仅支持"DataTable"变量
	输出	数据表	此为包含已联接的值的表格，存储在"DataTable"变量中。该字段仅支持"DataTable"变量
	选项	联接类型	要使用的"联接"操作类型，包括 Inner、Left、Full

联接向导功能介绍如表 3-12 所示。

表 3-12　联接向导功能介绍

功能	说明
表 1 的列	第一张表中列的名称。该字段仅支持包含列名称的"String"变量、包含列索引的"Int32"变量或"ExcelColumn"变量
表 2 的列	第二张表中列的名称。该字段仅支持包含列名称的"String"变量、包含列索引的"Int32"变量或"ExcelColumn"变量
操作	定义列之间关系的运算

【联接数据表】活动的"联接类型"具体功能为：

（1）Inner：保留"数据表 1"和"数据表 2"中所有满足"联接"规则的行。所有不符合规则的行均会从生成的表中删除。

（2）Left：保留"数据表 1"中的所有行以及"数据表 2"中仅满足"联接"规则的值。对于在"数据表 2"中不存在匹配项的"数据表 1"的行，将 null 值插入相应列中。

（3）Full：保留"数据表 1"和"数据表 2"中的所有行，不考虑是否满足"联接"条件。将 null 值插入两张表中不存在匹配项的行。

示例 6：联接数据表

> 示例描述

说明：已知 A 公司第一季度与第二季度商品销售明细表于"商品销售明细表.xlsx"文件

内,如图 3-100、图 3-101 所示。

要求:为便于对两个季度的商品销售情况进行对比分析,使用【联接数据表】活动令机器人将两张销售明细表进行合并。

活动:【Excel 应用程序】【读取范围】【联接数据表】【写入范围】

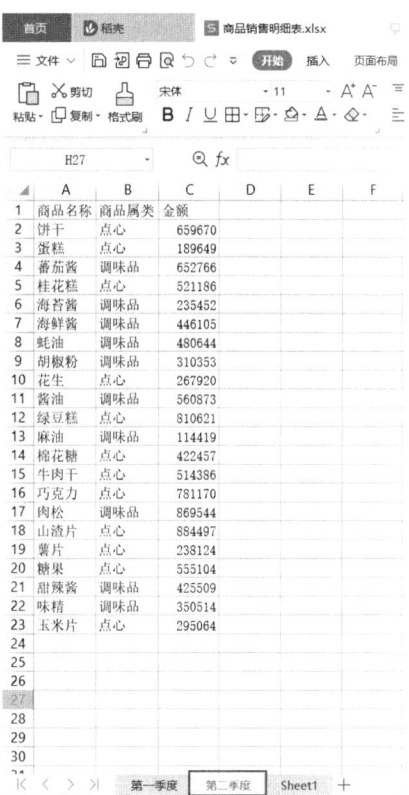

图 3-100 第一季度商品销售明细表　　图 3-101 第二季度商品销售明细表

➢ 操作步骤

(1) 在序列中添加【应用程序集成】—【Excel】类别下的【Excel 应用程序范围】活动,设置工作簿路径为"商品销售明细表.xlsx",该路径为相对路径,如图 3-102 所示。

图 3-102 【Excel 应用程序范围】活动

（2）在执行序列中添加【应用程序集成】—【Excel】类别下的【读取范围】活动，设置工作表名称为"第一季度"，范围为"A1:C25"，在该活动属性面板的输出数据表处创建变量 Data_7，变量类型为 DataTable，范围为"执行"，该变量用于存储工作表"第一季度"中 A1 单元格到 C25 单元格范围的所有数据，如图 3-103 所示。

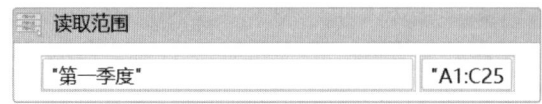

图 3-103　读取第一季度工作表

（3）在执行序列中添加【应用程序集成】—【Excel】类别下的【读取范围】活动，设置工作表名称为"第二季度"，范围为"A1:C23"，在该活动属性面板的输出数据表处创建变量 Data_8，变量类型为 DataTable，范围为"执行"，该变量用于存储工作表"第二季度"中 A1 单元格到 C23 单元格范围的所有数据，如图 3-104 所示。

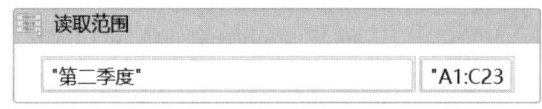

图 3-104　读取第二季度工作表

（4）添加【编程】—【数据表】类别下的【联接数据表】活动，单击联接向导，输入数据表 1 为 Data_7，输入数据表 2 为 Data_8，输出数据表处创建变量为 Data_9，变量类型为 DataTable，范围为"执行"，该变量用于存储第一季度和第二季度合并后的数据。为了便于对两个季度所有商品的销售情况进行对比分析，需要保留第一季度和第二季度的所有行，因此选择"Full"联接方式，联接规则为将第一季度的商品名称(第一列,列数 0)和第二季度的商品名称(第一列,列数 0)核对，通过共有的值来合并两张表格的行，不满足联接规则的，系统会将 null 值插入两张表中不存在匹配项的行，如图 3-105 所示。

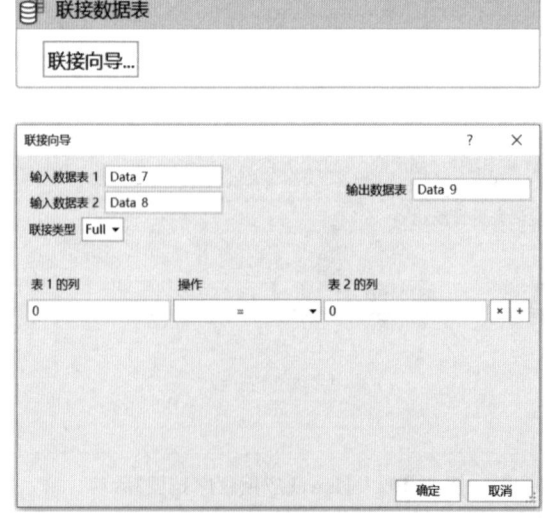

图 3-105　【联接数据表】活动设置

（5）添加【应用程序集成】—【Excel】类别下的【写入范围】活动,打开该活动的属性面板,设置工作表名称为"Sheet1",起始单元格为"A1",输入数据表为 Data_9,勾选添加标头。这一步表示将两个工作表合并后的数据写入工作表"Sheet1"中,从 A1 单元格开始写,如图 3-106 所示。

图 3-106 【写入范围】活动设置

> 运行结果

运行结果如图 3-107 所示。

	A	B	C	D	E	F
1	商品名称	商品属类	金额	商品名称_1	商品属类_1	金额_1
2	饼干	点心	985594	饼干	点心	931521
3	蛋糕	点心	898178	蛋糕	点心	622585
4	蕃茄酱	调味品	905725	蕃茄酱	调味品	910796
5	桂花糕	点心	963170	桂花糕	点心	116706
6	海苔酱	调味品	871205	海苔酱	调味品	576216
7	海鲜酱	调味品	654180	海鲜酱	调味品	287385
8	蚝油	调味品	264787	蚝油	调味品	194071
9	胡椒粉	调味品	570358	胡椒粉	调味品	904878
10	花生	点心	994093	花生	点心	313661
11	酱油	调味品	581131	酱油	调味品	867405
12	绿豆糕	点心	253070	绿豆糕	点心	985874
13	麻油	调味品	639468	麻油	调味品	104564
14	棉花糖	点心	284688	棉花糖	点心	453819
15	牛肉干	点心	487152	牛肉干	点心	822805
16	巧克力	点心	651416	巧克力	点心	135316
17	肉松	调味品	921643	肉松	调味品	523510
18	山渣片	点心	774088	山渣片	点心	589392
19	糖果	点心	427337	糖果	点心	407836
20	甜辣酱	调味品	742984	甜辣酱	调味品	782138
21	味精	调味品	411435	味精	调味品	231425
22	玉米片	点心	287637	玉米片	点心	206968
23	辣椒粉	调味品	488734			
24	薯条	点心	703785			
25	玉米饼	点心	140201			
26				薯片	点心	471973

图 3-107 合并销售明细表

 技能训练 费用汇总机器人

1. 案例描述

亚邦集团旗下有很多家门店,每个月都需要对各个门店的经营费用明细表进行汇总分析。由于公司旗下的门店较多,人工操作则需要消耗大量的时间。为此让我们来为这家集团公司开发一个费用汇总机器人吧!

视频 3.11 费用汇总机器人

2. 案例开发

1）数据准备

创建一个文件夹，用于存储亚邦集团旗下 7 家门店的经营费用明细，如图 3-108 所示。其中，每个门店费用表格式如图 3-109 所示，亚邦集团费用汇总主表格式如图 3-110 所示。

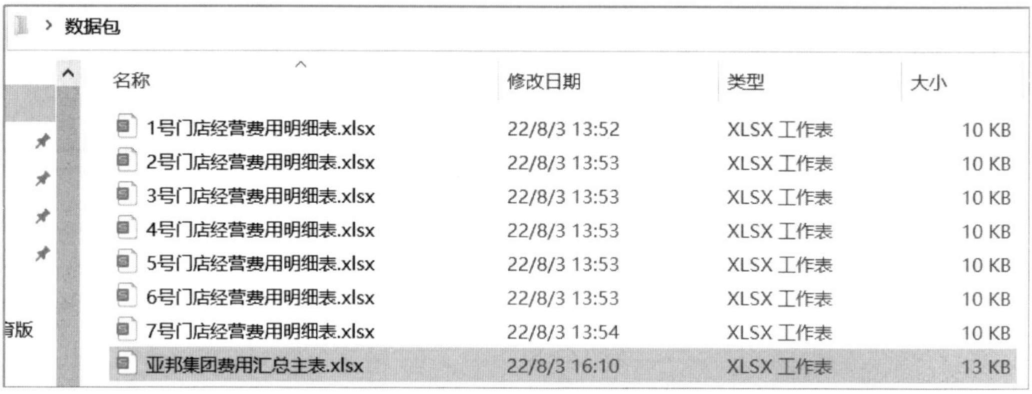

图 3-108　亚邦集团及旗下 7 家门店经营费用明细表

1号门店经营费用明细表										
门店	期间	职工薪酬	折旧摊销	办公费	审计咨询	修理费	差旅费	公积金	水电	合计
1号门店经营费用明细表	2021.01	449409	27692	7164	4178	3773	6389	1868	4159	504632
1号门店经营费用明细表	2021.02	346407	21139	9527	3077	3909	7844	2838	3570	398311
1号门店经营费用明细表	2021.03	459655	21828	5106	3845	4950	6953	1104	4722	508163

图 3-109　1 号门店经营费用明细表

亚邦集团费用汇总表										
门店	期间	职工薪酬	折旧摊销	办公费	审计咨询	修理费	差旅费	保险费	水电	合计

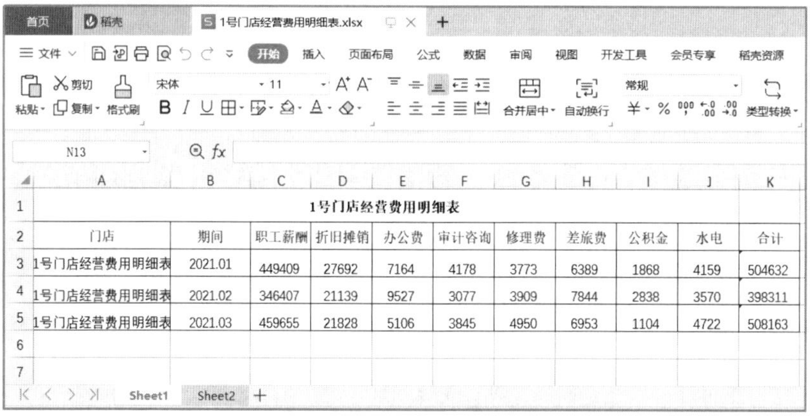

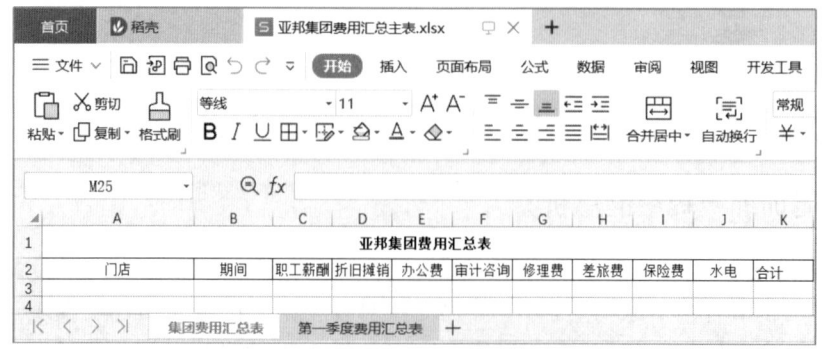

图 3-110　亚邦集团费用汇总表

2）开发步骤

（1）打开主工作流,在主工作流中添加序列,并将该序列的名称修改为"费用汇总机器人"。

（2）在"费用汇总机器人"序列中添加三个序列,并将这三个序列的名称分别命名为"选择明细表""写入汇总表"和"分析汇总表",如图 3-111 所示。

（3）在"选择明细表"序列中添加【系统】—【对话框】类别下的【消息框】活动,并将该活动的名称修改为"消息框(选择费用文件夹)",设置文本为"请选择费用文件夹",如图 3-112 所示。

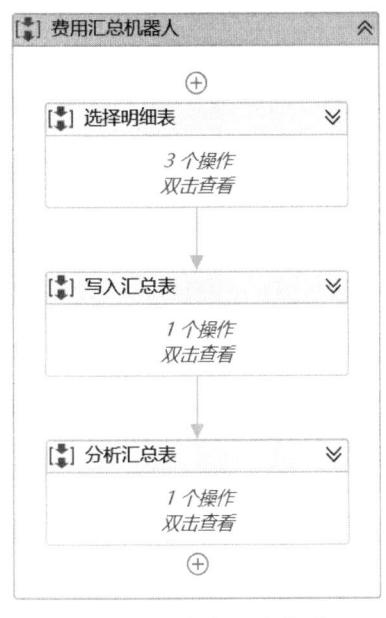

图 3-111　添加三个序列

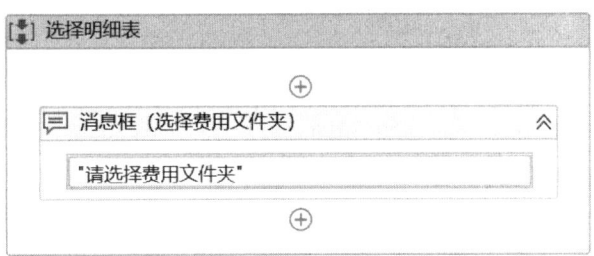

图 3-112　【消息框】活动(选择费用文件夹)

（4）添加【系统】—【对话框】类别下的【选择文件夹】活动,打开该活动的属性面板,在输出选择的文件夹中创建变量,该变量名称为"费用文件夹",变量类型为 String,范围为费用汇总机器人,该变量用于存储所选文件夹的完整路径,如图 3-113、图 3-114 所示。

📁 选择文件夹

图 3-113　【选择文件夹】活动

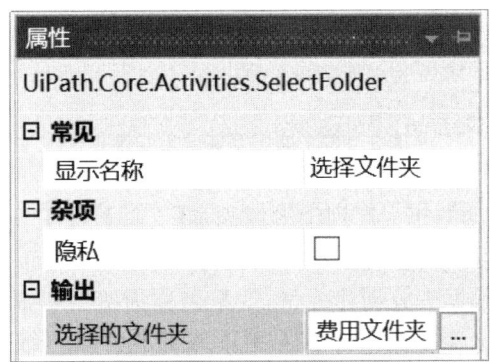

图 3-114　【选择文件夹】活动属性设置

（5）继续添加【System】—【Activities】—【Statements】类别下的【分配】活动，在该活动下创建变量，命名为"费用明细表"，变量类型为 String[]，范围为费用汇总机器人。此步骤是将数据包下的明细表文件通过【分配】活动赋值给变量"费用明细表"，分配公式为：费用明细表=Directory.GetFiles(费用文件夹,"*明细表*")，如图 3-115、图 3-116 所示。（注意：Directory.GetFiles(参数 1,参数 2)是获取指定目录下的所有文件，参数 1 是指要搜索目录的相对路径或绝对路径，参数 2 默认是选取目录中的所有文件，可以指定通配符限定选取文件）

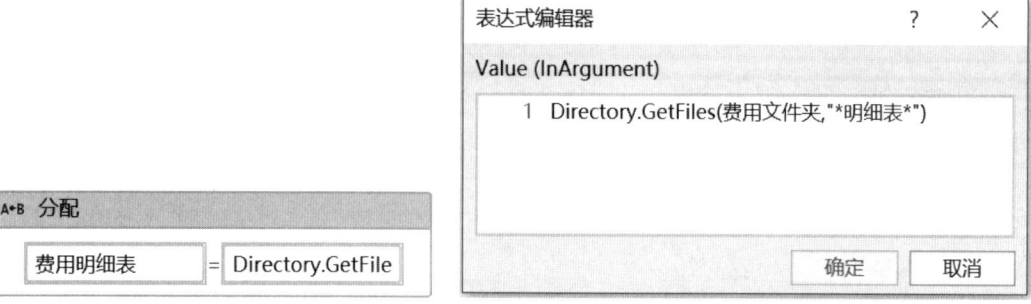

图 3-115　【分配】活动　　　　图 3-116　【分配】活动表达式编辑器设置

（6）在"写入汇总表"序列中添加【工作流】—【控件】类别下的【遍历循环】活动，由 item 遍历循环数组变量"费用明细表"。此步骤会令机器人将存储在变量费用明细表中的明细表依次输入到 item 中，遍历一次输入一张明细表，如图 3-117 所示。

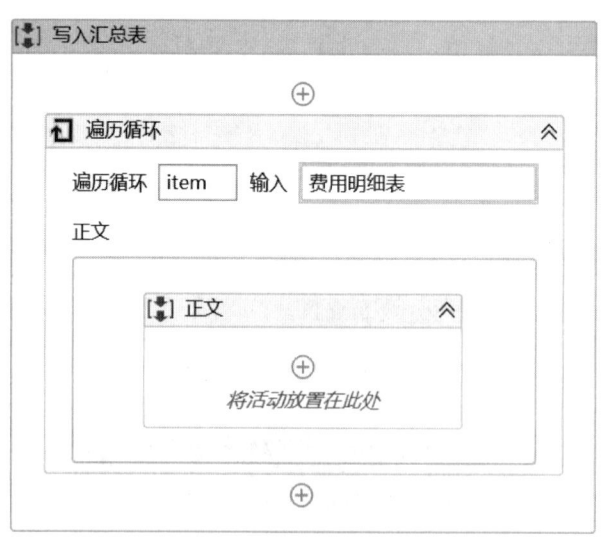

图 3-117　遍历循环费用明细表

（7）在【遍历循环】活动的正文序列中继续添加【文件】—【工作簿】类别下的【读取范围】活动。打开该活动的属性面板，设置工作簿路径为 item.ToString，工作表名称为"Sheet1"，范围为"A2:K5"，在输出数据表处创建变量，变量名称为费用明细，变量类型为 DataTable，范围为费用汇总机器人，该变量用于存储遍历读取到的每张明细表中 A2 到 K5 范围的数据，如图 3-118、图 3-119 所示。

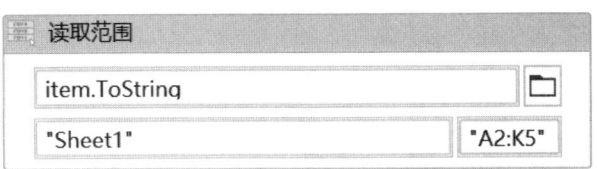

图 3-118 【读取范围】活动属性设置

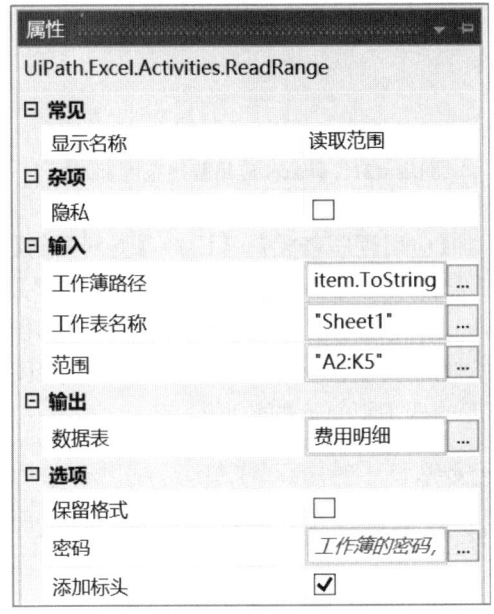

图 3-119 【读取范围】活动属性

（8）继续添加【文件】—【工作簿】类别下的【附加范围】活动，单击"浏览"按钮，设置工作簿路径为"数据包\亚邦集团费用汇总主表.xlsx"，输入工作表名称为"集团费用汇总表"，输入数据表为费用明细，将存储在变量费用明细中的数据附加到"集团费用汇总表"中，如图 3-120 所示。（注意：需将"数据包\亚邦集团费用汇总主表.xlsx"保存在当前 RPA 项目文件夹中，即将文件保存在相对路径下）

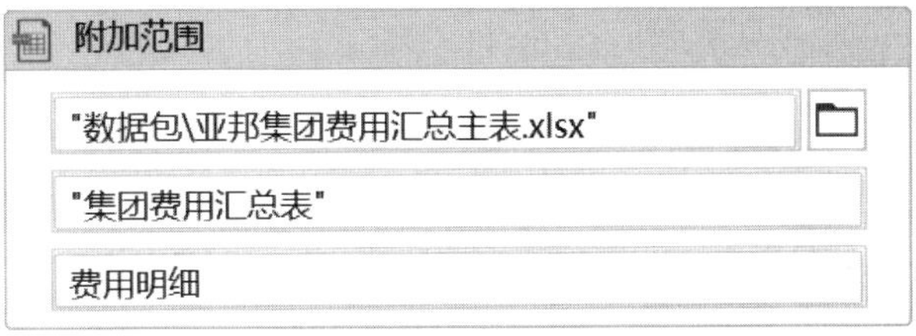

图 3-120 【附加范围】活动设置

（9）在"分析汇总表"序列下添加【应用程序集成】—【Excel】类别下的【Excel 应用程序范围】活动，设置工作表路径为"数据包\亚邦集团费用汇总主表.xlsx"，该文本需放在英文状态下的引号内，如图 3-121 所示。

图 3-121 【Excel 应用程序范围】活动

(10) 在执行序列中添加【应用程序集成】—【Excel】类别下的【读取范围】活动。打开该活动的属性面板，设置工作表名称为"集团费用汇总表"，范围为"A2"，输出数据表处创建变量 data，变量类型为 DataTable，范围为费用汇总机器人，该变量用于存储"集团费用汇总表"中的数据，如图 3-122、图 3-123 所示。（注意：此活动读取的"集团费用汇总表"内的数据是已经完成各个门店第一季度的费用汇总后的数据）

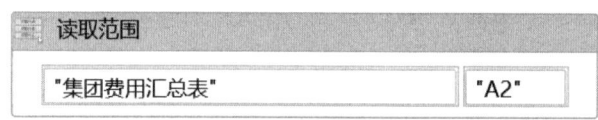

图 3-122 【读取范围】活动

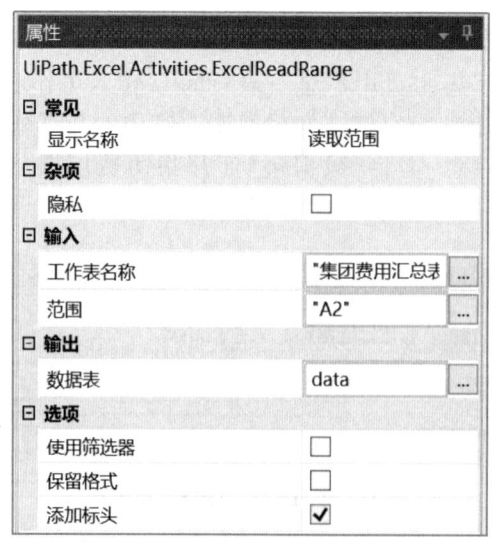

图 3-123 【读取范围】活动属性设置

(11) 添加【编程】—【数据表】类别下的【筛选数据表】活动，单击筛选器向导，输入数据表为data,单击输出列,删除"期间"列,输出数据表处创建变量 data_1,变量类型为 DataTable,范围为费用汇总机器人,该变量用于存储删除"期间"列的费用汇总表,如图 3-124、图 3-125 所示。

图 3-124 【筛选数据表】活动

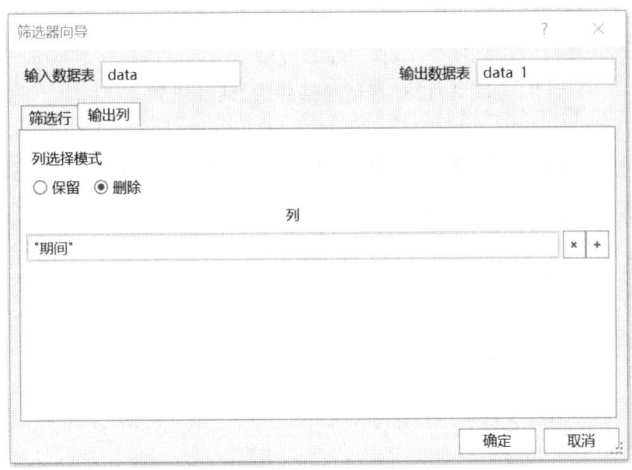

图 3-125 【筛选数据表】活动(删除"期间"列)

(12) 添加【应用程序集成】—【Excel】类别下的【写入范围】活动,设置工作表名称为"第一季度费用汇总表",起始单元格为"A1",输入数据表为 data_1,勾选添加标头,将存储在 data_1 中的费用汇总表写入"第一季度费用汇总表",如图 3-126 所示。

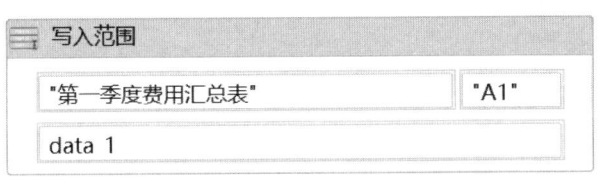

图 3-126 【写入范围】活动设置

(13) 添加【应用程序集成】—【Excel】—【表格】类别下的【创建表格】活动,输入工作表名称为"第一季度费用汇总表",设置目标范围为"A:J",目标表格命名为"费用汇总",此步骤是使用"第一季度费用汇总表"中 A 到 J 列的数据创建一张"费用汇总"的表格,如图 3-127 所示。

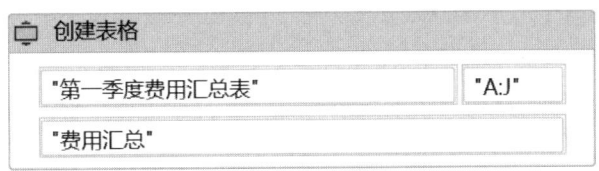

图 3-127 【创建表格】活动设置

（14）添加【应用程序集成】—【Excel】—【表格】类别下的【创建透视表】活动，输入工作表名称为"第一季度费用汇总表"，设置目标范围为"M1"，输入源表格名称为"费用汇总"，目标表格命名为"数据透视表"。此步骤是使用工作表"第一季度费用汇总表"中的"费用汇总"表格作为源表格数据创建一张数据透视表，如图3-128所示。

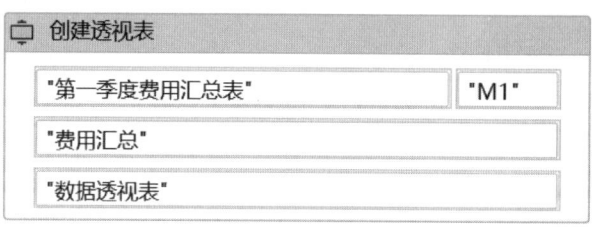

图3-128 【创建透视表】活动设置

（15）添加【应用程序集成】—【Excel】类别下的【读取范围】活动。打开该活动的属性面板，设置工作表名称为"第一季度费用汇总表"，范围为"M1:V10"，在输出数据表处创建变量data_2，变量类型为DataTable，范围为费用汇总机器人，该变量用于存储数据透视表中的数据，如图3-129、图3-130所示。

图3-129 【读取范围】活动

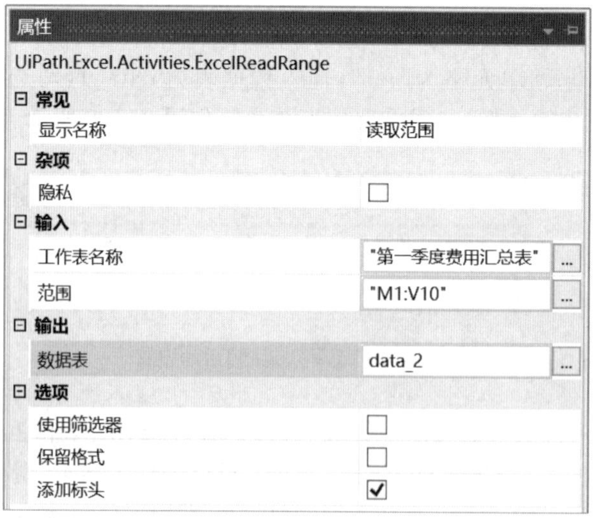

图3-130 【读取范围】活动属性设置

（16）添加【编程】—【调试】类别下的【日志消息】活动，设置消息为"亚邦集团所有门店费用汇总情况如下："＋vbCrLf＋"职工薪酬合计："＋data_2(8)(1).tostring＋vbCrLf＋"折旧摊销合计："＋data_2(8)(2).tostring＋vbCrLf＋"办公费合计："＋data_2(8)(3).tostring＋vbCrLf＋"审计咨询合计："＋data_2(8)(4).tostring＋vbCrLf＋"修理费合计："＋

data_2(8)(5).tostring+vbCrLf+"差旅费合计:"+data_2(8)(6).tostring+vbCrLf+"保险费合计:"+data_2(8)(7).tostring+vbCrLf+"水电合计:"+data_2(8)(8).tostring,如图 3-131 所示。

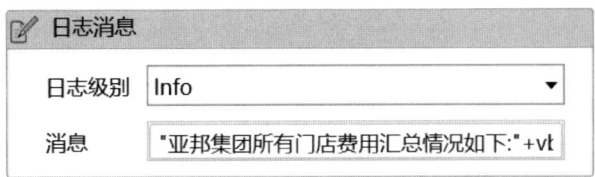

图 3-131 【日志消息】活动输出费用汇总情况

3. 运行结果

单击"调试文件"按钮,机器人汇总各个门店的费用明细表,并分析费用汇总表输出汇总情况,如图 3-132 所示。

图 3-132 第一季度各个门店的费用汇总情况

RPA 财务机器人 Web 应用

知识目标

- 掌握浏览器相关活动操作
- 掌握录制器(网页录制)功能操作
- 认识选取器,掌握选取器下通配符、变量的使用
- 掌握拾取 UI 元素时一些快捷键的使用
- 掌握数据抓取及屏幕抓取操作

技能目标

- 能使用 UiPath 开发应用于 Web 的 RPA 机器人
- 能熟练掌握浏览器相关活动、录制器功能操作
- 能运用 UiPath 的抓取功能完成数据抓取操作

素养目标

- 培养学生具备运用 RPA 工具解决实际工作问题的能力
- 提升学生对 RPA 技术在工作情境中的应用感知
- 拓展思路,提高学生解决实际问题的综合能力

项目四　RPA 财务机器人 Web 应用

思维导图

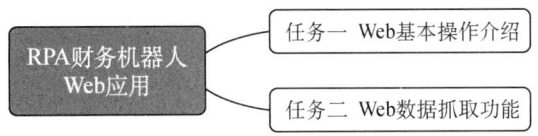

领思探知

RPA 财务机器人在 Web 操作中的应用广泛,它能够模拟人类行为,自动化执行一系列任务,显著提升工作效率并降低人工成本。RPA 财务机器人特别擅长处理重复性和规则性的工作,能通过自动化减少人为错误,同时,释放员工资源,让他们能够专注于更复杂、更有价值的任务。RPA 技术在 Web 应用中的优势还体现在其可扩展性和灵活性,它能够根据企业需求进行定制和调整。尽管如此,使用 RPA 进行 Web 操作也面临挑战,如遵守网站使用条款、处理动态内容、识别验证码等,这需要企业对 RPA 技术有深入的理解和适当的配置。

思考:在使用 RPA 进行 Web 操作时,如何应对网页的更新变化?

任务一　Web 基本操作介绍

一、操作浏览器活动介绍

（一）【打开浏览器】活动

【打开浏览器】活动是使用户能够在指定 URL 中打开浏览器并在其中执行多项活动的容器,如图 4-1 所示。

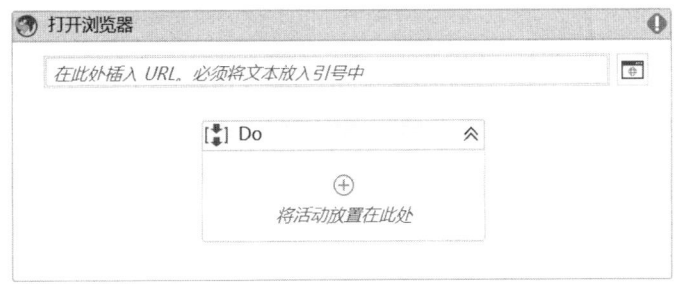

图 4-1　【打开浏览器】活动

【打开浏览器】活动主要属性介绍如表 4-1 所示。

表 4-1 【打开浏览器】活动的主要属性

活动	属性	参数	功能
打开浏览器	输入	URL	URL 为要在指定浏览器中打开的 URL，也就是一个网址，要放在英文状态下的引号中。例如，输入百度网址"www.baidu.com"
		浏览器类型	浏览器类型为要选择使用的浏览器类型，此处可用的选项如下：IE、Firefox、Chrome、Edge
	输出	用户界面浏览器	以用户界面浏览器对象呈现的活动结果。存储所有与浏览器会话有关的信息。仅支持浏览器变量

【打开浏览器】活动默认使用 IE 浏览器。本书统一以谷歌浏览器中的操作为例，使用此浏览器需要安装用于在 Chrome 中自动化网站的浏览器扩展程序，如图 4-2 所示。

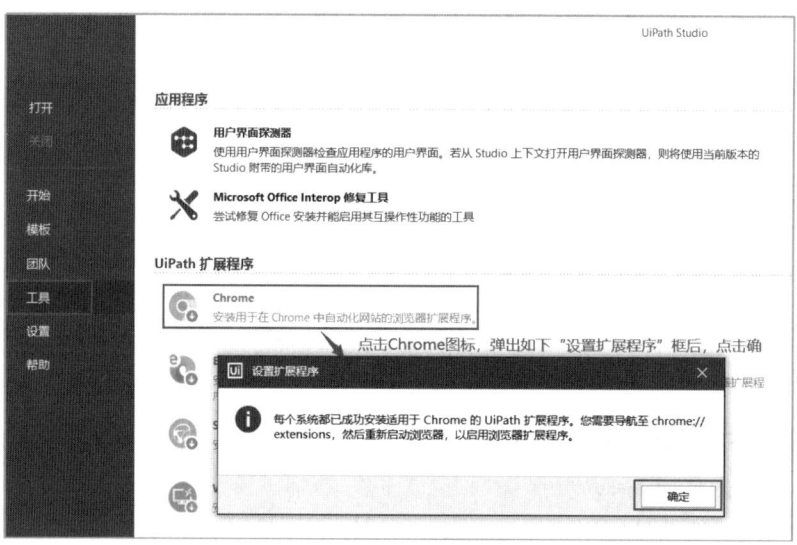

图 4-2 安装扩展程序

(二)【附加浏览器】活动

【附加浏览器】活动用户能够附加到已打开浏览器并在其中执行多项操作的容器。在使用网页录制器时，该活动也会自动生成，如图 4-3 所示。

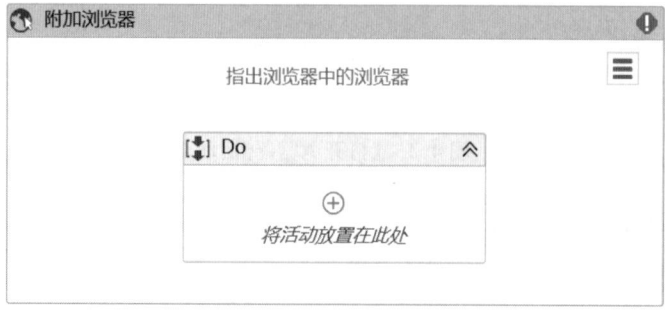

图 4-3 【附加浏览器】活动

(三)【关闭选项卡】活动

【关闭选项卡】活动可以用于关闭浏览器页面,如图 4-4 所示,其主要属性如表 4-2 所示。

表 4-2 【关闭选项卡】活动的主要属性

活动	属性	参数	功能
关闭选项卡	输入	浏览器	关闭浏览器页面。该字段仅支持浏览器变量

(四)【最大化窗口】活动

【最大化窗口】活动可以用于最大化指定的窗口,如图 4-5 所示。

图 4-4 【关闭选项卡】活动　　图 4-5 【最大化窗口】活动

🏠 示例 1:操作浏览器活动

➤ 示例描述

要求:请安装用于在 Chrome 中自动化网站的浏览器扩展程序,然后设计一个机器人执行以下操作:

(1) 使用谷歌浏览器打开国家税务总局的税收政策网页界面,并最大化该网页窗口。

(2) 在税收政策网页查看最新一期国家税务总局公报。

(3) 关闭税收政策网页。

网址:www.chinatax.gov.cn

活动:【打开浏览器】【单击】附加浏览器】【关闭选项卡】【最大化窗口】

➤ 操作步骤

1. 安装浏览器扩展程序

(1) 打开 UiPath,点击左侧工具,单击 Chrome 图标,弹出提示框"你要允许此应用对你的设备进行修改吗?",选择"是"按钮,接着弹出"设置扩展程序"框后,点击确定,如图 4-6 所示。

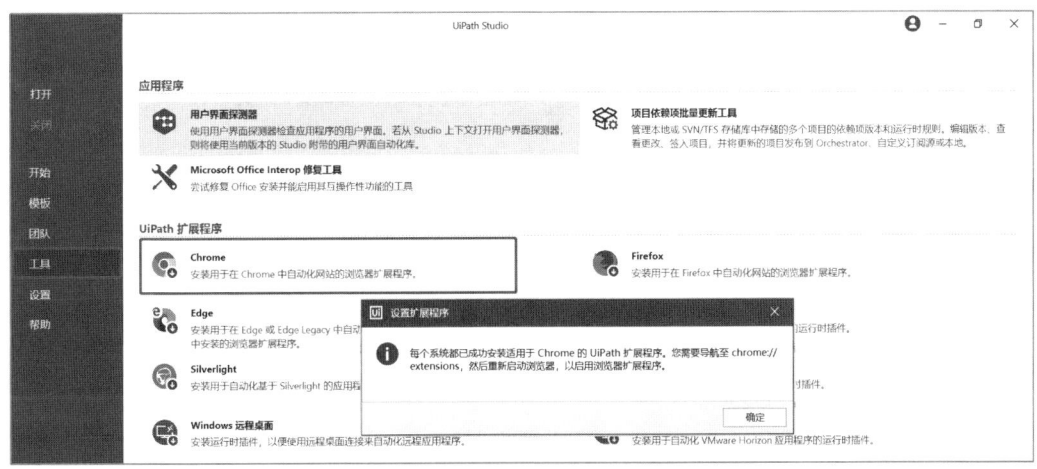

图 4-6 单击 Chrome 图标

（2）打开谷歌浏览器，点击右上角自定义及控制按钮，选择更多工具，单击扩展程序，如图 4-7 所示。

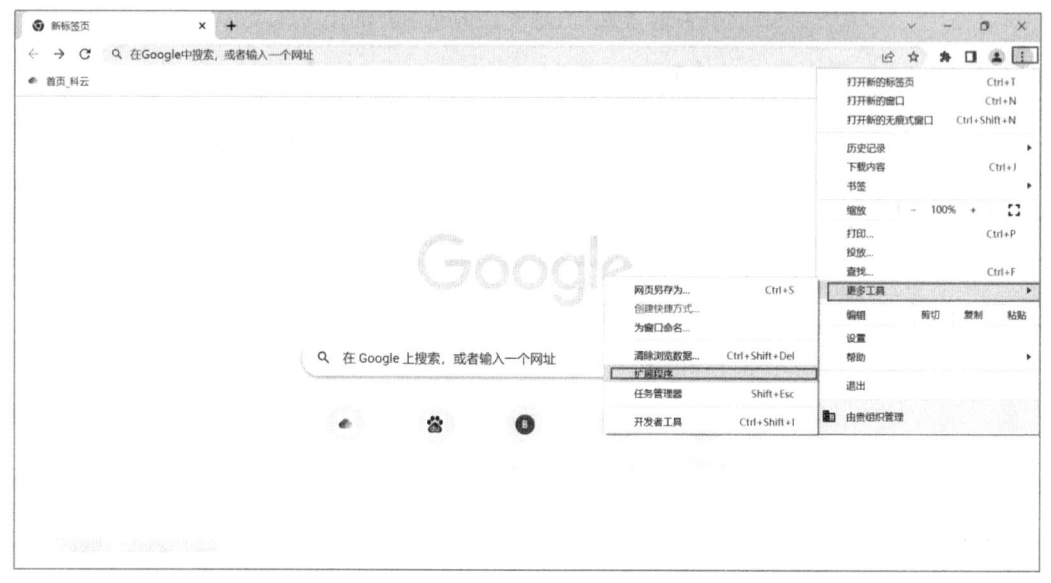

图 4-7　单击扩展程序

（3）打开 Chrome 扩展程序，点击 UiPath 扩展程序左下角图标为打开状态，如图 4-8 所示。

图 4-8　打开扩展程序

2. 设计机器人流程步骤

（1）在序列中添加【用户界面自动化】—【浏览器】类别下的【打开浏览器】活动，输入 URL 为"www.chinatax.gov.cn"，打开该活动的属性面板，修改浏览器类型为 Chrome，如图 4-9 所示。（注意：输入的 URL 必须是字符串格式，因此该网址必须放在英文状态下的引号内）

图 4-9 【打开浏览器】活动设置

（2）在 Do 序列中添加【用户界面自动化】—【窗口】类别下的【最大化窗口】活动，该步骤表示令机器人最大化"国家税务总局"网页窗口，如图 4-10 所示。

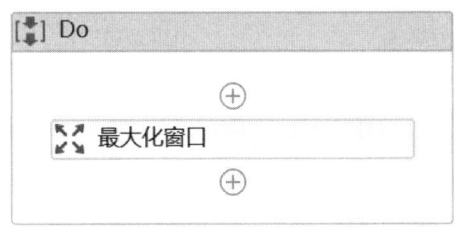

图 4-10 添加【最大化窗口】活动

（3）添加【元素】—【鼠标】类别下的【单击】活动，单击"指出浏览器中的元素"拾取"税收政策"元素，该步骤表示令机器人打开国家税务总局的税收政策网页，如图 4-11 所示。*

图 4-11 添加【单击】活动打开税收政策网页

（4）添加【用户界面自动化】—【浏览器】类别下的【附加浏览器】活动，单击"指出浏览器中的浏览器"拾取新打开的税收政策网页，打开该活动的属性面板，输出用户界面浏览器处创建变量，变量名为税收政策网页，如图 4-12、图 4-13 所示。

---

* 本图为国家税务总局网站截取，网站内容如有更新，以实际为准。

图 4-12　添加【附件浏览器】活动

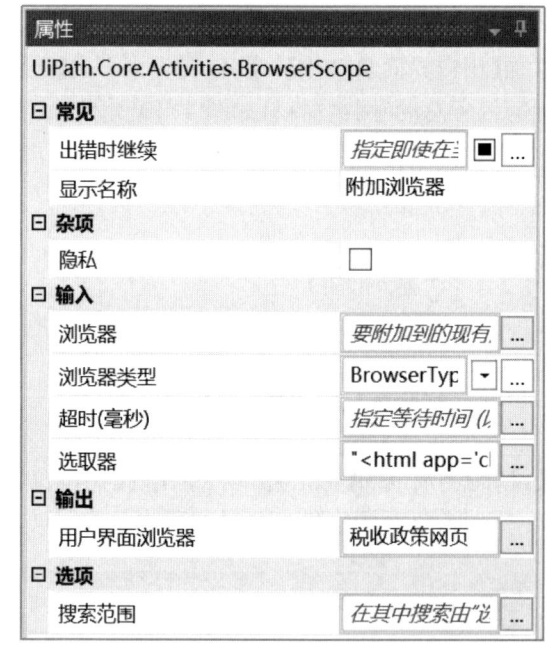

图 4-13　在【附件浏览器】活动的属性面板创建变量

(5)在【附加浏览器】活动的 Do 序列中添加【元素】—【鼠标】类别下的【单击】活动,单击"指出浏览器中的元素"拾取"2022 年第 05 期"元素,该步骤表示令机器人在税收政策网页打开最新一期国家税务总局公报,如图 4-14 所示。(注意:本步骤在操作时拾取的最新一期国家税务总局公报为 2022 年第 05 期,同学们在操作过程中只需拾取最新一期公报即可)

(6)在【附加浏览器】活动下添加【用户界面自动化】—【浏览器】类别下的【关闭选项卡】活动,打开该活动属性面板,输入浏览器为变量"税收政策网页",该步骤表示令机器人关闭税收政策网页,如图 4-15 所示。

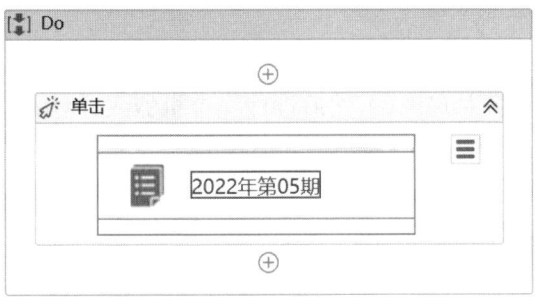

图 4-14 【单击】活动设置

图 4-15 【关闭选项卡】活动

➤ 运行结果

运行结果如图 4-16 所示。

图 4-16 最新一期国家税务总局公报

二、录制器

录制器是 UiPath Studio 的重要功能之一，常用于在业务流程自动化时录制用户在软件中的操作动作和操作过程，并自动生成对应的 UiPath 流程序列。录制器的这一特点可帮助流程设计者节省大量设计自动化流程的时间，提高设计效率。录制器共有 5 种类型，包括基本、桌面、网页、图像、原生，如图 4-17 所示。

录制器下网页录制功能是默认用于在 Web 应用程序和浏览器中进行记录，生成容器并使用"模拟类型/单击"的输入方法。使用录制器时，可以使用的键盘快捷键操作：

F2：暂停倒数计时器显示在屏幕，倒数计时器显示在左下角。

Esc：退出自动或手动记录，如果再次按 Esc 键，则记录将保存为序列。

右单击：退出录制。

图 4-17 录制器

示例2：录制器
➢ 示例描述

要求：请先使用谷歌浏览器打开国家税务总局网站，然后设计一个机器人，使用录制器网页录制功能录制以下操作：

（1）进入【纳税服务】模块下的【办税指南】界面。

（2）在搜索框内输入"增值税一般纳税人登记"，并点击搜索。

网址：www.chinatax.gov.cn

➢ 操作步骤

（1）单击设计界面的"录制"按钮，选择"网页"，弹出"网页录制"框，单击"录制"，开始录制操作流程，如图4-18所示。（注意：在录制操作流程前请先使用谷歌浏览器打开国家税务总局网站）

图4-18　单击"录制"按钮

（2）单击"纳税服务"模块，弹出"使用锚点"框，选择否，如图4-19、图4-20所示。（注意：在录制操作过程中，弹出"使用锚点"框，选择否即可）

图4-19　单击"纳税服务"模块

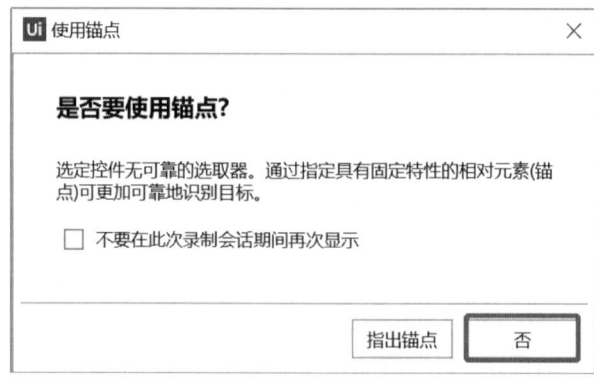

图4-20　在"使用锚点"框内单击"否"

（3）单击"办税指南"模块，进入【办税指南】界面，如图4-21所示。

图 4-21　单击"办税指南"模块

（4）单击浏览器中的关键字输入框，弹出文字输入框，输入所需值为"增值税一般纳税人登记"，按下键盘上的"Enter"键，完成关键字的输入，如图4-22所示。

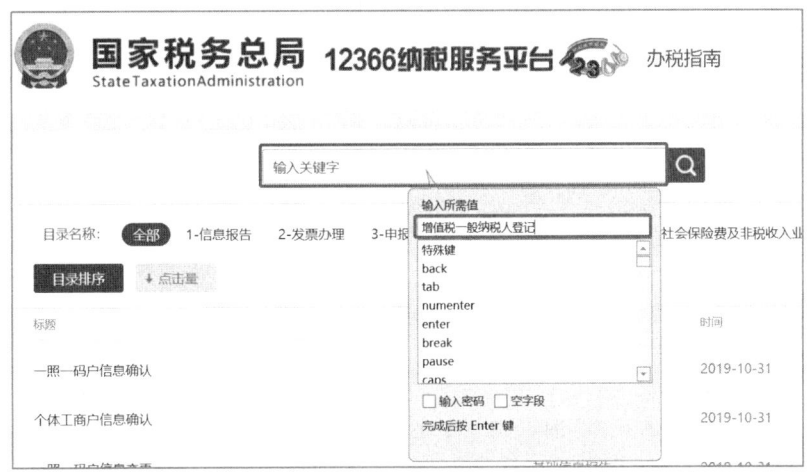

图 4-22　输入关键字

（5）单击"搜索"图标，开始检索关键字，如图4-23所示。

图 4-23　单击"搜索"图标

（6）完成搜索后，按下键盘上的"Esc"键，暂停录制，单击"保存并退出"按钮，结束录制并返回序列界面，自动生成【网页】序列，如图4-24、图4-25所示。

图 4-24　单击"保存并退出"按钮

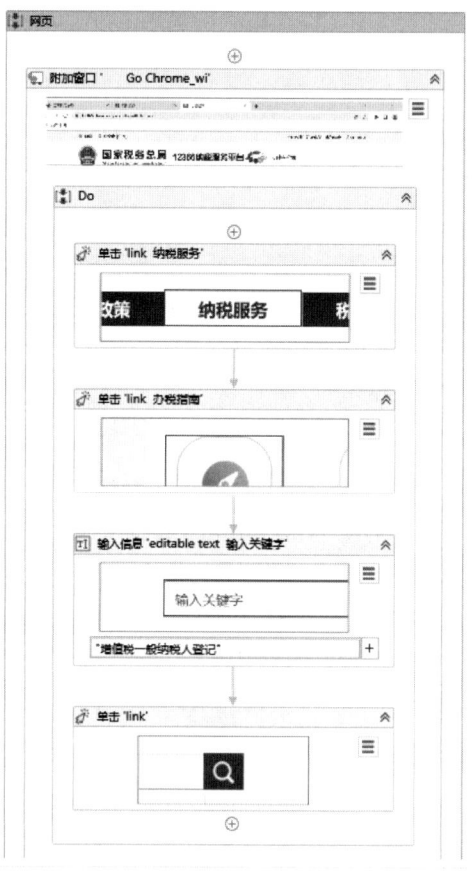

图 4-25　自动生成【网页】序列

➢ 运行结果

运行结果如图 4-26 所示。

图 4-26　搜索"增值税一般纳税人登记"

三、选取器

(一)认识选取器

选取器是自动化流程执行时快速定位目标元素的关键信息,它是 UiPath Studio 用来识别用户界面元素的 XML 片段,用于指定您要查找的图形用户界面元素及其一些父元素的属性。选取器的结构由多个节点组成,可以表示为:<node_1><node_2>...<node_N>;该结构中最后一个根节点代表想定位的目标元素,而前面的根节点代表该元素的父元素,<node_1>通常称为根节点,即所有子元素的父元素,代表应用程序的顶部窗口。

图 4-27 为示例 1 中【单击】活动的选取器,该编辑选取器下第一行内容为根节点,即所有子元素的父元素,代表应用程序的顶部窗口。第二行内容为最后一个根节点,即子元素,代表想定位的目标元素。

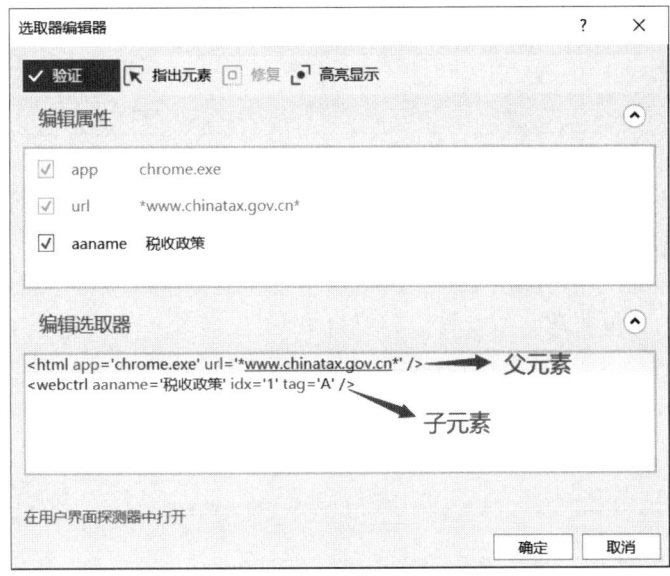

图 4-27 选取器编辑器

选取器中的每个根节点又由标签和属性组成。例如,标签通常表示为:
(1) WND(窗口);
(2) html(网页);
(3) Ctrl(控制);
(4) webctrl(网页控件)。

每个属性都有一个名称和一个值。例如,属性通常表示为:
(1) parentid='幻灯片列表容器';
(2) tag=' A ';
(3) aaname='详细信息'。

如图 4-28 所示。

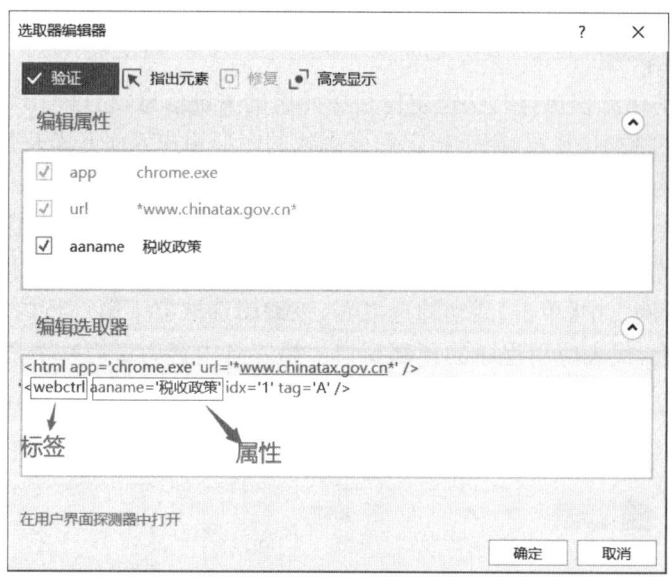

图 4-28 选取器编辑器

（二）选取器下通配符的使用

在 UiPath 中，通配符可以用来匹配选取器中变化的一个或多个字符，它在处理选取器包含动态属性值的时候非常有用。其中，星号（*）可以替代 0 个或多个字符，问号（?）可以替代一个字符。

例如，东方财富网下"贵州茅台"股票情况如图 4-29 所示，现在设计一个机器人获取该股票的股价。

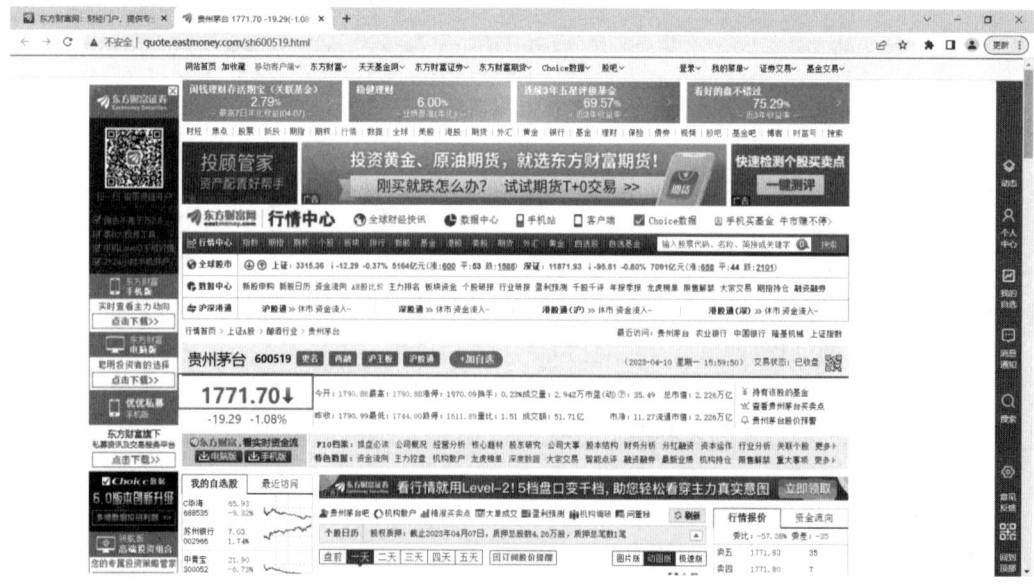

图 4-29 "贵州茅台"股票页面

图 4-30 为设计好的机器人，打开【获取文本】活动的选取器，第一行父元素中的属性 title 显示的股价一直处在动态变化的状态，这将会导致机器人无法定位到目标元素。

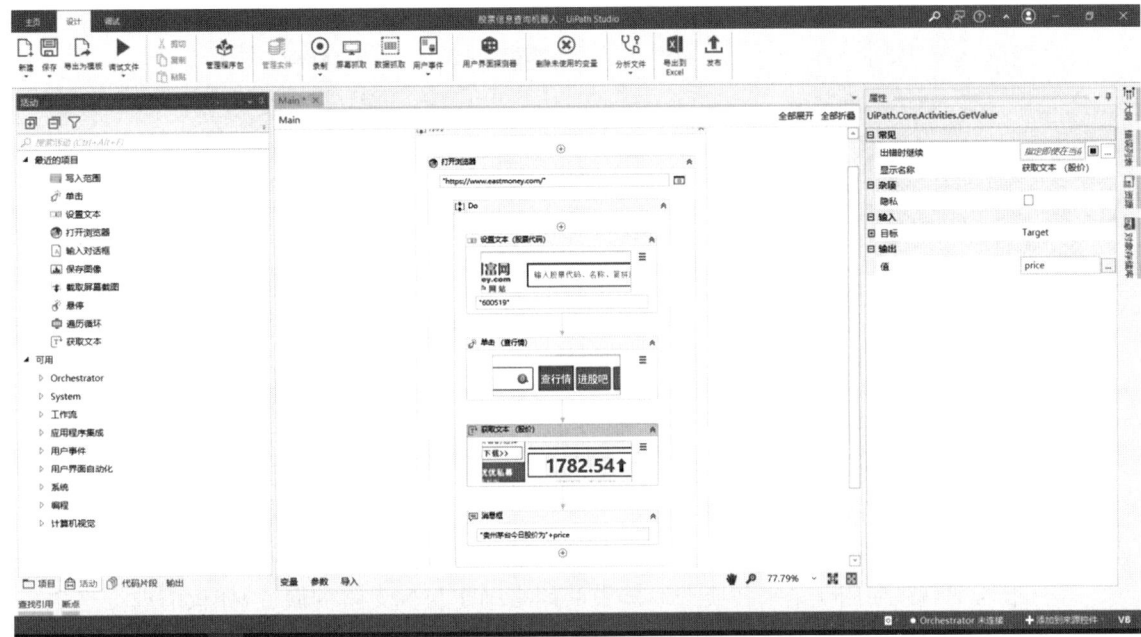

图 4-30 获取"贵州茅台"股价机器人流程

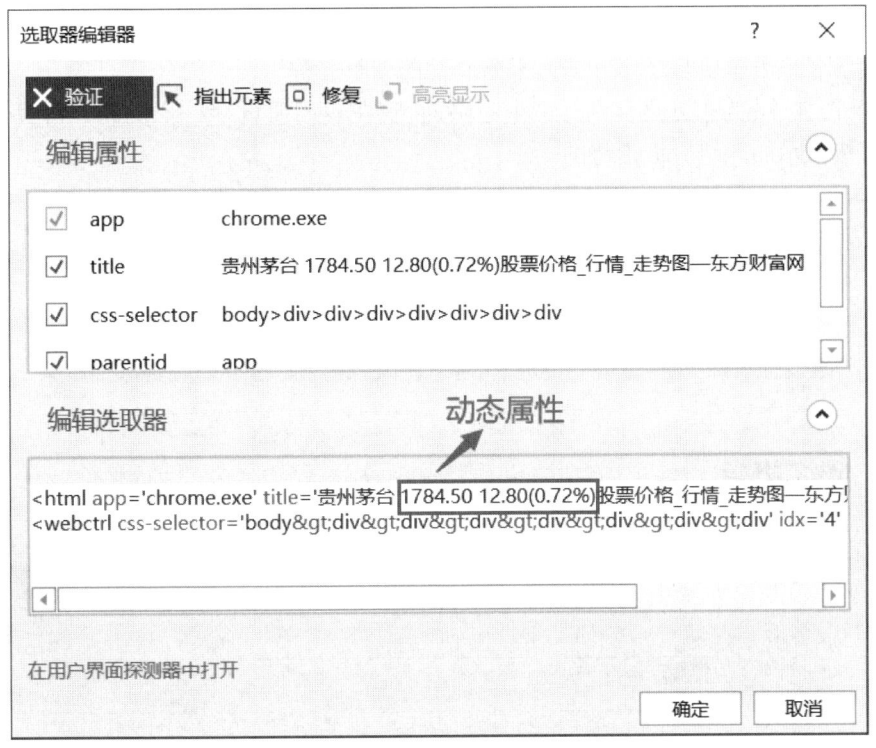

图 4-31 【获取文本】活动的选取器

此时,打开【获取文本】活动的选取器,将股价中后面一串动态的数字使用通配符替换,这个时候便可定位到目标元素了,如图 4-32 所示。

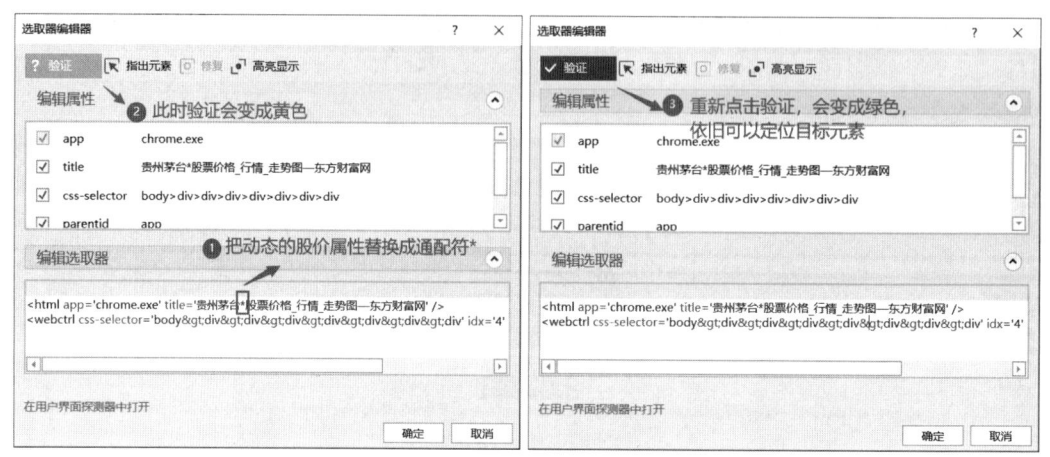

图 4-32 【获取文本】活动的选取器

(三)选取器下变量的使用

选取器下可以使用变量来替换选取器中的用来确定目标元素的属性,您仅需改变选取器中变量的值即可准确高效地重复使用一个活动。在选取器中的根节点使用变量后其格式通常为＜tag attribute='{{变量名}}'/＞。其中:

tag 表示目标标签,例如＜webctrl/＞;

attribute 表示目标属性,例如 aaname='详细信息';

{{变量名}}表示要与之交互的元素的属性的变量名称。

例如,图 4-33 为东方财富网行情中心页面,现在我们要设计一个机器人帮我们截取该网页中直接显示的四组股价走势图。

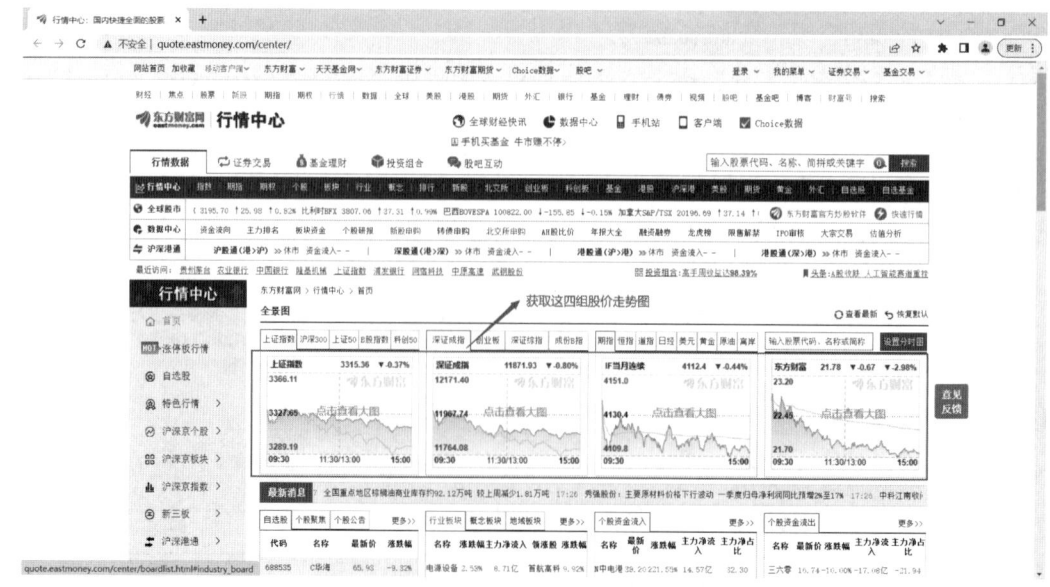

图 4-33 股价走势图

图4-34为设计好的机器人,需要使用一个【截取屏幕截图】活动截取四张股价走势图。

图4-34 获取股价走势图机器人流程图

先使用【截取屏幕截图】活动分别拾取四组走势图,再分别打开它们的选取器,此时,【截取屏幕截图】活动选取器下每个节点内容只有一个属性不同,就是parentid='详细信息',此时需要把"详细信息"用变量来替代,如图4-35至图4-38所示。

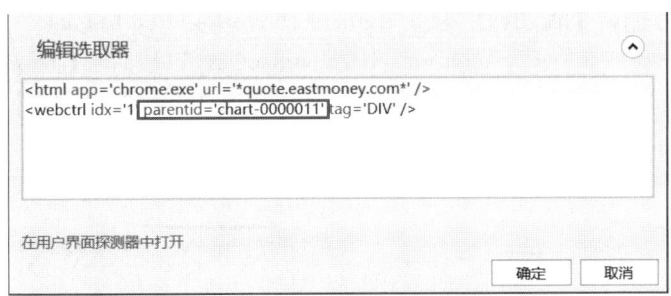

图4-35 截取"上证指数"的选取器

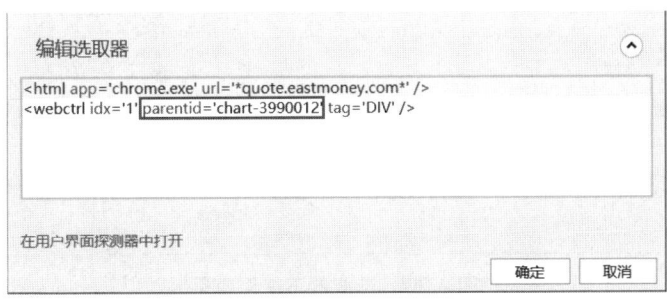

图4-36 截取"深证成指"的选取器

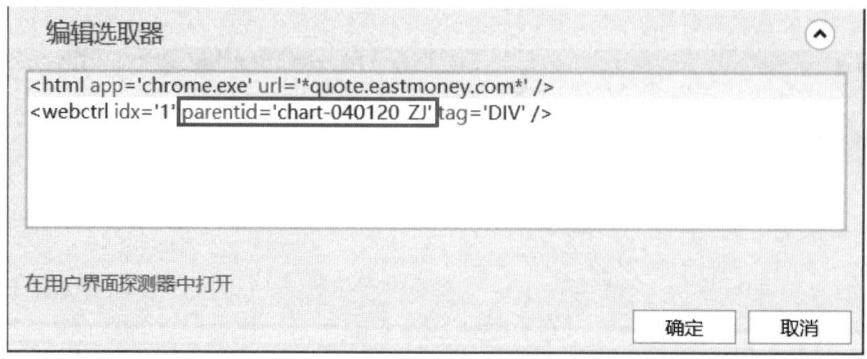

图 4-37 截取"IF 当月连续"的选取器

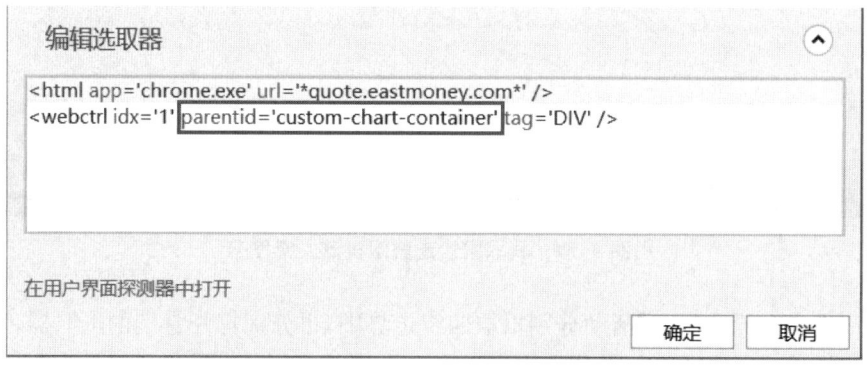

图 4-38 截取"东方财富"的选取器

先使用【遍历循环】活动,由变量 item 遍历循环数组{"chart-0000011","chart-3990012","chart-040120_ZJ","custom-chart-container"},然后在【截取屏幕截图】活动的选取器下使用变量 item 替换动态属性值,便可实现每遍历一次就截取不同股票走势图的操作,如图 4-39 所示。

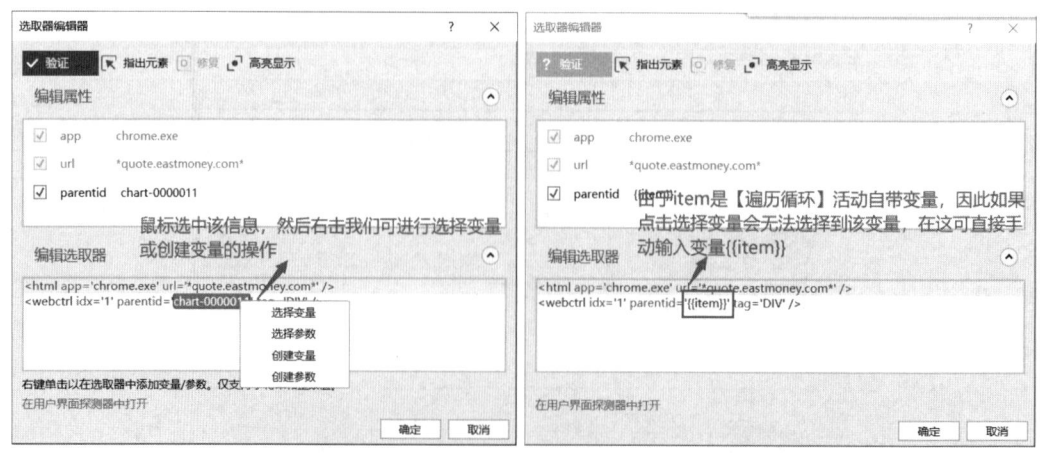

图 4-39 选取器下使用变量

示例 3：选取器

> 示例描述

说明：设计一个机器人，能根据用户输入的股票名称提示当天的股价。具体要求如下：

（1）使用谷歌浏览器打开东方财富网，根据用户输入股票名称进行搜索。

（2）获取股价，并用消息框提示。

网址：https://www.eastmoney.com/

活动：【输入对话框】【打开浏览器】【设置文本】【单击】【获取文本】【消息框】

> 操作步骤

（1）在序列中添加【系统】—【对话框】类别下的【输入对话框】活动，设置该活动的对话框标题为"股票名称"，输入标签为"请输入股票名称"，并在已输入的值处创建变量 name，变量类型为 String，范围为序列，该变量用于存储用户输入的股票名称，如图 4-40 所示。

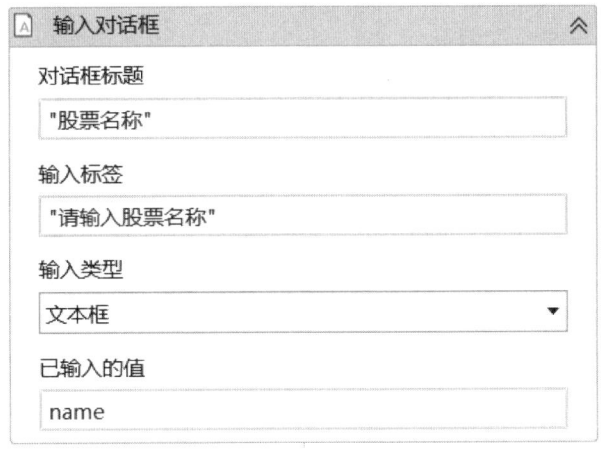

图 4-40　设置【输入对话框】活动

（2）添加【用户界面自动化】—【浏览器】类别下的【打开浏览器】活动，输入 URL 为 "https://www.eastmoney.com/"，打开该活动的属性面板，修改浏览器类型为 Chrome，如图 4-41 所示。（注意：输入的 URL 必须是字符串格式，因此该网址必须放在英文状态下的引号内）

图 4-41　【打开浏览器】活动

（3）在 Do 序列内添加【用户界面自动化】—【元素】—【键盘】类别下的【设置文本】活动并修改名称为"设置文本（股票名称）"，单击"指出浏览器中的元素"指出"搜索框"，输入文本为变量 name，该步骤表示令机器人在搜索框内输入存储在变量 name 中的股票名称，如图 4-42 所示。（注意：此处流程设计导航页面以"贵州茅台"股票为例）

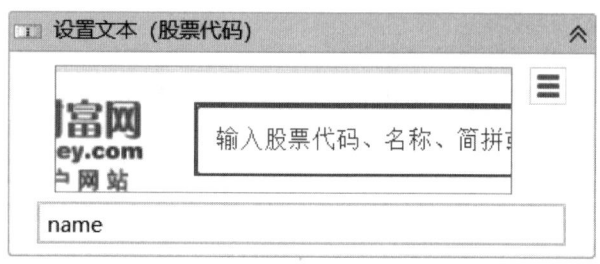

图 4-42　【设置文本】活动设置

（4）添加【元素】—【鼠标】类别下的【单击】活动并修改名称为"单击（查行情）"，单击"指出浏览器中的元素"指出"查行情"按钮，如图 4-43 所示。

图 4-43　单击（查行情）

（5）添加【用户界面自动化】—【元素】—【控件】类别下的【获取文本】活动并修改名称为"获取文本（股价）"，单击"指出浏览器中的元素"拾取贵州茅台的股价。打开该活动的属性面板，在输出值处创建变量 price，变量类型为 String，范围为序列，该变量用于存储获取到的股价信息，如图 4-44 所示。

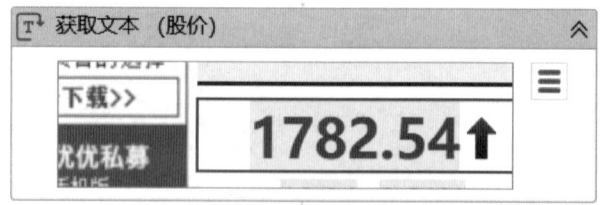

图 4-44　设置【获取文本】活动获取股价

（6）为了使【获取文本】活动能够拾取不同股票的股价，打开该活动下拉菜单中的"编辑选择器"功能，用通配符 * 替换 title 中的动态属性值，该步骤表示当流程搜索其他股票时，机器人也能准确拾取到该元素，如图 4-45 所示。

（7）添加【系统】—【对话框】类别下的【消息框】活动，输入文本为 name＋"今日股价为"＋price，即通过【消息框】活动提示用户今日股票股价信息，如图 4-46 所示。

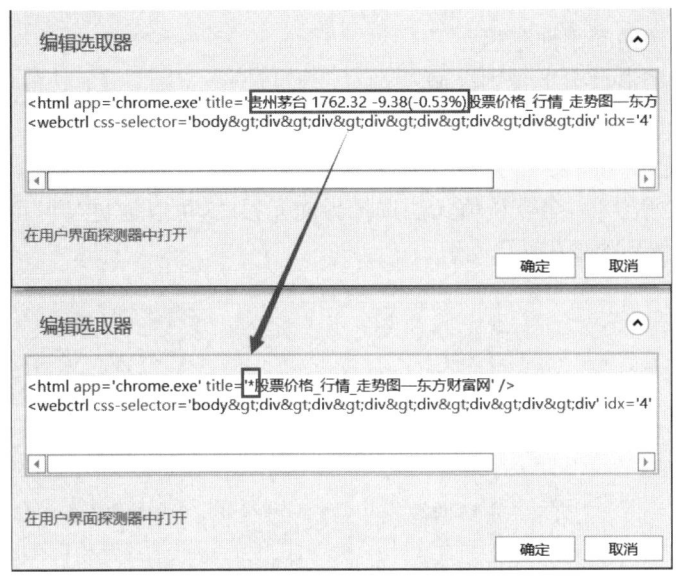

图 4-45 【获取文本】活动的编辑选取器

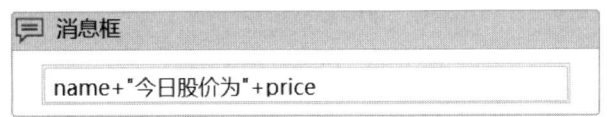

图 4-46 设置【消息框】活动提示股价信息

➢ 运行结果

在弹出的股票名称窗口中输入"中国银行",运行结果如图 4-47 所示。

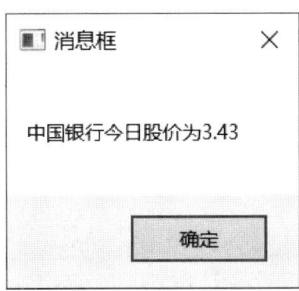

图 4-47 股票股价信息

四、选取 UI 元素的快捷键

【单击】【获取文本】【设置文本】等活动在拾取 UI 元素时会弹出一个快捷键操作提示。例如,把【单击】活动放在【打开浏览器】活动的 Do 序列内,然后点击"指出浏览器中的元素"在网页上拾取 UI 元素时,网页的左上角会弹出如图 4-48 所示的快捷键操作提示,每个快捷键作用如下:

ESC:取消选择；

F2:在录制活动期间添加延迟；

F3:允许用户指定自定义录制区域；

F4:允许用户选择要记录的UI框架，可以是默认，AA或UIA。

由于一些浏览器网页界面会设计许多种框架，用户面对的界面是什么框架，UiPath Studio会设置一个默认值，当默认值无法选择界面元素时，可以通过"F4"键立即切换界面框架，以便用户能拾取到想要的UI元素。

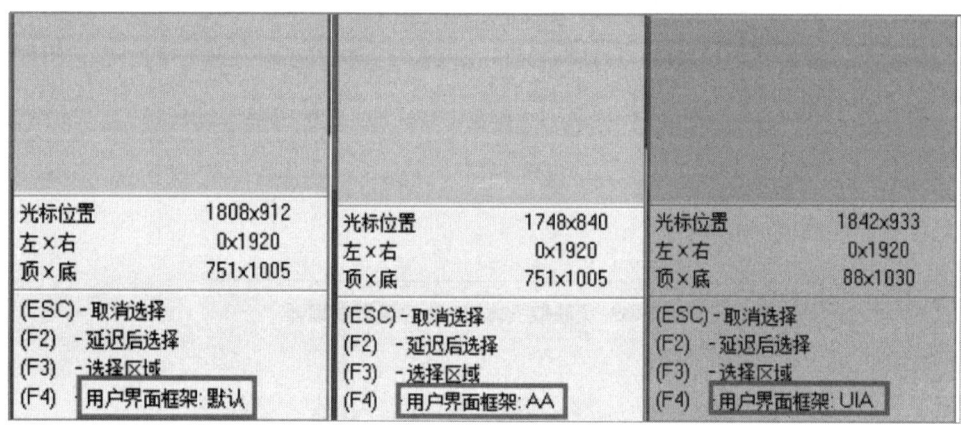

图4-48 UI元素的快捷键

🏠 示例4:选取UI元素的快捷键

➤ 示例描述

要求:设计一个机器人，进入防伪税控开票系统查询发票库存。

网址:请进入平台RPA开发环境复制防伪税控开票系统的URL。

活动:【打开浏览器】【单击】【输入信息】

➤ 操作步骤

(1) 在序列中添加【用户界面自动化】—【浏览器】类别下的【打开浏览器】活动，输入防伪税控开票系统的URL，打开该活动的属性面板，修改浏览器类型为Chrome，如图4-49所示。(注意:输入的URL必须是字符串格式，因此该网址必须放在英文状态下的引号内)

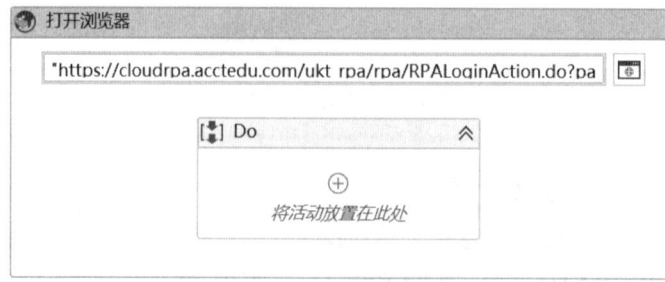

图4-49 【打开浏览器】活动

（2）在 Do 序列内添加【元素】—【鼠标】类别下的【单击】活动并修改名称为"单击（开票系统）"，单击"指出浏览器中的元素"拾取"开票系统"图标，如图 4-50 所示。

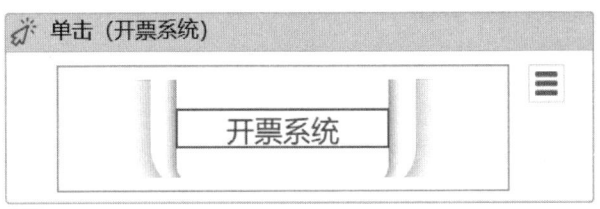

图 4-50 【单击】活动设置

（3）添加【用户界面自动化】—【元素】—【键盘】类别下的【输入信息】活动并修改名称为"输入信息（输入密码）"，单击"指出浏览器中的元素"拾取界面中的密码输入框，输入文本为"123456"，如图 4-51 所示。

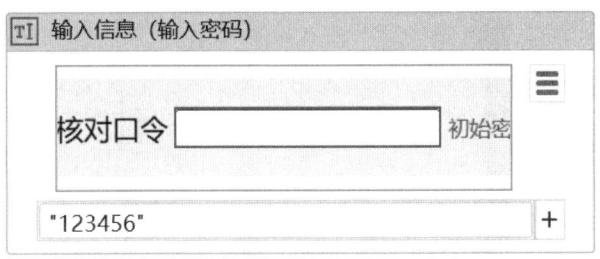

图 4-51 设置【输入信息】活动输入密码

（4）添加【元素】—【鼠标】类别下的【单击】活动并修改名称为"单击（确认）"，单击"指出浏览器中的元素"拾取"确认"按钮，如图 4-52 所示。

图 4-52 单击（确认）

（5）添加【元素】—【鼠标】类别下的【单击】活动并修改名称为"单击（发票管理）"，单击"指出浏览器中的元素"拾取"发票管理"图标，如图 4-53 所示。

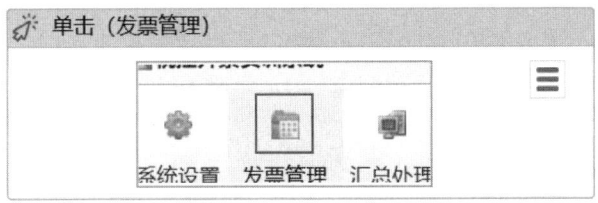

图 4-53 单击（发票管理）

（6）添加【元素】—【鼠标】类别下的【单击】活动并修改名称为"单击（库存查询）"，单击"指出浏览器中的元素"拾取"库存查询"图标，如图4-54所示。（注意：在此步骤中默认值无法选择到想要的界面元素，可以通过F4立即切换用户界面框架为AA，即可拾取到"库存查询"图标）

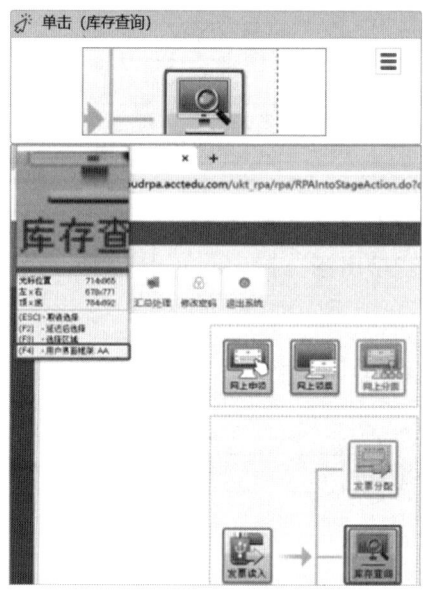

图4-54　单击（库存查询）操作

> 运行结果

运行结果如图4-55所示。

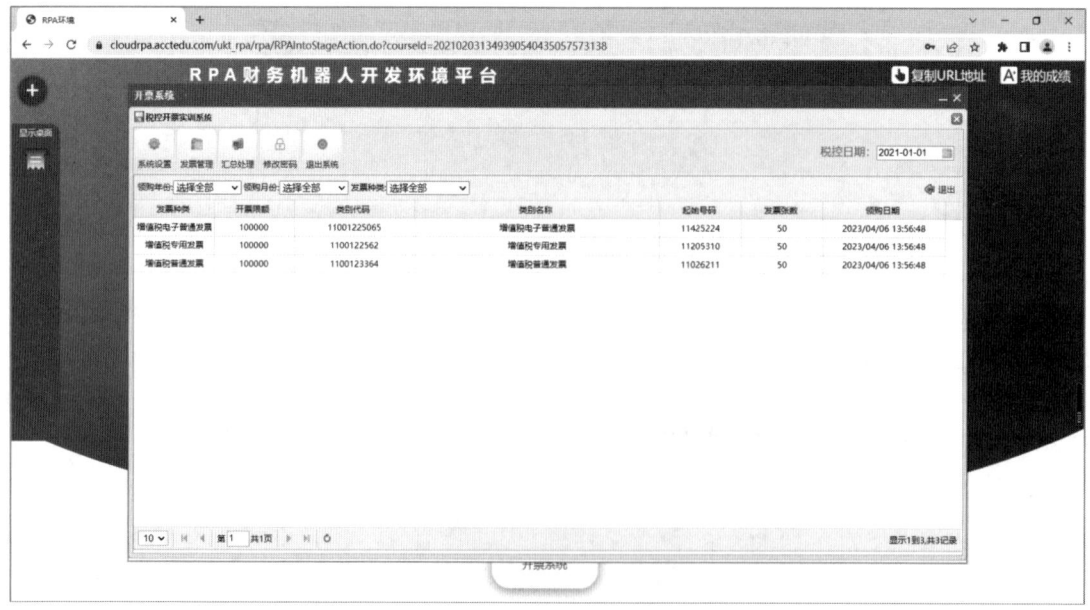

图4-55　库存查询结果

技能训练　企业信息查询机器人

1. 案例描述

北京云云股份有限公司的销售人员每天会拿到大量的潜在客户名称。在认识客户阶段，他们需要掌握客户企业的基本信息，以便在早期判断和公司合作的价值和业务匹配度。客户企业基本信息主要包括公司全称、注册资本、规模、经营时间、经营范围等。但是每天的客户企业信息查询工作，不仅需要花费较多的精力，还需要花费很多的时间进行信息的整理，这也很容易造成遗漏和错误。所以针对此工作痛点，请为该公司设计一个企业信息查询机器人。

2. 案例要求

（1）已知某个销售人员当天获取的企业信息表，该工作表内的企业名称已知，经营状态、注册资本、成立日期、统一社会信用代码、经营范围这几个项目列的信息需要获取查找。企业信息表如图 4-56 所示。

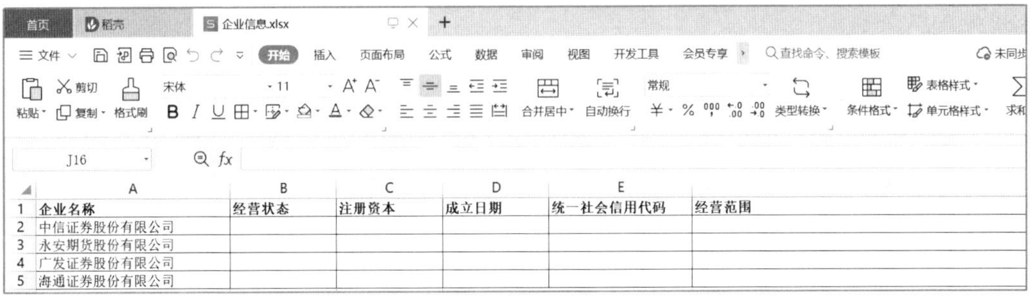

图 4-56　企业信息表

（2）令机器人读取企业信息表内的企业名称，根据企业名称进入爱企查网站进行企业信息查询，然后将要获取的信息写入工作表的对应项目列内。爱企查网址：https://aiqicha.baidu.com/。

3. 案例开发

（1）新建一个序列，名称更改为"企业信息查询机器人"。在此序列中添加一个【应用程序集成】—【Excel】类别下的【Excel 应用程序范围】活动，设置工作簿路径为"企业信息.xlsx"，该路径为相对路径，如图 4-57 所示。

图 4-57　【Excel 应用程序范围】活动

(2) 在执行序列中添加【应用程序集成】—【Excel】类别下的【读取范围】活动,并修改名称为"读取范围(企业信息)"。打开该活动的属性面板,设置工作表名称为"Sheet1",范围为"A1",在输出数据表处创建变量 data,变量类型为 DataTable,范围为"企业信息查询机器人",该变量用于存储工作表"Sheet1"中的所有数据,如图 4-58 所示。

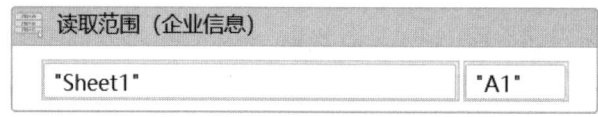

图 4-58　设置【读取范围】活动读取企业信息

(3) 接着添加【编程】—【数据表】类别下的【对于每一个行】活动,输入变量 data,该步骤表示令机器人遍历数据表变量 data 中的每一行数据,如图 4-59 所示。

图 4-59　【对于每一行】活动设置

(4) 在正文序列中添加【用户界面自动化】—【浏览器】类别下的【打开浏览器】活动,并修改名称为"打开浏览器(进入企业信息界面)"。输入 URL 为"https://aiqicha.baidu.com/",修改浏览器类型为 Chrome,在输出用户界面浏览器处创建变量,命名为爱企查,范围为"企业信息查询机器人",该变量用于存储爱企查浏览器页面下的所有活动信息,如图 4-60、图 4-61 所示。(注意:输入的 URL 必须是字符串格式,因此该网址必须放在英文状态下的引号内)

图 4-60　【打开浏览器】活动设置

图 4-61 【打开浏览器】活动的属性面板设置

(5) 在 Do 序列中添加【用户界面自动化】—【元素】—【键盘】类别下的【输入信息】活动，并修改名称为"输入信息（企业名称）"。单击"指出浏览器中的元素"拾取输入框，输入文本为 row(0).tostring，该步骤表示令机器人在搜索框内输入企业名称，如图 4-62 所示。

图 4-62 【输入信息】活动设置

(6) 添加【元素】—【鼠标】类别下的【单击】活动，并修改名称为"单击（查一下）"。单击"指出浏览器中的元素"拾取"查一下"按钮，该步骤表示令机器人模拟用户单击"查一下"按钮，如图 4-63 所示。（注意：因为设计流程时需要手动导航到相应网页，以支持 UiPath 在网页中拾取操作对象，所以输入企业名称时此处先输入中信证券股份有限公司为流程设计进行导航）

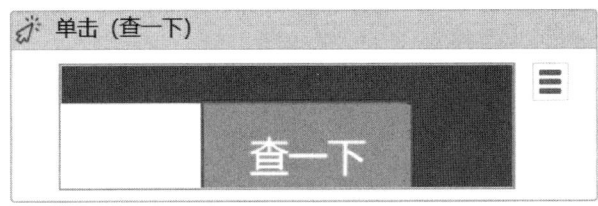

图 4-63 单击（查一下）

(7) 添加【元素】—【鼠标】类别下的【单击】活动，并修改名称为"单击（企业名称）"。单击"指出浏览器中的元素"拾取企业名称，该步骤表示令机器人模拟用户单击企业名称，如图

173

4-64所示。(注意:如果网速较慢,可在【单击】活动的属性面板设置单击延迟时间)

图 4-64 单击(企业名称)

(8) 添加【用户界面自动化】—【浏览器】类别下的【关闭选项卡】活动,输入浏览器为变量爱企查,该步骤表示令机器人关闭爱企查浏览器页面,即关闭第一个网页界面,如图 4-65 所示。

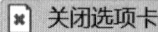

图 4-65 关闭选项卡

(9) 在【打开浏览器】活动下添加【用户界面自动化】—【浏览器】类别下的【附加浏览器】活动,并修改名称为"附加浏览器(获取企业信息)"。单击"指出屏幕上的浏览器"拾取已打开的企业浏览器界面。在输出用户界面浏览器处创建变量,命名为企业信息网页,范围为"企业信息查询机器人",该变量用于存储查询到的企业浏览器界面下的所有活动信息,如图 4-66、图 4-67 所示。

图 4-66 【附加浏览器】活动

图 4-67 【附加浏览器】活动属性设置

(10) 为了使【附加浏览器】活动能够拾取各个企业的信息界面,打开该活动下拉菜单中的"编辑选取器"功能,如图 4-68 所示,用星号通配符替换 title 中写动态内容。

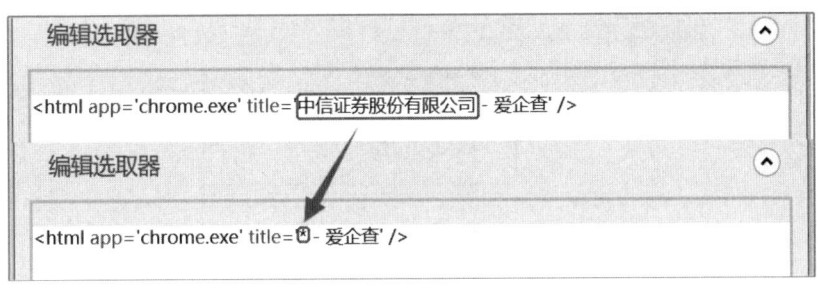

图 4-68 【附加浏览器】活动的编辑选取器设置

(11) 在 Do 序列中添加【用户界面自动化】—【元素】—【控件】类别下的【获取文本】活动,并修改名称为"获取文本(经营状态)"。单击"指出浏览器中的元素"拾取经营状态,在输出值处创建变量,命名为经营状态,变量类型为 String,范围为"企业信息查询机器人",该变量用于存储企业的经营状态,如图 4-69、图 4-70 所示。

图 4-69 【获取文本】活动

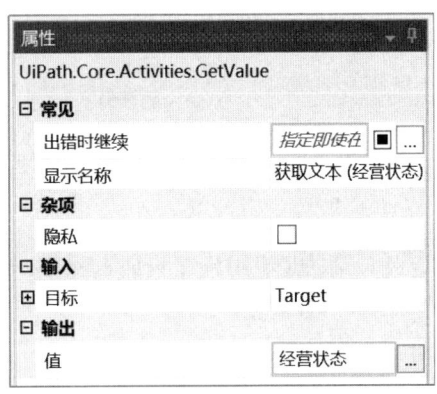

图 4-70 【获取文本】活动属性设置

(12) 添加【应用程序集成】—【Excel】类别下的【写入单元格】活动,在变量面板创建变量 i,变量类型为 Int32,范围为"企业信息查询机器人",默认值为 2。设置目标工作表名称为 "Sheet1",设置范围为"B"+i.ToString,输入值为变量经营状态,此步骤表示令机器人将经营状态写入工作表"Sheet1"中的"B"+i.ToString 单元格,如图 4-71 所示。

图 4-71 【写入单元格】活动设置

(13) 添加【用户界面自动化】—【元素】—【控件】类别下的【获取文本】活动,并修改名称为"获取文本(注册资本)"。单击"指出浏览器中的元素"拾取注册资本,在输出值处创建变量,命名为注册资本,变量类型为 String,范围为"企业信息查询机器人",该变量用于存储企业的注册资本,如图 4-72、图 4-73 所示。

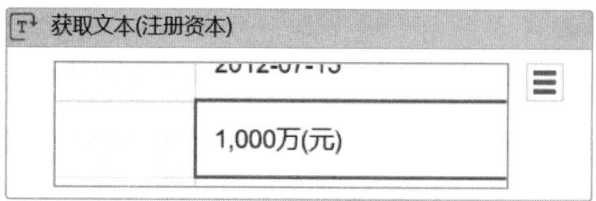

图 4-72 【获取文本】活动

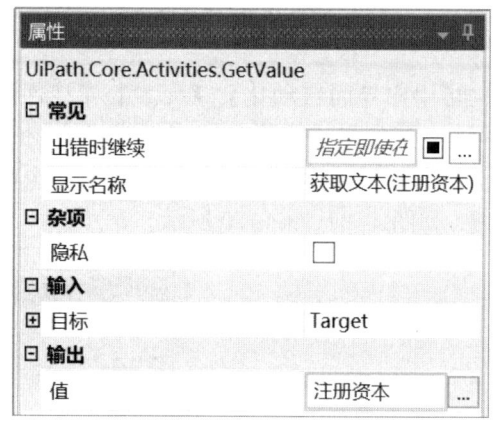

图 4-73 【获取文本】活动属性设置

（14）添加【应用程序集成】—【Excel】类别下的【写入单元格】活动，设置目标工作表名称为"Sheet1"，设置范围为"C"+i.ToString，输入值为变量注册资本，此步骤表示令机器人将注册资本写入工作表"Sheet1"中的"C"+i.ToString 单元格，如图 4-74 所示。

图 4-74 【写入单元格】活动设置

（15）添加【用户界面自动化】—【元素】—【控件】类别下的【获取文本】活动，并修改名称为"获取文本(成立日期)"。单击"指出浏览器中的元素"拾取成立日期，在输出值处创建变量，命名为成立日期，变量类型为 String，范围为"企业信息查询机器人"，该变量用于存储企业的成立日期，如图 4-75、图 4-76 所示。

图 4-75 【获取文本】活动

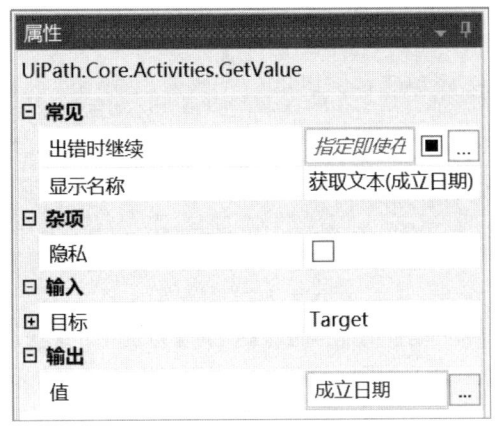

图 4-76 【获取文本】活动属性设置

(16) 添加【应用程序集成】—【Excel】类别下的【写入单元格】活动,设置目标工作表名称为"Sheet1",设置范围为"D"+i.ToString,输入值为变量成立日期,此步骤表示令机器人将企业的成立日期写入工作表"Sheet1"中的"D"+i.ToString 单元格,如图 4-77 所示。

图 4-77 【写入单元格】活动设置

(17) 添加【用户界面自动化】—【元素】—【控件】类别下的【获取文本】活动,并修改名称为"获取文本(统一社会信用代码)"。单击"指出浏览器中的元素"拾取统一社会信用代码,在输出值处创建变量,命名为统一社会信用代码,变量类型为 String,范围为"企业信息查询机器人",该变量用于存储企业的统一社会信用代码,如图 4-78、图 4-79 所示。

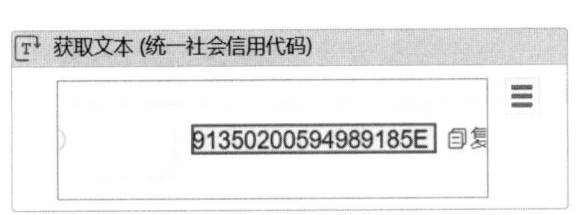

图 4-78 【获取文本】活动

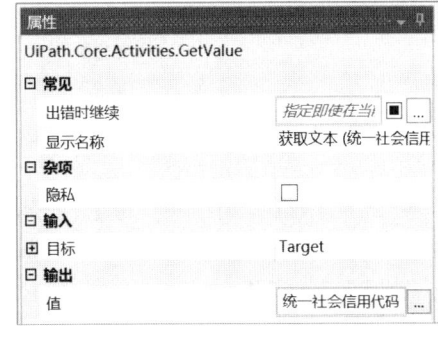

图 4-79 【获取文本】活动属性设置

(18) 添加【应用程序集成】—【Excel】类别下的【写入单元格】活动,设置目标工作表名称为"Sheet1",设置范围为"E"+i.ToString,输入值为变量统一社会信用代码,此步骤表示令机器人将企业的统一社会信用代码写入工作表"Sheet1"中的"E"+i.ToString 单元格,如图

4-80 所示。

图 4-80 【写入单元格】活动设置

（19）添加【用户界面自动化】—【元素】—【控件】类别下的【获取文本】活动，并修改名称为"获取文本（经营范围）"。单击"指出浏览器中的元素"拾取经营范围，在输出值处创建变量，命名为经营范围，变量类型为 String，范围为"企业信息查询机器人"，该变量用于存储企业的经营范围，如图 4-81、图 4-82 所示。

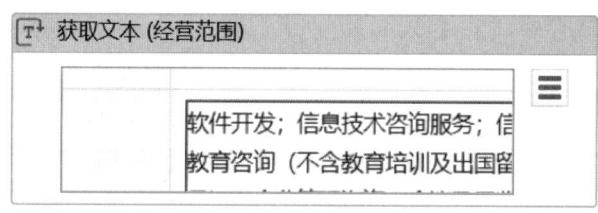

图 4-81 【获取文本】活动

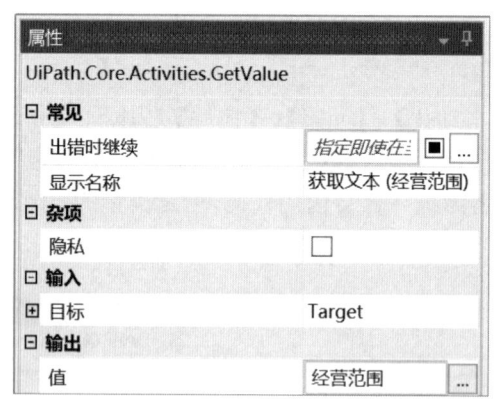

图 4-82 【获取文本】活动属性设置

（20）添加【应用程序集成】—【Excel】类别下的【写入单元格】活动，设置目标工作表名称为"Sheet1"，设置范围为"F"+i.ToString，输入值为变量经营范围，此步骤表示令机器人将经营范围写入工作表"Sheet1"中的"F"+i.ToString 单元格，如图 4-83 所示。

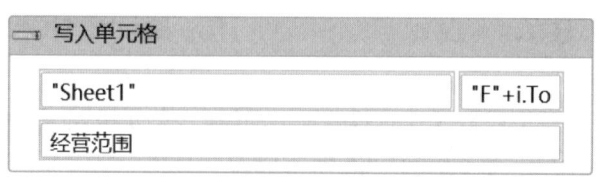

图 4-83 【写入单元格】活动设置

(21) 添加【用户界面自动化】—【浏览器】类别下的【关闭选项卡】活动,输入浏览器为变量企业信息网页,该步骤表示令机器人关闭企业信息网页,如图 4-84 所示。

(22) 添加【System】—【Activities】—【Statements】类别下的【分配】活动,设置分配表达式为 i=i+1,如图 4-85 所示。

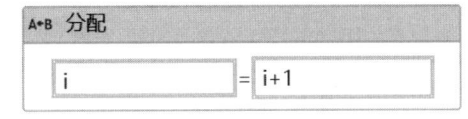

图 4-84 【关闭选项卡】活动设置　　图 4-85 【分配】活动设置

4. 运行结果

点击"调试文件"按钮,机器人会读取企业名称,搜索企业信息,将需要获取的信息写入企业信息表,如图 4-86 所示。

	A	B	C	D	E	F
1	企业名称	经营状态	注册资本	成立日期	统一社会信用代码	经营范围
2	中信证券股份有限公司	开业	1,482,054.6829万(元)	1995-10-25	914403001017814402	一般经营项目是:,许可经营项目是:证券经纪(限山东省、河南省、浙江省天台县、浙江省苍南县以外区域);证券投资咨询;与证券交易、证券投资活动有关的财务顾问;证券承销与保荐;证券自营;证券资产管理;融资融券;证券投资基金代销;为期货公司提供中间介绍业务;代销金融产品;股票期权做市.
3	永安期货股份有限公司	开业	145,555.5556万(元)	1992-09-07	913300001002099X5	商品期货经纪、金融期货经纪、期货投资咨询,资产管理,基金销售。
4	广发证券股份有限公司	开业	762,108.7664万(元)	1994-01-21	914400001263354 39C	证券经纪;证券投资咨询;与证券交易、证券投资活动有关的财务顾问;证券承销与保荐;证券自营;融资融券;证券投资基金代销;证券投资基金托管;为期货公司提供中间介绍业务;代销金融产品;股票期权做市。(依法须经批准的项目,经相关部门批准后方可开展经营活动)
5	海通证券股份有限公司	开业	1,306,420万(元)	1993-02-02	9131000013220921X6	证券经纪;证券自营;证券承销与保荐;证券投资咨询;与证券交易、证券投资活动有关的财务顾问;直接投资业务;证券投资基金代销;融资融券业务;代销金融产品;中国证监会批准的其他业务,公司可以对外投资设立子公司从事金融产品等投资业务。[依法须经批准的项目,经相关部门批准后方可开展经营活动]

图 4-86 企业信息表

任务二　Web 数据抓取功能

一、数据抓取

数据抓取可以将浏览器、应用程序或文档中的结构化数据提取到数据表。使用数据抓取功能前,先打开浏览器、应用程序或文档,并导航至想要从中提取数据的位置。然后单击 UiPath"设计"功能区中的"数据抓取"按钮,启动数据抓取向导,逐步按照向导操作就可以成功抓取到所需数据。

使用"数据抓取"功能,抓取国家税务总局税收政策的最新文件,如图 4-87 所示。

单击 UiPath"设计"功能区中的"数据抓取"按钮,在弹出的提取向导对话框中单击"下一步"按钮,接着将抓取光标悬停在数据源字段上方,单击该字段,如图 4-88、图 4-89 所示。

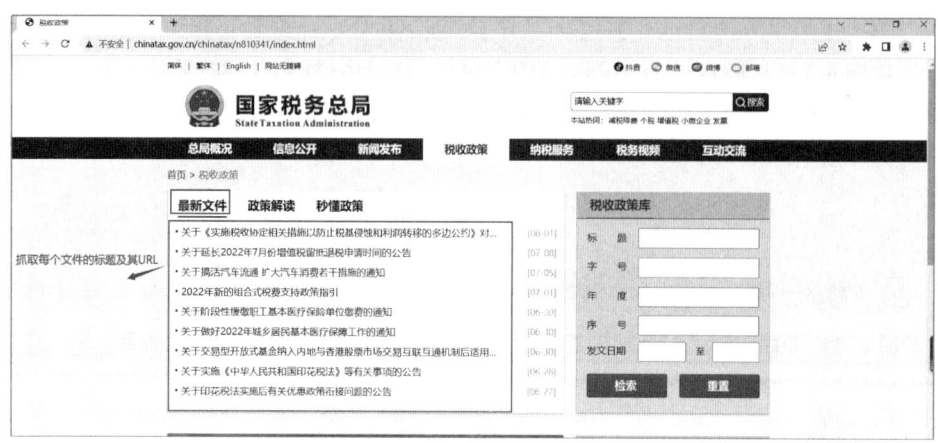

图 4-87 国家税务总局最新文件

图 4-88 提取向导

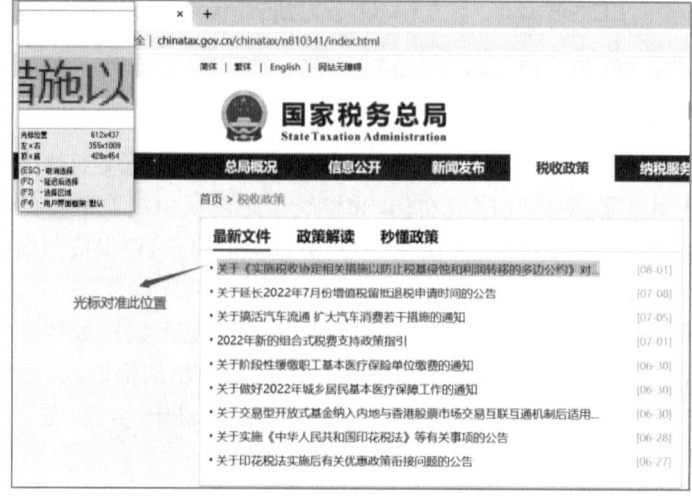

图 4-89 选择第一个元素

弹出如图 4-90 所示的对话框,继续单击"下一步"按钮,将抓取光标悬停在数据源字段上方,单击选择数据源的第二个字段,如图 4-91 所示。

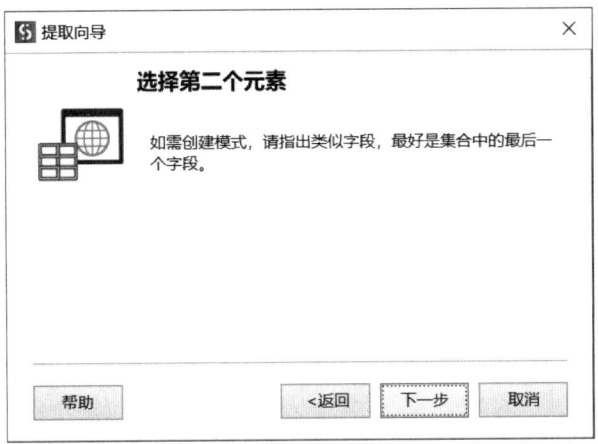

图 4-90　提取向导

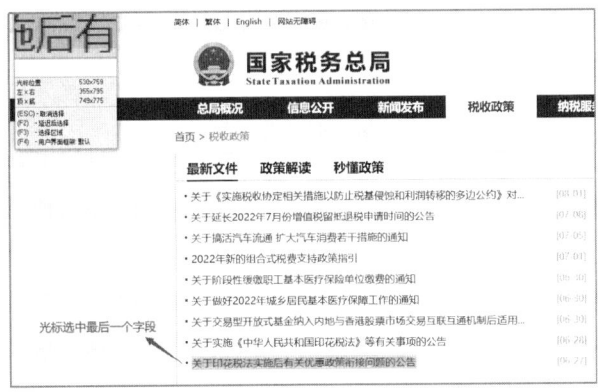

图 4-91　选择第二个元素

弹出如图 4-92 所示的提取向导,可在此自定义文本列标题,并选择是否提取所抓取数据对应的 URL,完成后继续单击"下一步"按钮。

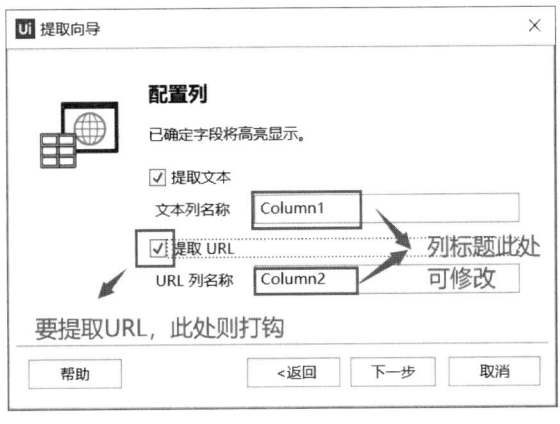

图 4-92　"配置列"设置

在提取向导对话框中,可以预览抓取到的数据,也可以编辑要提取的最大结果数(0 代表全部)或更改数据列的顺序,还可以单击"提取相关数据"按钮再次启动"提取向导"功能,接着抓取其他数据并将其作为新列添加到同一数据表中,如图 4-93 所示。

图 4-93 "提取向导"预览数据

完成数据抓取后,UiPath 会自动生成对应的抓取流程序列,可将序列提取到的数据存储在 UiPath 数据表变量中,为后续操作做好准备。例如,将数据表变量中的数据填充到数据库、Csv 文件或 Excel 电子表格中,如图 4-94 所示。

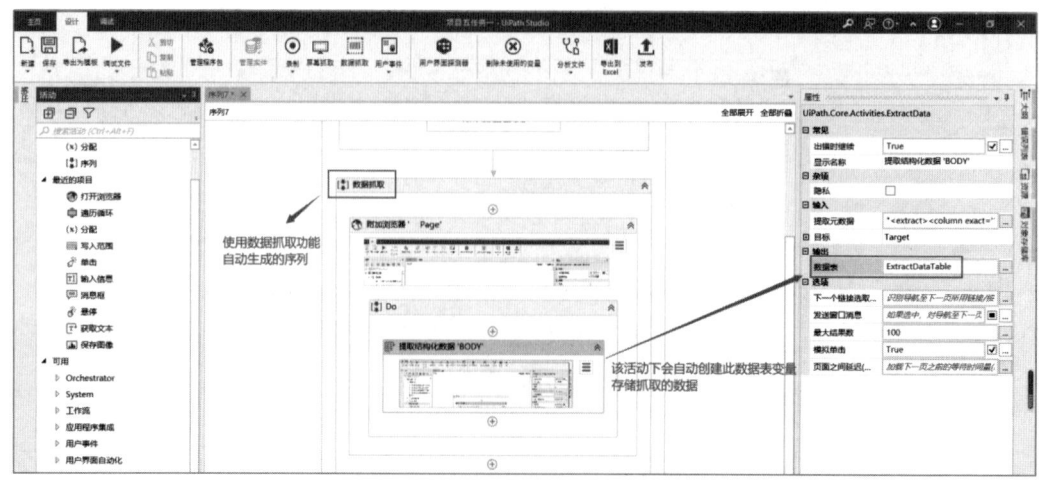

图 4-94 自动生成"数据抓取"序列

使用"数据抓取"功能,抓取以下网页中茶酒饮料行业板块的数据,如图 4-95 所示。

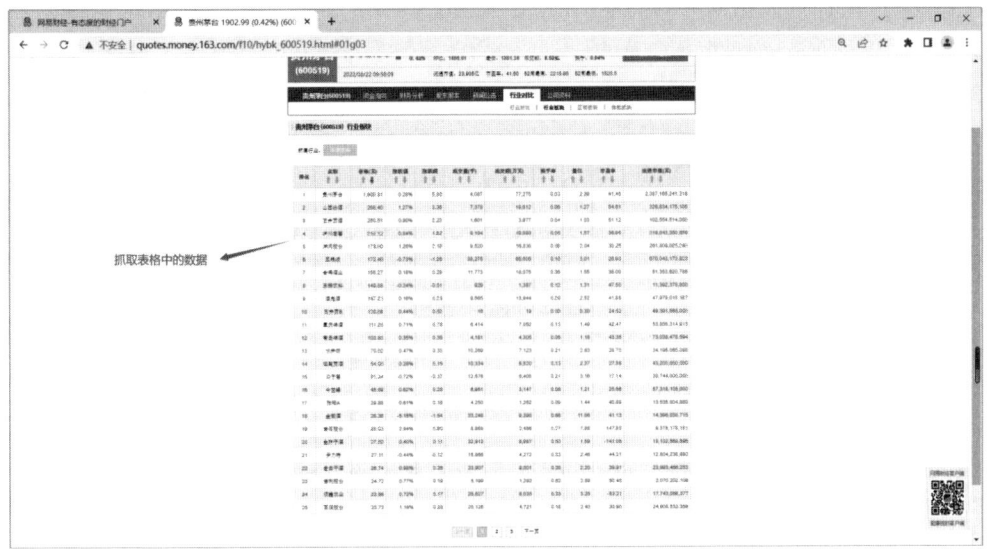

图 4-95　抓取表格中的数据

单击 UiPath"设计"功能区中的"数据抓取"按钮,在弹出的提取向导对话框中单击"下一步"按钮,接着将抓取光标悬停在表格中第一个字段,单击该字段,如图 4-96、图 4-97 所示。

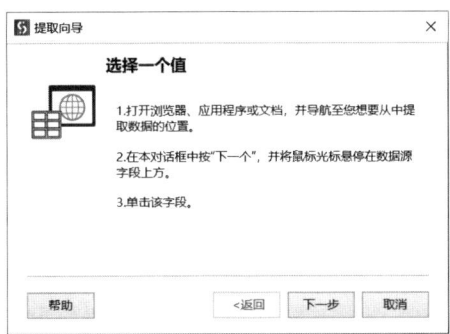

图 4-96　提取向导

图 4-97　选择第一个元素

弹出提取表提示“您已经选择了一个表格单元，是否从整个表格中提取数据?”此处点击“是”按钮即弹出预览数据向导，再点击“完成”按钮，如图 4-98、图 4-99 所示。

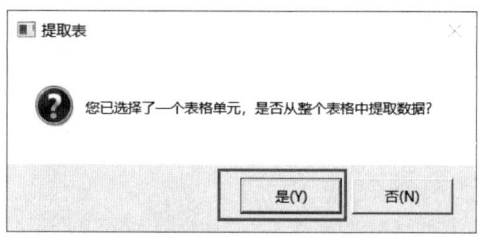

图 4-98 提取表

排名	名称	价格(元	涨跌幅	涨跌额	成交量	成交额	换手率	量比	市盈率	流通市
1	贵州茅	1,900.3	0.28%	5.30	4,087	77,275	0.03	2.39	41.45	2,387,1
2	山西汾	268.40	1.27%	3.36	7,378	19,612	0.06	1.27	54.61	326,834
3	古井贡	250.51	0.90%	2.23	1,601	3,977	0.04	1.03	51.12	102,554
4	泸州老	218.12	0.84%	1.82	9,194	19,893	0.06	1.57	36.95	319,843
5	洋河股	173.00	1.26%	2.15	9,520	16,338	0.06	2.04	30.25	261,809
6	五粮液	172.40	-0.73%	-1.26	38,275	65,605	0.10	3.01	26.93	670,043
7	舍得酒	155.27	0.18%	0.28	11,773	18,075	0.36	1.55	38.00	51,353,
8	东鹏饮	149.88	-0.34%	-0.51	929	1,387	0.12	1.31	47.50	11,392,
9	酒鬼酒	147.23	0.16%	0.23	9,565	13,944	0.29	2.52	41.85	47,979,
10	古井贡B	120.88	0.44%	0.53	16	19	0.00	0.30	24.62	49,391,
11	重庆啤	111.28	0.71%	0.78	6,414	7,052	0.13	1.49	42.47	53,856,
12	青岛啤	103.88	0.35%	0.36	4,181	4,305	0.06	1.18	43.35	73,038,
13	水井坊	70.02	0.47%	0.33	10,269	7,123	0.21	2.63	28.70	34,195,
14	迎驾贡	54.00	0.28%	0.15	10,334	5,520	0.13	2.37	27.55	43,200,
15	口子窖	51.24	-0.72%	-0.37	12,576	6,405	0.21	3.16	17.14	30,744,
16	今世缘	45.69	0.62%	0.28	6,951	3,147	0.06	1.21	25.66	57,318,
17	张裕A	29.88	0.61%	0.18	4,250	1,262	0.09	1.44	40.89	13,535,
18	金徽酒	28.38	-5.15%	-1.54	33,248	9,398	0.66	11.06	41.13	14,396,
19	岩石股	28.03	2.94%	0.80	8,989	2,486	0.27	7.88	147.53	9,375,1
20	金种子	27.52	0.40%	0.11	32,912	8,987	0.50	1.59	-141.06	18,102,
21	伊力特	27.11	-0.44%	-0.12	15,866	4,272	0.33	2.46	44.21	12,804,

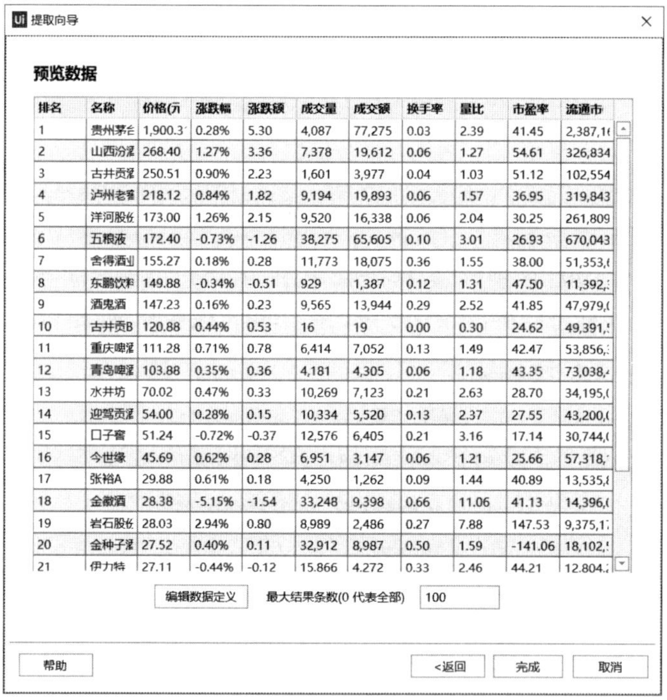

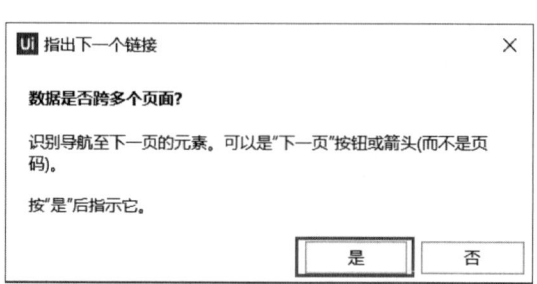

图 4-99 预览数据

弹出“指出下一个链接”向导框，由于此次提取的表格数据存在多页，所以此处点击“是”按钮，然后将光标悬停在“下一页”，单击此处，即可抓取所有页面的表格数据，如图 4-100、图 4-101 所示。

图 4-100 指出下一个链接

项目四　RPA 财务机器人 Web 应用

图 4-101　光标操作指出下一个链接

示例 1：数据抓取
> 示例描述

　　要求：设计一个机器人，将网页导航至新浪财经网五粮液的利润表界面，使用"数据抓取"功能抓取五粮液 2022 年的利润表，并写入 Excel 表格中。
　　网址：https://money.finance.sina.com.cn/corp/go.php/vFD_ProfitStatement/stockid/000858/ctrl/2021/displaytype/4.phtml
　　活动：【打开浏览器】【单击】【写入范围】

> 操作步骤

　　(1) 在序列中添加【用户界面自动化】—【浏览器】类别下的【打开浏览器】活动，输入 URL 为 "https://money.finance.sina.com.cn/corp/go.php/vFD_ProfitStatement/stockid/000858/ctrl/2021/displaytype/4.phtml"，打开该活动的属性面板，修改浏览器类型为 Chrome，如图 4-102 所示。

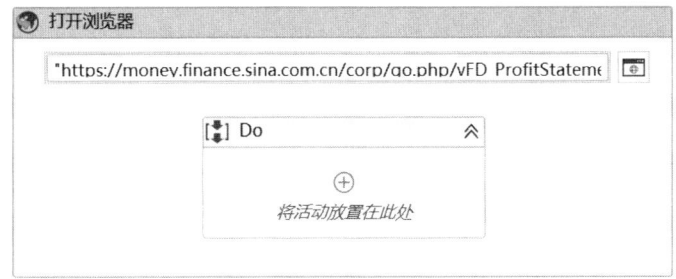

图 4-102　【打开浏览器】活动

　　(2) 在 Do 序列内添加【元素】—【鼠标】类别下的【单击】活动，单击"指出浏览器中的元素"拾取"2022"年，该步骤表示令机器人模拟用户单击"2022"年，如图 4-103 所示。

185

图 4-103 【单击】活动指出"2022"年

（3）单击 UiPath"设计"功能区的"数据抓取"按钮，弹出"提取向导"对话框，单击"下一步"按钮，准备选取要抓取的数据区域，如图 4-104、图 4-105 所示。（注意：在单击"数据抓取"按钮前，先单击 Do 序列或者【单击】活动，使得"数据抓取"序列添加在【单击】活动之后）

图 4-104 "设计"功能区的数据抓取

图 4-105 "提取向导"选择一个值

（4）接着鼠标单击五粮液利润表的第一个数据单元，即所选数据区域的第一个字段，如图 4-106 所示。

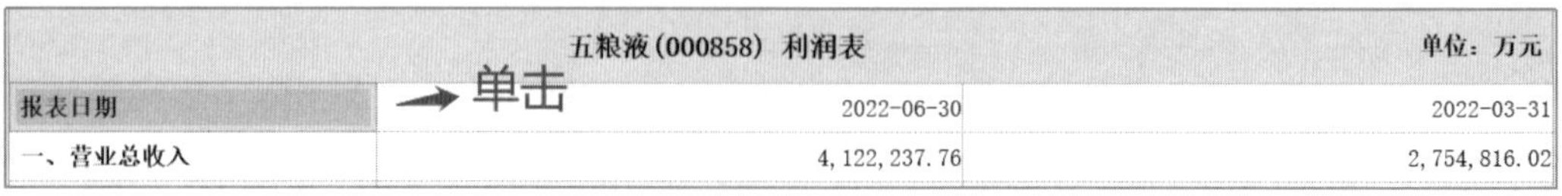

图 4-106 利润表的第一个数据单元

（5）由于上一步单击鼠标抓取的第一个字段是表格中的一个单元格，故向导接着自动弹出一个"提取表"对话框，单击"是"即弹出预览数据向导。如果要获取页面上所有数据，可在"最大结果条数"处输入 0(0 代表全部数据),再点击"完成"按钮完成当前网页数据的抓取,如图 4-107、图 4-108 所示。

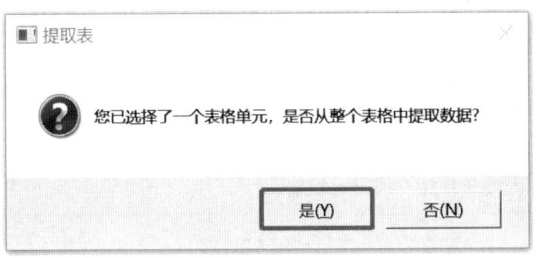

图 4-107　提取表

图 4-108　"提取向导"的预览数据

(6)接着会弹出一个"指出下一个链接"向导框,由于此次提取的表格数据只有一页,所以此处点击"否"按钮,如图 4-109 所示。

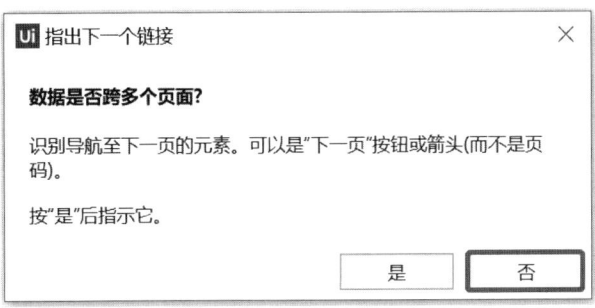

图 4-109　指出下一个链接

（7）数据抓取完成后，Uipath会自动生成"数据抓取"序列，如图4-110所示。其中，【提取结构化数据】活动会自带一个名为ExtractDataTable的数据表变量，该变量用来接收抓取的利润表数据。但该变量默认的范围是仅在"数据抓取"活动中有效，为了在后续活动中继续使用该变量的值，此处将变量范围修改为"序列"，如图4-111所示。

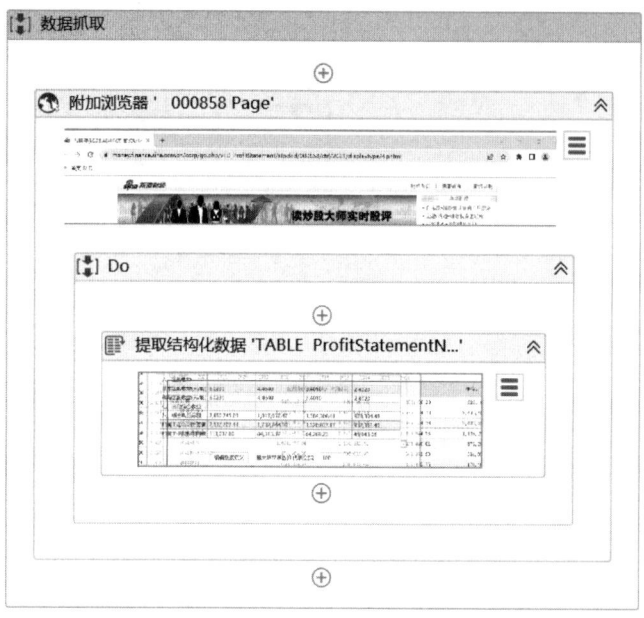

图4-110 "数据抓取"序列

名称	变量类型	范围	默认值
ExtractDataTable	DataTable	序列	New System.Data.DataTable

图4-111 变量面板

（8）在"数据抓取"序列下添加【文件】—【工作簿】类别下的【写入范围】活动，输入工作簿路径为"利润表.xlsx"，目标工作表名称为"Sheet1"，起始单元格为"A1"，输入数据表为ExtractDataTable。该步骤表示令机器人将存储在变量ExtractDataTable中的数据写入"利润表.xlsx"文件的"Sheet1"工作表中，从"A1"单元格开始写入，如图4-112所示。

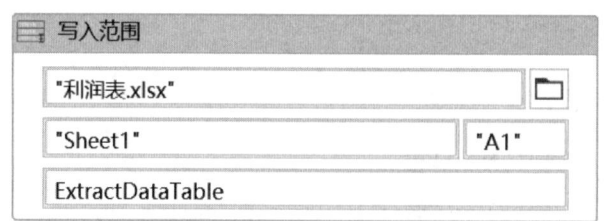

图4-112 【写入范围】活动

> 运行结果

运行结果如图4-113所示。

	A	B	C
1	报表日期	2022-06-30	2022-03-31
2	一、营业总收入	4,122,237.76	2,754,816.02
3	营业收入	4,122,237.76	2,754,816.02
4	二、营业总成本	2,024,541.75	1,240,054.93
5	营业成本	951,430.57	594,817.16
6	营业税金及附加	578,447.03	389,711.47
7	销售费用	421,281.10	203,317.20
8	管理费用	163,240.61	98,042.71
9	财务费用	-100,060.44	-51,330.86
10	研发费用	10,202.88	5,497.24
11	资产减值损失	--	--
12	公允价值变动收益	--	--
13	投资收益	4,394.69	--
14	其中:对联营企业和合营企业的投资收益	4,394.69	--
15	汇兑收益	--	--
16	三、营业利润	2,107,730.88	1,516,849.33
17	加:营业外收入	1,682.50	590.41
18	减：营业外支出	4,913.36	3,799.32
19	其中：非流动资产处置损失	--	--
20	四、利润总额	2,104,500.02	1,513,640.42
21	减：所得税费用	519,536.35	376,544.25
22	五、净利润	1,584,963.67	1,137,096.17

Sheet1

图 4-113　五粮液 2022 年的利润表

二、屏幕抓取

“屏幕抓取”功能是使用全文、原生或 OCR 方法从指定用户界面元素或文档中提取数据的方法。该功能是【用户界面自动化】—【文本】—【屏幕抓取】类别下的【获取全文本】活动和【获取可见文本】活动及【用户界面自动化】—【OCR】—【屏幕抓取】类别下的【获取 OCR 文本】活动的综合，如图 4-114 所示。

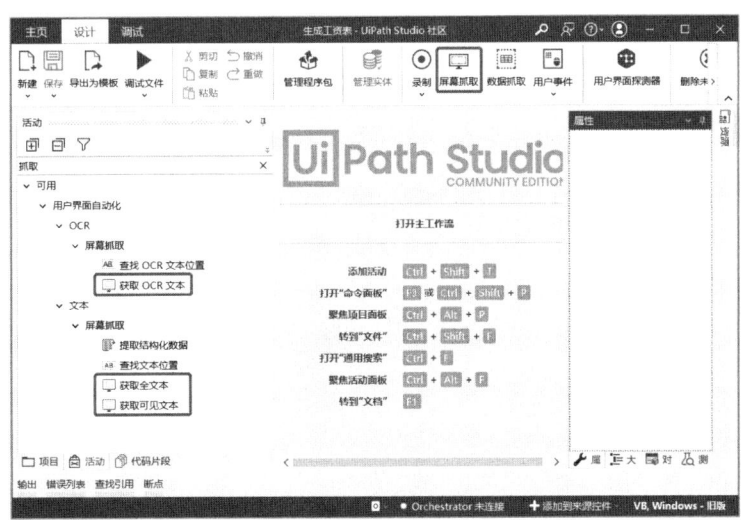

图 4-114　【屏幕抓取】类别下的活动

例如，使用“屏幕抓取”功能，抓取 UiPath 官网中关于机器人流程自动化的介绍文字，如图 4-115 所示。

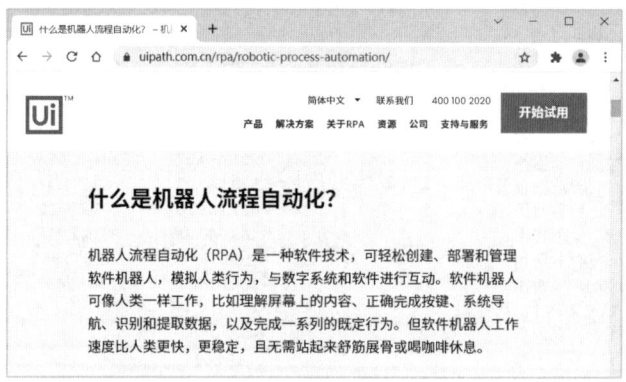

图 4-115　机器人流程自动化介绍

先单击"屏幕抓取"功能，在要抓取的界面上按下鼠标左键并拖动鼠标选中要抓取的文字，如图 4-116 所示。

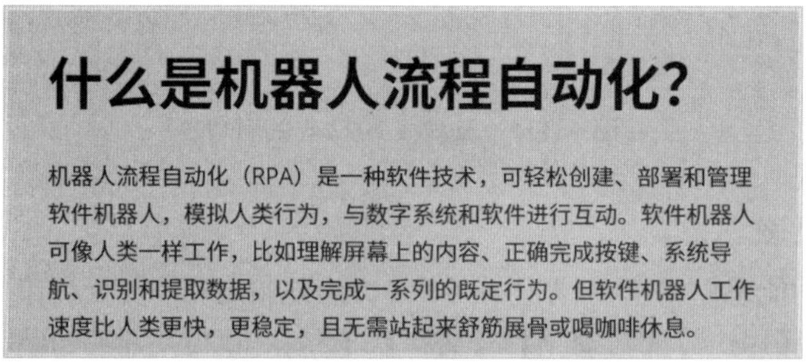

图 4-116　【屏幕抓取】机器人流程自动化介绍

接着松开鼠标左键，会出现屏幕抓取器向导。向导界面的左侧是抓取结果预览，右侧可以选择抓取方法（原生、全文、OCR），不同的抓取方法对应的抓取选项设置也不同，如图 4-117 所示。

图 4-117　屏幕抓取器向导

完成抓取后,UiPath 会自动生成相应的操作序列,此处抓取方法选择的是全文,所以生成的序列中对应的活动为【获取全文本】,如图 4-118 所示。

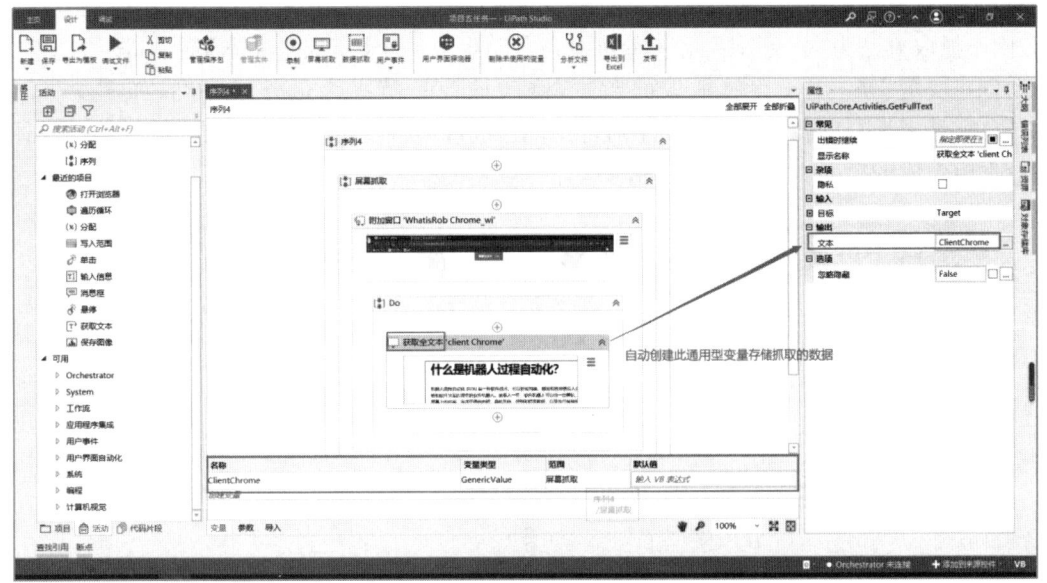

图 4-118 "获取全文本"序列

示例 2:屏幕抓取
➤ 示例描述

要求:设计一个机器人,将网页导航至国家税务总局官网中"中华人民共和国个人所得税法"介绍界面,使用"屏幕抓取"功能抓取"中华人民共和国个人所得税法",并创建一个文本文档将抓取的数据写入该文档。

网址:http://www.chinatax.gov.cn/chinatax/n810341/c101340/c101301/c101302/c5003550/content.html

活动:【打开浏览器】【写入文本文件】

➤ 操作步骤

(1)在序列中添加【用户界面自动化】—【浏览器】类别下的【打开浏览器】活动,输入 URL 为 " http://www.chinatax.gov.cn/chinatax/n810341/c101340/c101301/c101302/c5003550/content.html",打开该活动的属性面板,修改浏览器类型为 Chrome,如图 4-119 所示。

图 4-119 【打开浏览器】活动

（2）将网页导航至"中华人民共和国个人所得税法"介绍界面，单击 Do 序列，再单击"设计"功能区的"屏幕抓取"功能，选择需要抓取的区域，然后会弹出"屏幕抓取向导"，抓取方法默认"全文"，此处不修改，点击"完成"按钮。完成抓取后，UiPath 会自动生成相应的操作序列，由于抓取方法为"全文"，因此该序列中会自动生成一个【获取全文本】活动，该活动下会自动创建变量 Div，用于存储抓取的数据，修改该变量范围为最外层序列，如图 4-120、图 4-121 所示。（注意：先单击 Do 序列，再单击"设计"功能区的"屏幕抓取"功能，会将抓取完数据后生成的序列生成在 Do 序列内）

图 4-120 "设计"功能区的屏幕抓取

图 4-121 "获取全文本"序列

（3）在"屏幕抓取"序列下添加【系统】—【文件】类别下的【写入文本文件】活动，输入文本为变量 Div，写入文件名为"中华人民共和国个人所得税法.txt"。该步骤表示令机器人将屏幕抓取到的文本写入至文本文件中，如图 4-122 所示。

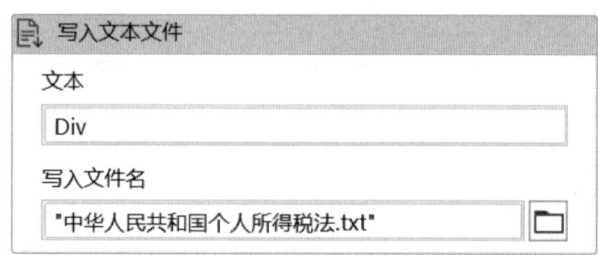

图 4-122 【写入文本文件】活动设置

➢ 运行结果

运行结果如图 4-123 所示。

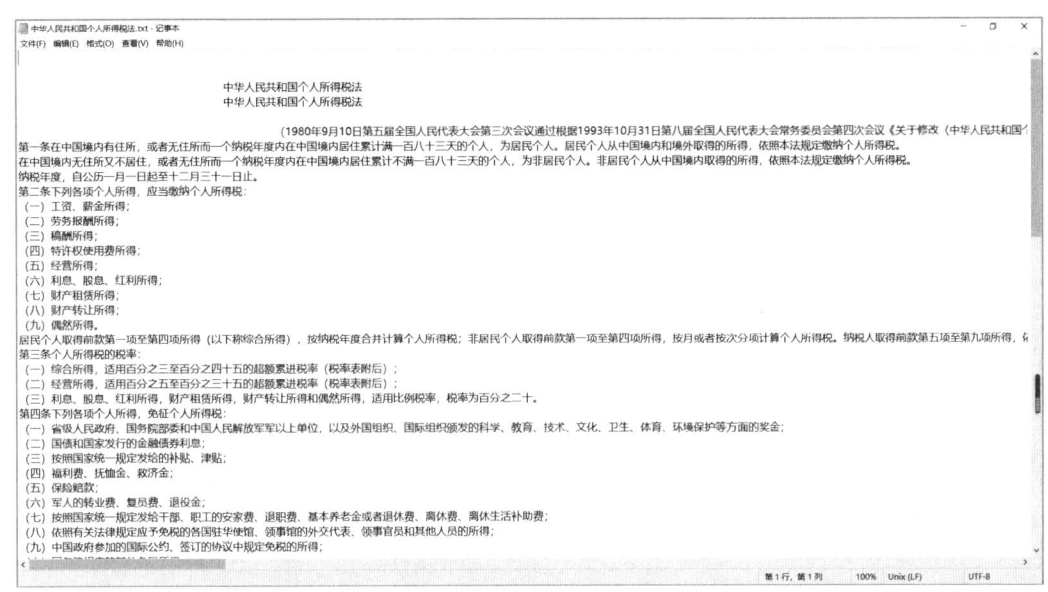

图 4-123　部分文件截图

技能训练 1　抓取招聘信息机器人

1. 案例描述

招聘是 HR 的日常工作。近日厦门云集股份有限公司的 HR 遇到一些难题，她说"用人部门提出的用人要求过高，在市场上根本找不到这样的候选人。或者找到这样的人，但是公司给出的薪资又达不到对方要求"，这样导致她很难制订出合理的招聘计划。为此，让我们帮助该 HR 设计一个抓取招聘信息机器人，抓取招聘网站不同岗位的招聘信息，为该 HR 定制招聘需求提供参考。

2. 案例开发

（1）打开主工作流，在主工作流中添加序列，并将该序列的名称修改为"抓取招聘信息机器人"，如图 4-124 所示。

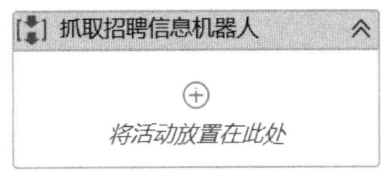

图 4-124　添加"抓取招聘信息机器人"序列

（2）在"抓取招聘信息机器人"中添加【系统】—【对话框】类别下的【输入对话框】活动，输入对话框标题为"抓取招聘信息机器人"，输入标签为"请输入要抓取的岗位名称"。在已输入的值处创建变量，命名为岗位名称，变量类型为 String，范围为"抓取招聘信息机器人"，该变量用于存储输入的岗位名称,如图 4-125 所示。

图 4-125 【输入对话框】活动设置

(3) 添加【用户界面自动化】—【浏览器】类别下的【打开浏览器】活动,输入 URL 为"https://www.zhaopin.com/",修改浏览器类型为 Chrome,如图 4-126 所示。

图 4-126 【打开浏览器】活动

(4) 在 Do 序列内添加【用户界面自动化】—【元素】—【键盘】类别下的【输入信息】活动,并修改名称为:输入信息(岗位名称)。单击"指出浏览器中的元素"拾取"搜索框",输入文本为变量"岗位名称"。该步骤表示令机器人模拟用户在网页搜索框内输入岗位名称,如图 4-127 所示。

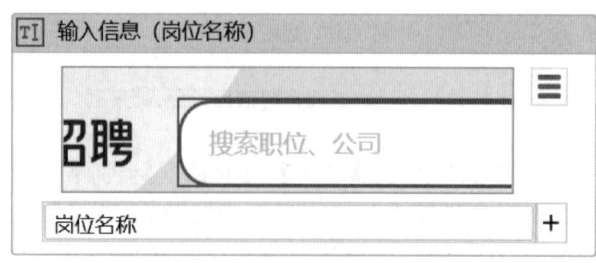

图 4-127 【输入信息】活动设置

（5）添加【元素】—【鼠标】类别下的【单击】活动，并修改该活动名称为"单击（搜索）"，单击"指出浏览器中的元素"拾取"搜索"按钮。该步骤表示令机器人模拟用户单击"搜索"按钮进行搜索，如图 4-128 所示。

图 4-128　单击（搜索）

（6）先将网页导航至智联招聘网站，然后再单击"设计"功能区的"数据抓取"按钮。弹出"提取向导框"，点击"下一步"按钮，抓取的第一个选项为第一条招聘信息的岗位名称，再点击"下一步"按钮，第二个选项为最后一条招聘信息的岗位名称。完成选取后勾选提取URL，单击"下一步"按钮，可在"最大结果条数"处输入 0（0 代表全部数据），如果还要提取招聘信息的相关数据，点击提取相关数据，再进行相同操作抓取数据。相关数据抓取完成后，点击完成，会弹出"指出下一个链接"向导框，若数据跨多页，点击"是"按钮，再拾取浏览器中的"下一页"按钮；若数据未跨多页，点击"否"按钮即可。完成数据抓取后，UiPath 会自动在【单击】活动后生成"数据抓取"序列，如图 4-129 所示。（注意：数据抓取完成后，【提取结构化数据】活动会自带一个名为 ExtractDataTable 的数据表变量，该变量用来接收抓取的招聘信息数据，由于该变量默认的范围是仅在"数据抓取"活动中有效，为了在后续活动中继续使用该变量的值，此处将变量范围修改为"抓取招聘信息机器人"）

图 4-129　"数据抓取"序列

（7）在【打开浏览器】活动后添加【文件】—【工作簿】类别下的【写入范围】活动，并修改名称为：写入范围（抓取信息）。输入工作簿路径为"岗位招聘信息.xlsx"，设置目标工作表名称为"Sheet1"，起始单元格为"A1"，输入数据表为ExtractDataTable。该步骤表示令机器人将抓取到的信息写入"岗位招聘信息.xlsx"文件中的"Sheet1"工作表中，如图4-130所示。

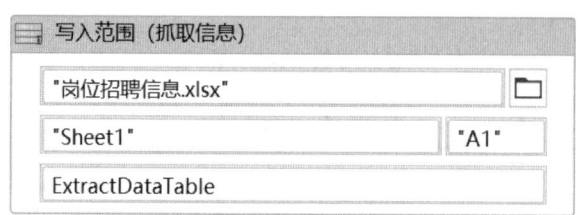

图4-130 【写入范围】活动设置

【运行结果】

以会计主管为例，点击调试文件，根据弹出的输入对话框输入岗位名称"会计主管"，然后抓取岗位名称、网址、薪资、工作年限、学历要求、招聘公司，如图4-131所示。

图4-131 岗位招聘信息

技能训练2 RPA数据抓取机器人

1. 案例描述

企业在进行数据分析前，首要任务就是获取数据。如果要获取网上大批量的数据，一般是通过手动下载的方式。但是要知道并非所有网站都允许下载,如果进行手动复制显然是非常低效的,那么能不能让RPA来帮助企业完成这个工作呢?例如现在设计一个"RPA数据抓取机器人"帮助企业获取一个行业板块数据。

2. 案例要求

(1) 机器人先接收要获取的行业板块名称。

(2) 进入东方财富网,在网页中输入该行业板块名称,获取该行业板块的数据,并将数据保存到Excel文件中。

(3) 把完成的RPA数据抓取机器人在本地进行发布。

3. 案例开发

1) 添加【输入对话框】活动

在序列内添加一个【输入对话框】活动,输入对话框标题为"RPA数据抓取机器人",输入标签为"请输入需要获取数据的行业板块名称"。在该活动属性面板的输出结果处创建变量name,此变量用于接收输入的行业板块名称。此步骤功能是在执行该机器人时,告诉机器人要获取哪个行业板块数据,如图4-132所示。

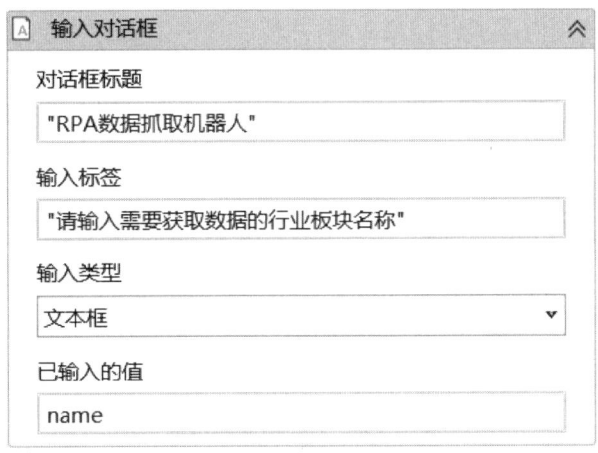

图4-132 【输入对话框】活动设置

2) 添加【打开浏览器】活动

(1) 添加一个【打开浏览器】活动,输入网址为"https://www.eastmoney.com/",更改浏览器类型为谷歌浏览器。此步骤功能使机器人模拟用户打开东方财富网,如图4-133所示。

图4-133 【打开浏览器】活动

(2) 在 Do 序列内添加【设置文本】活动，并修改该活动名称为"设置文本（行业板块名称）"。单击该活动的"指出浏览器中的元素"，并在东方财富网主页中拾取搜索框元素，输入文本为变量 name，即将保存在 name 变量中的值赋值给此搜索文本框，以支持后续搜索活动的进行。此步骤是令机器人模拟用户操作将行业板块名称输入搜索框内，如图 4-134 所示。（注意：设计流程时需要手动导航到相应网页，以支持 UiPath 在网页中拾取操作对象。从（2）到（4）的流程设计中，采用的是在东方财富网主页中搜索"酿酒行业"为流程设计进行导航）

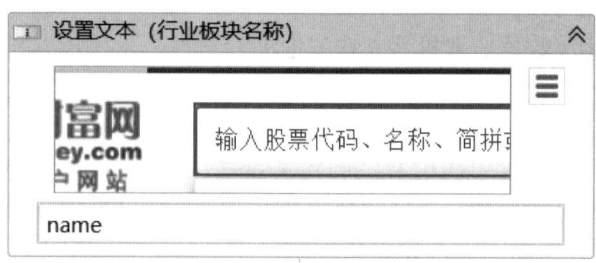

图 4-134 【设置文本】活动设置

(3) 继续在 Do 序列内添加【单击】活动，并修改该活动名称为"单击（行业板块名称）"。单击该活动的"指出浏览器中的元素"，拾取下拉框中行业板块名称。接着，打开编辑选取器，将动态属性值使用变量 name 替换。此步骤的功能是令机器人模拟用户单击行业板块名称的操作，如图 4-135、图 4-136 所示。

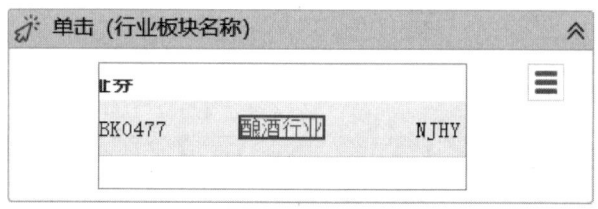

图 4-135 【单击】活动设置

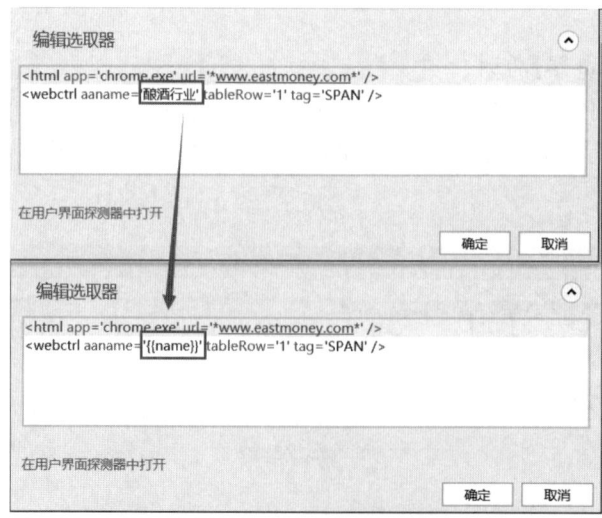

图 4-136 【单击】活动编辑选取器设置

(4) 继续在 Do 序列内添加【单击】活动,并修改该活动名称为"单击(查看更多数据)"。单击该活动的"指出浏览器中的元素",用鼠标拾取"点击查看更多数据"。接着,打开编辑选取器,将 title 中的动态属性值使用通配符 * 替换。此步骤功能是令机器人模拟用户单击查看更多数据的操作,如图 4-137、图 4-138 所示。

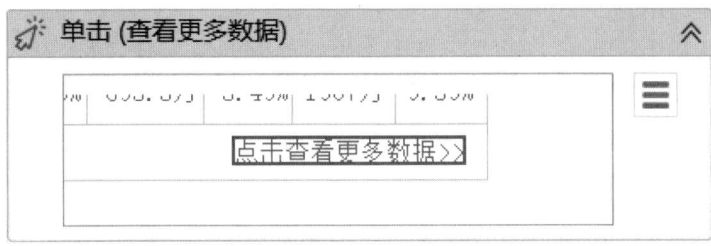

图 4-137 【单击】活动

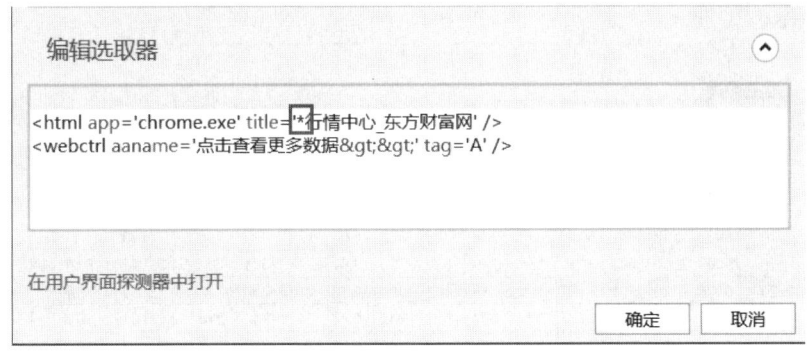

图 4-138 【单击】活动编辑选取器设置

3) 数据抓取

接下来设计从东方财富网的行业板块中抓取行业数据的流程,以使机器人能自动获取行业板块的所有数据。数据抓取包括 5 个小步骤。

(1) 单击 UiPath"设计"功能区中的"数据抓取"按钮,弹出"提取向导"对话框,单击其中的"下一步"按钮,准备选取要抓取的数据区域。接着用鼠标单击行业板块数据表的第一个数据单元,即所选数据区域的第一个字段,如图 4-139 所示。

序号	代码	名称	相关	最新价	今日涨跌幅	今日主力净流入		今日超大单净流入		今日大单净流入		今日中单净流入		今日小单净流入	
						净额	净占比	净额	净占比	净额	净占比	净额	净占比	净额	净占比
1	600809	山西汾酒	详情 数据 股吧	245.56	0.59%	5448.27万	2.49%	4196.89万	1.92%	1251.38万	0.57%	-4421.84万	-2.02%	-1026.43万	-0.47%
2	000596	古井贡酒	详情 数据 股吧	286.43	-1.54%	3366.61万	6.64%	3927.06万	7.74%	-560.45万	-1.10%	-4947.31万	-9.75%	1580.70万	3.12%
3	600132	重庆啤酒	详情 数据 股吧	118.68	-3.69%	2118.50万	3.29%	307.31万	0.48%	1811.29万	2.81%	-2965.15万	-4.60%	846.55万	1.31%

图 4-139 单击第一个数据单元

(2) 由于上一步单击鼠标抓取的第一个字段是表格中的一个单元,故向导接着自动弹出一个"提取表"对话框,询问"您已经选择了一个表格单元,是否从整个表格中提取数据?",单击"是"按钮即可自动获取该表格中的其他数据,如图 4-140 所示。

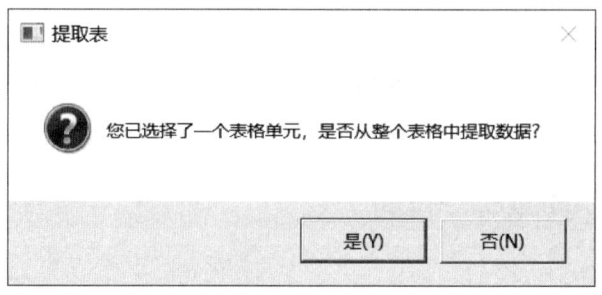

图 4-140　提取表

（3）接下来,"提取向导"给出了所抓取数据的预览界面,在此界面可以设置所要抓取的数据条数,如果要获取该页面的所有数据,可在"最大结果条数"处输入 0(0 代表全部数据),单击"完成"按钮完成当前网页数据的抓取,如图 4-141 所示。

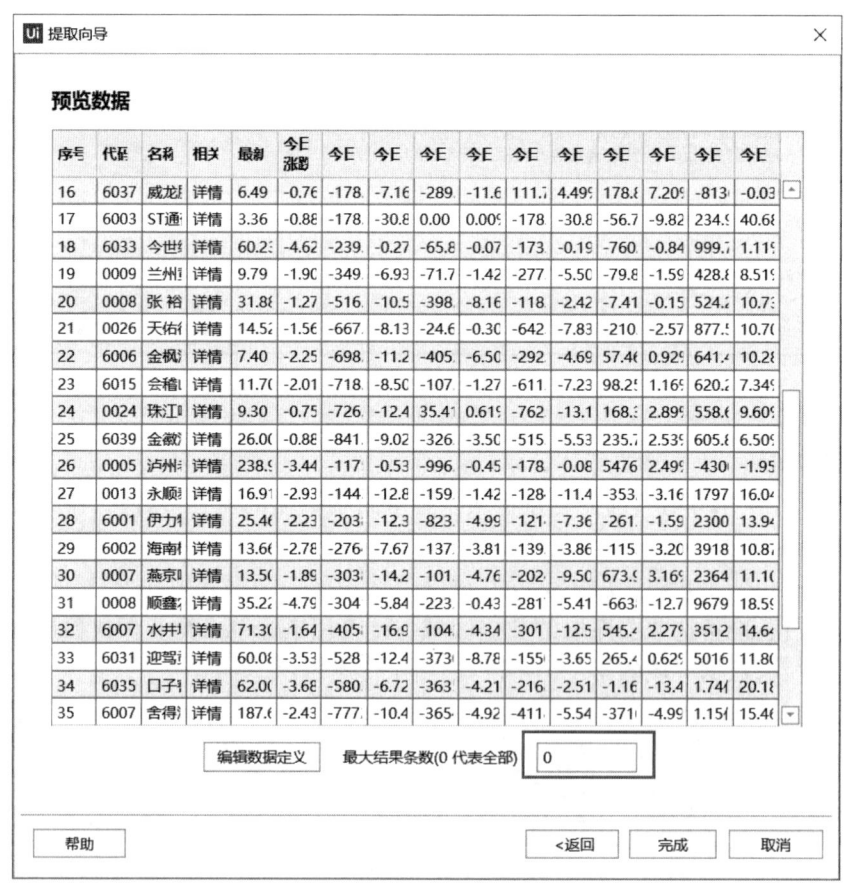

图 4-141　"提取向导"的预览数据

（4）"提取向导"接着会弹出"指出下一个链接"对话框。如果要获取的网页数据跨多个页面,就要单击此对话框中的"是"按钮,然后用鼠标单击网页中的"下一页"按钮。此处流程选择否,抓取一页数据,如图 4-142 所示。

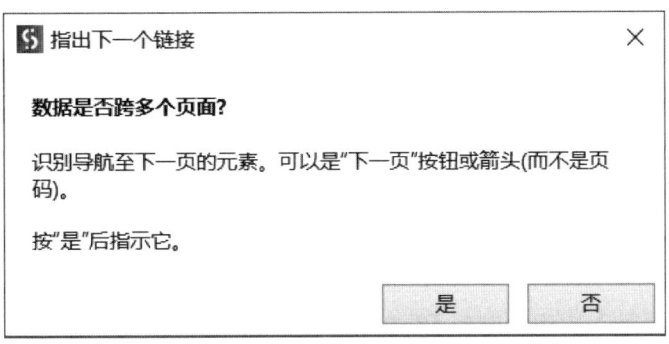

图 4-142　指出下一个链接

(5) 数据抓取完成后,UiPath 会自动生成数据抓取序列。其中,【提取结构化数据】活动会自带一个名为 ExtractDataTable 的数据表变量,该变量用来接收抓取的数据,但该变量默认的范围是仅在"数据抓取"活动中有效,为了在后续活动中继续使用该变量的值,此处将该变量的范围修改为"RPA 数据抓取机器人",如图 4-143、图 4-144 所示。

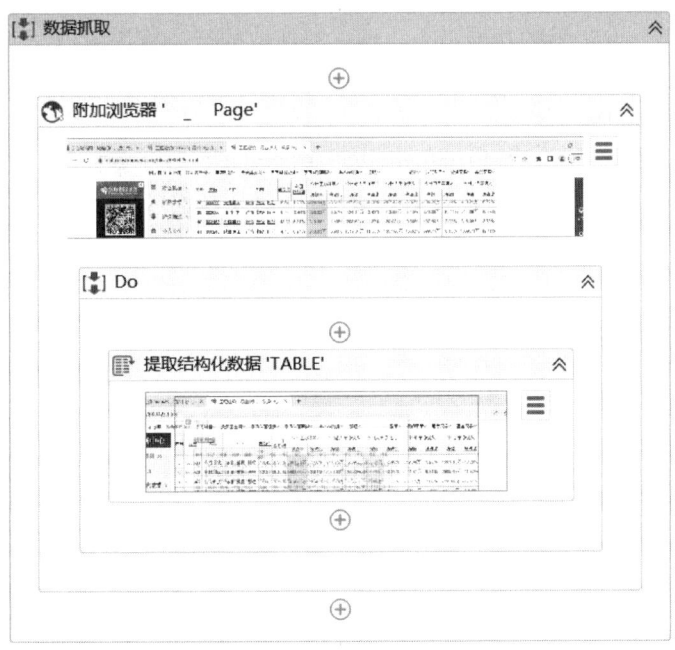

图 4-143　"数据抓取"序列

名称	变量类型	范围	默认值
name	String	RPA数据抓取机器人	输入 VB 表达式
ExtractDataTable	DataTable	RPA数据抓取机器人	New System.Data.DataTable
创建变量			

图 4-144　"数据抓取"生成变量

注意:【附加浏览器】活动选取器属性也有一段动态字符串属性,此处把其对应的选取器 title 中的动态内容用通配符 * 替换,如图 4-145 所示。

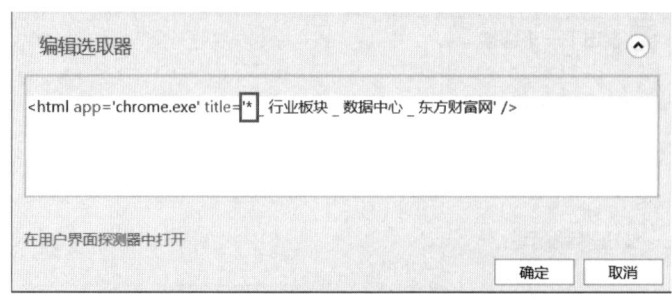

图 4-145 【附加浏览器】活动的编辑选取器

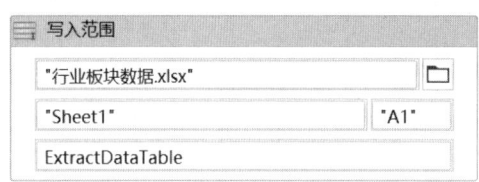

图 4-146 【写入范围】活动设置

4）将抓取的数据写入 Excel 文件

继续在序列内添加一个【系统】—【文件】—【工作簿】类别下的【写入范围】活动，文件路径为"行业板块数据.xlsx"，写入数据为数据表变量 ExtractDataTable。注意该活动属性面板的“添加标头”选项要打勾，否则写入到 Excel 文件中的数据不会添加列名。此步骤的功能是令机器人将抓取的行业板块数据写入"行业板块数据.xlsx"文件的 Sheet1 工作表的从 A1 开始的一片区域内，如图 4-146 所示。

5）调试机器人流程

流程设计完成后，单击“设计”功能区中的“调试文件”，启动流程调试，流程执行结束后，在“RPA 数据抓取机器人”项目文件夹下打开"行业板块数据.xlsx"文件，会看到从网上抓取的数据已写入 Excel 表中，如图 4-147 所示。

序号	代码	名称	相关	最新价	今日涨跌幅	今日主力净流	今日主力净流	今日超大单净	今日超大单净	今日大单净流	今日大单净流	今日中单净流	今日中单净流	今日小单净流	今日小单净流入 净占比
1	600809	山西汾酒	详情 数据 股	247.54	1.41%	3524.26万	2.25%	391.88万	0.25%	3132.38万	2.00%	-973.42万	-0.62%	-2550.84万	-1.63%
2	000596	古井贡酒	详情 数据 股	286.45	-1.53%	2959.61万	8.22%	3305.54万	9.18%	-345.93万	-0.96%	-4711.19万	-13.08%	1751.58万	4.86%
3	600132	重庆啤酒	详情 数据 股	119.00	-3.43%	1275.91万	3.22%	334.97万	0.84%	940.94万	2.37%	-2931.82万	-7.39%	1655.91万	4.17%
4	002568	百润股份	详情 数据 股	42.67	-2.89%	902.89万	7.36%	639.07万	5.21%	263.82万	2.15%	-336.18万	-2.74%	-566.71万	-4.62%
5	600600	青岛啤酒	详情 数据 股	119.19	-4.13%	448.39万	1.06%	136.51万	0.32%	311.88万	0.74%	-293.83万	-0.69%	-154.56万	-0.37%
6	600573	惠泉啤酒	详情 数据 股	12.66	-1.33%	300.92万	6.90%	486.31万	11.15%	-185.39万	-4.25%	-55.71万	-1.28%	-245.21万	-5.62%
7	600696	岩石股份	详情 数据 股	26.54	0.61%	140.71万	10.91%	72.45万	5.62%	68.26万	5.29%	-41.11万	-3.19%	-99.60万	-7.72%
8	600084	中葡股份	详情 数据 股	7.30	-0.68%	44.87万	3.44%	-3.29万	-0.25%	48.16万	3.69%	156.85万	12.01%	-201.71万	-15.45%
9	200596	古井贡B	详情 数据 股	138.56	0.26%	23.63万	14.81%	0.00	0.00%	23.63万	14.81%	23.51万	14.74%	-47.14万	-29.55%
10	200869	张裕B	详情 数据 股	12.00	0.17%	0.00	0.00%	0.00	0.00%	0.00	0.00%	18.70万	41.61%	-18.70万	-41.61%
11	600365	ST通葡	详情 数据 股	3.36	-0.88%	-34.64万	-13.87%	0.00	0.00%	-34.64万	-13.87%	-86.31万	-34.55%	120.96万	48.41%
12	000995	*ST皇台	详情 数据 股	17.22	0.94%	-42.51万	-2.08%	0.00	0.00%	-42.51万	-2.08%	130.77万	6.40%	-88.26万	-4.32%
13	002304	洋河股份	详情 数据 股	155.02	-0.44%	-67.62万	-0.11%	-479.55万	-0.80%	411.93万	0.68%	-8069.81万	-13.38%	8137.42万	13.49%
14	600543	莫高股份	详情 数据 股	4.92	-1.40%	-118.79万	-9.87%	-5.08万	-0.42%	-113.71万	-9.45%	1.14万	0.09%	117.65万	9.77%
15	000752	*ST西发	详情 数据 股	3.84	0.26%	-132.62万	-33.60%	0.00	0.00%	-132.62万	-33.60%	90.25万	22.87%	42.37万	10.74%
16	000929	兰州黄河	详情 数据 股	9.76	-2.20%	-254.43万	-8.77%	0.00	0.00%	-254.43万	-8.77%	-4.41万	-0.15%	258.85万	8.92%
17	002461	珠江啤酒	详情 数据 股	9.28	-0.96%	-269.21万	-8.42%	0.00	0.00%	-269.21万	-8.42%	165.52万	5.18%	103.69万	3.24%
18	603779	威龙股份	详情 数据 股	6.43	-1.68%	-270.79万	-16.41%	-362.95万	-22.00%	92.16万	5.59%	277.71万	16.83%	-6.93万	-0.42%
19	600059	古越龙山	详情 数据 股	9.91	-0.90%	-396.28万	-8.74%	37.48万	0.83%	-433.75万	-9.56%	133.55万	2.94%	262.72万	5.79%
20	002646	天佑德酒	详情 数据 股	14.47	-1.90%	-424.71万	-7.71%	-24.63万	-0.45%	-400.08万	-7.26%	-98.05万	-1.78%	522.76万	9.49%
21	601579	会稽山	详情 数据 股	11.74	-1.68%	-455.30万	-9.30%	-112.65万	-2.30%	-342.65万	-7.00%	108.44万	2.22%	346.86万	7.09%
22	000869	张裕A	详情 数据 股	31.96	-1.02%	-485.99万	-15.40%	-398.69万	-12.63%	-87.30万	-2.77%	123.78万	3.92%	362.21万	11.47%
23	603369	今世缘	详情 数据 股	60.41	-4.34%	-668.89万	-1.49%	-910.60万	-2.03%	241.71万	0.54%	-2813.59万	-6.28%	3482.48万	7.78%
24	600616	金枫酒业	详情 数据 股	7.39	-2.38%	-707.53万	-18.49%	-266.96万	-6.98%	-440.57万	-11.51%	229.57万	6.00%	477.96万	12.49%
25	603919	金徽酒	详情 数据 股	25.83	-1.52%	-809.49万	-13.98%	-279.53万	-4.83%	-529.96万	-9.15%	60.95万	1.05%	748.54万	12.92%
26	000729	燕京啤酒	详情 数据 股	13.60	-1.16%	-817.21万	-7.55%	-440.42万	-4.07%	-376.80万	-3.48%	180.46万	1.67%	636.75万	5.88%
27	000860	顺鑫农业	详情 数据 股	35.55	-3.89%	-896.92万	-3.64%	-405.23万	-1.65%	-491.70万	-2.00%	-2588.22万	-10.52%	3485.14万	14.16%
28	001338	永顺泰	详情 数据 股	16.89	-3.04%	-1222.59万	-14.35%	-159.29万	-1.87%	-1063.30万	-12.48%	-402.74万	-4.73%	1625.33万	19.08%
29	600197	伊力特	详情 数据 股	25.46	-2.23%	-1875.74万	-17.79%	-250.21万	-2.37%	-1625.53万	-15.42%	-30.16万	-0.29%	1905.89万	18.08%

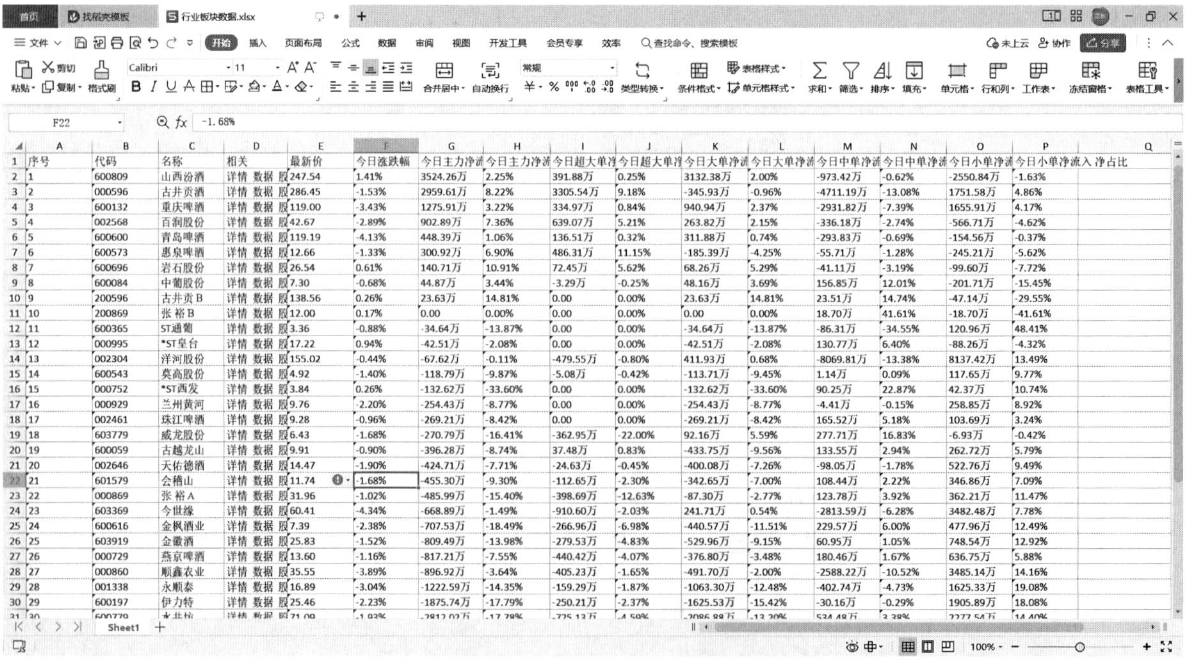

图 4-147 行业板块数据表

6）发布机器人

单击 UiPath"设计"功能区中的"发布"按钮，在打开的"发布流程"对话框中，设置包名称为"RPA 数据抓取机器人"。发布完成后，打开 UiPath Assistant 即可看到已发布的 RPA 数据抓取机器人，可以在此界面启动 RPA 数据抓取机器人的运行，如图 4-148 所示。

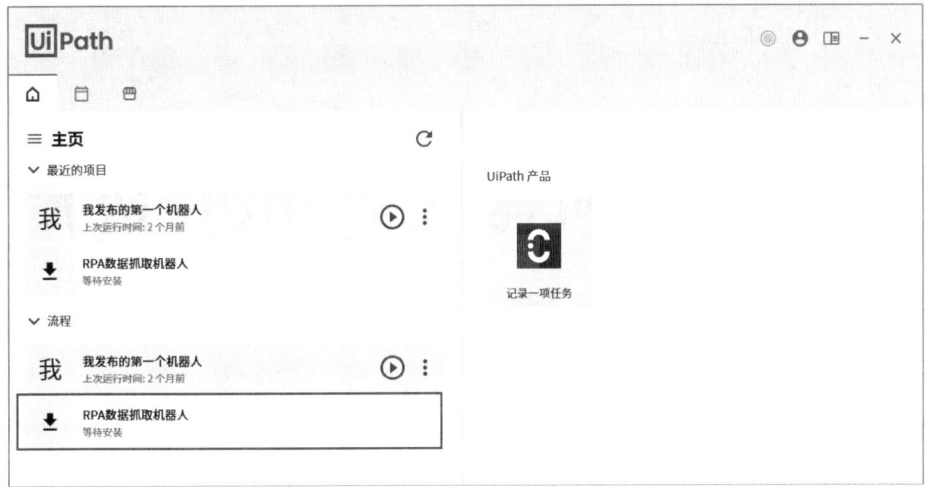

图 4-148　RPA 数据抓取机器人

RPA 财务机器人 E-mail 应用

知识目标

- 掌握 RPA 操作 E-mail 的环境准备
- 掌握开启电子邮件协议的方法
- 掌握 UiPath 中操作 E-mail 的相关活动

技能目标

- 能完成应用 E-mail 的 RPA 财务机器人的环境准备工作
- 能独立开发一个 RPA 机器人给他人发送邮件
- 能独立完成"批量下载邮件附件"机器人的设计

素养目标

- 培养学生具备良好的学习能力和动手操作能力
- 拓展学生视野,具备接受新鲜事物的思维
- 培养学生诚实守信的职业道德

思维导图

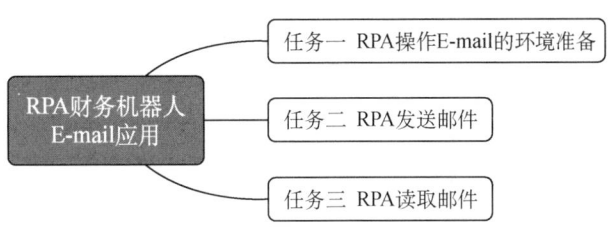

领思探知

RPA 在电子邮件操作中的应用十分广泛。通过 RPA 技术，企业可以自动化处理电子邮件的接收、发送、分类、归档等各种任务，从而提高工作效率，减少错误，降低运营成本。它可以进行批量发送邮件、准备邮件内容、对邮件进行分类与整理、完成异常处理及监控等工作。此外，RPA 机器人还可以与其他系统或应用程序集成，实现更高级的电子邮件自动化操作。例如，它可以与 CRM 系统（客户关系管理系统）集成，自动将客户咨询邮件转化为工单，并分配给相应的客服人员进行处理。总的来说，RPA 在电子邮件操作中的应用可以极大地提高工作效率，降低人工操作的成本和错误率，使企业能够更好地管理和利用电子邮件资源。

思考：随着技术的不断发展，如何开发 RPA 机器人，以适应新的环境和操作需求？

任务一　RPA 操作 E-mail 的环境准备

一、E-mail 简介

电子邮件（E-mail）是一种用电子手段提供信息交换的通信方式，是互联网应用最广的服务。通过网络的电子邮件系统，用户可以以非常低廉的价格（不管发送到哪里，都只需负担网费）、非常快速的方式（几秒钟之内可以发送到世界上任何指定的目的地），与世界上任何一个角落的网络用户联系。

电子邮件是因特网上使用得最多的应用之一。电子邮件把邮件通过邮件服务器放在收件人邮箱中，收件人可随时上网到自己使用的邮件服务器进行读取，如图 5-1 所示。

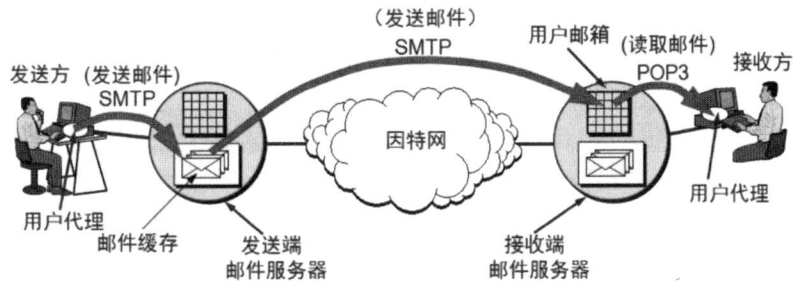

图 5-1　电子邮件

收发电子邮件可以使用两种形式:网页邮箱与客户端邮箱。网页邮箱就是通过网页来收发邮件。例如,进入网址 https://email.163.com 可登录网易邮箱网页进行邮件收发的操作。客户端邮箱通常指使用 IMAP/APOP/POP3/SMTP/ESMTP/协议收发电子邮件的软件。例如 foxmail、outlook 等,使用客户端邮箱,可将信件收取到本地计算机上,离线后仍可继续阅读信件。

二、开启 POP3、IMAP、SMTP 协议

使用 UiPath 软件进行自动收发邮件,必须先开启电子邮件协议。在收发邮件的过程中,需要遵守相关的协议,其中主要有:

(1) 发送电子邮件的协议:SMTP。
(2) 接收电子邮件的协议:POP3 和 IMAP。

本课程使用 163 邮箱进行收发邮件,如图 5-2 至图 5-5 所示,为开通 163 邮箱 POP3/IMAP/SMTP 协议的操作过程。

图 5-2　开启 POP3/IMAP/SMTP 协议操作步骤一

图 5-3　开启 POP3/IMAP/SMTP 协议操作步骤二

图 5-4 开启 POP3/IMAP/SMTP 协议操作步骤三

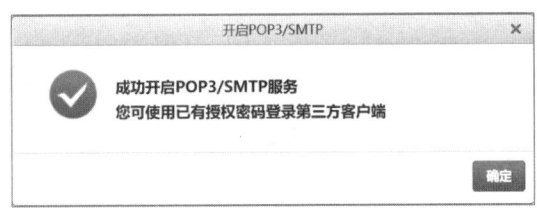

图 5-5 开启 POP3/IMAP/SMTP 协议操作步骤四

三、RPA 机器人如何操作 E-mail

要使用 E-mail 自动化功能,需要先检查是否已安装操作 E-mail 的相关活动组件。可打开 UiPath,在活动面板的搜索栏中输入"邮件",如果"应用程序集成"的"邮件"标签下显示如图 5-6 所示,表明已安装。

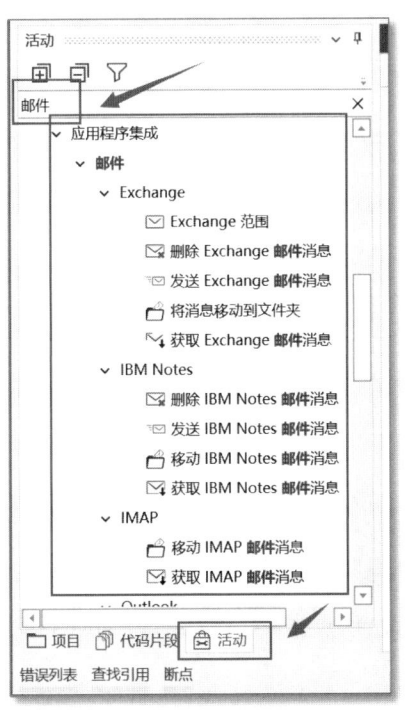

图 5-6 【应用程序集成】—【邮件】

如果没有检测到相应的 E-mail 活动组件,可以打开管理程序包搜索相应的活动包进行安装,如图 5-7 所示。

图 5-7　管理程序包

🏠 **示例 1:邮件发送机器人**

➢ **示例描述**

说明:请开通 163 邮箱的 POP3/SMTP 协议,然后下载源码包,对源码包进行修改,让 RPA 机器人给自己的邮箱发送 2024 年 1-2 月团建清单及发票文件,如图 5-8 所示。

名称	修改日期	类型	大小
.settings	2024/10/14 14:52	文件夹	
24-1团建聚餐	2024/10/14 14:52	WPS PDF 文档	52 KB
24-2团建聚餐	2024/10/14 14:52	WPS PDF 文档	43 KB
2024年1-2月团建清单	2024/10/14 14:52	XLS 工作表	19 KB
Main	2024/10/14 14:52	Windows.XamlDoc...	5 KB
project	2024/10/14 14:52	JSON 文件	2 KB

图 5-8　源码包文件资料

➢ **操作步骤**

1)开通 163 邮箱 POP3/SMTP 协议

(1)登录 163 邮箱,单击设置,点击 POP3/SMTP/IMAP,如图 5-9 所示。

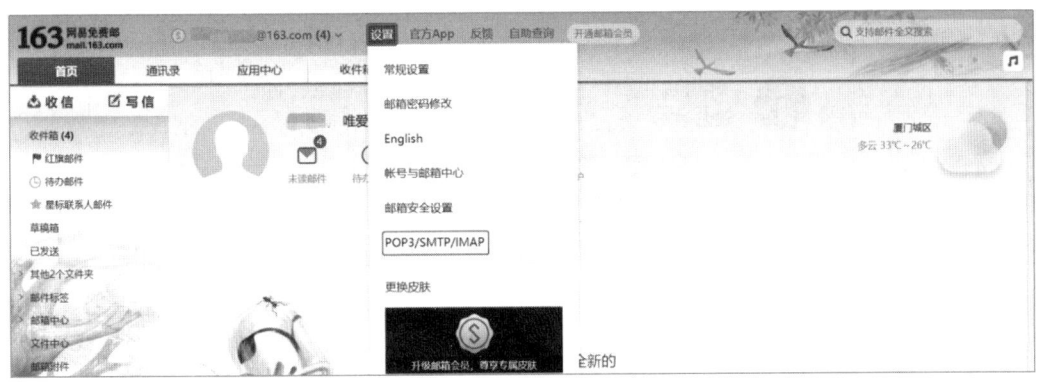

图 5-9　单击设置

（2）单击 POP3/SMTP 服务后的"开启"按钮，如图 5-10 所示。

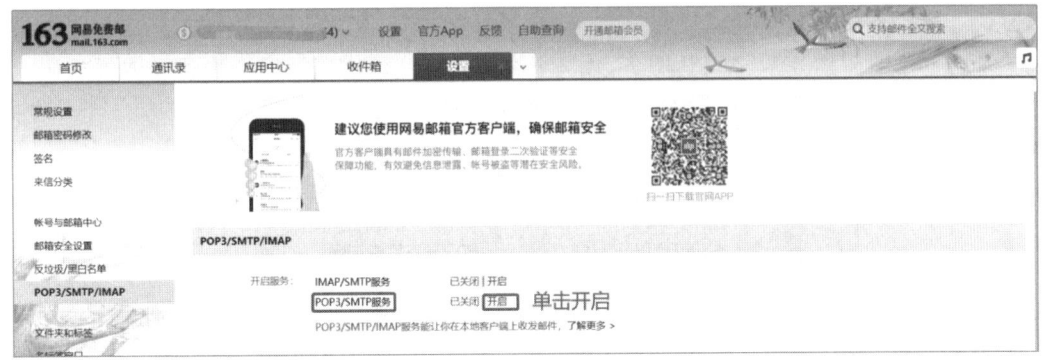

图 5-10　单击开启

（3）弹出账号安全提示框，单击"继续开启"按钮，手机扫描二维码快速发送短信，发送完毕后点击"我已发送"按钮，如图 5-11、图 5-12 所示。（注意：请用页面提供的手机号发送短信）

图 5-11　发送短信开启

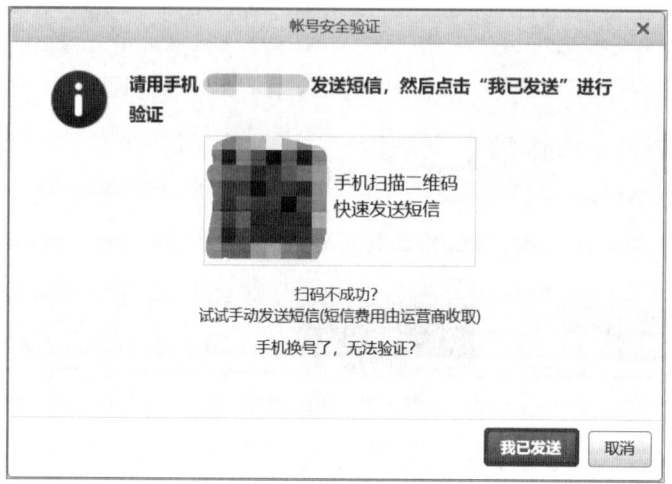

图 5-12　我已发送操作

（4）成功开启 POP3/SMTP 服务，由于授权码只显示一次，而后续步骤需要授权码，因此在此步需记下授权码，再单击"确定"按钮，如图 5-13 所示。

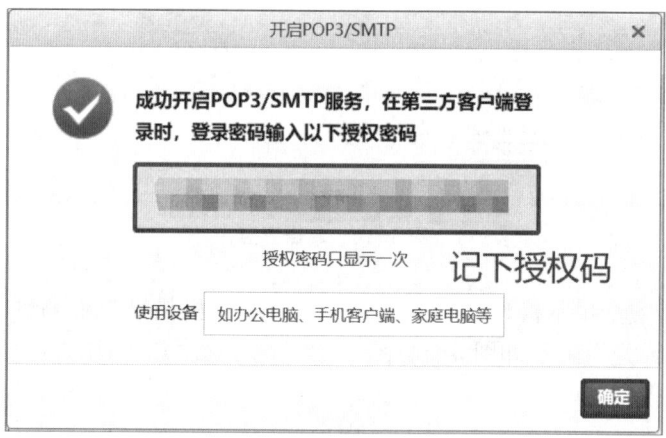

图 5-13　获取授权码

2）修改源码包发送团建清单

（1）解压缩"RPA 邮件发送机器人"压缩包，双击 Main，如图 5-14 所示。

图 5-14　打开主工作流

(2)选中序列下的"发送 SMTP 邮件消息"活动后,单击"属性"面板,如图 5-15 所示。

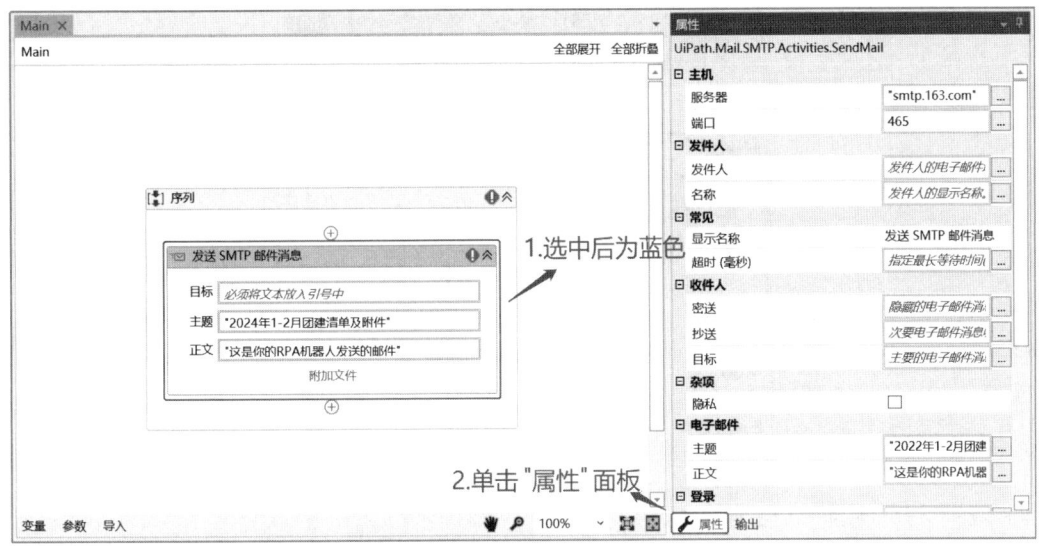

图 5-15　单击【发送 SMTP 邮件消息】的属性面板

(3)将属性面板中收件人下的"目标"处设置为收件人的邮箱账号,同时,在"抄送"处输入抄送对象的邮箱账号,如图 5-16 所示(如没有,可为空或者输入其他人的邮箱账号)。

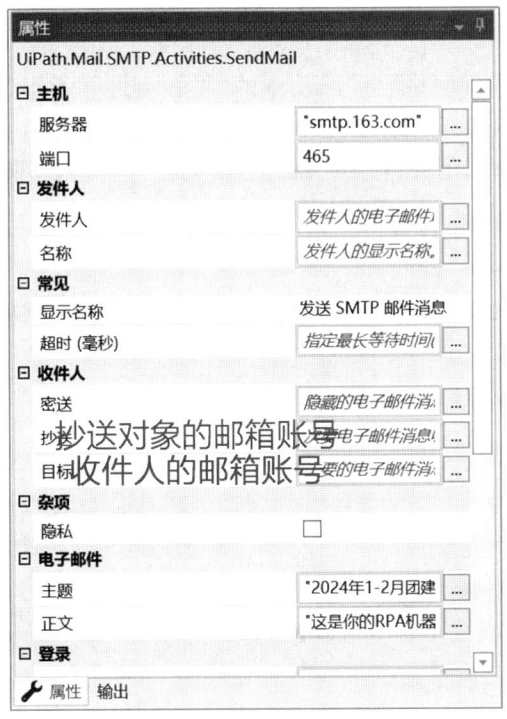

图 5-16　设置邮箱账号

(4)在"属性"面板"登录"标签下的"密码"处输入授权码,而不是自己的密码,在"电子邮件"处输入邮箱账号,跟"第三步"目标中的账号相同,如图 5-17 所示。

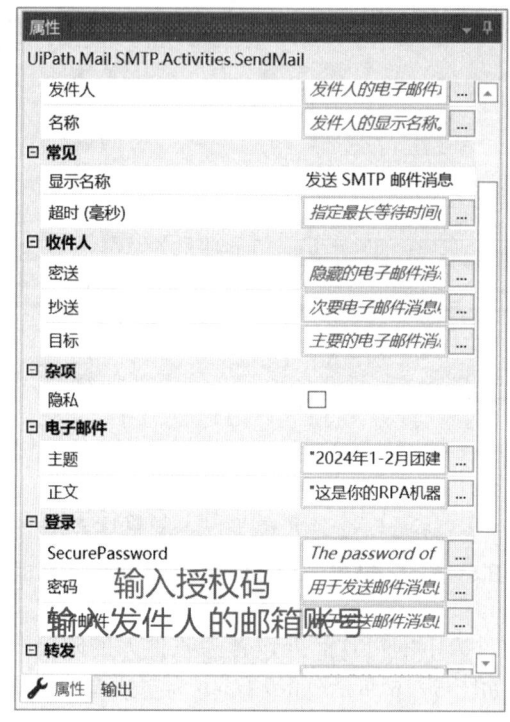

图 5-17　输入授权码和邮箱账号

（5）单击"发送 SMTP 邮件消息"活动中的"附加文件",弹出文件框,即在此处添加附件,单击创建参数,添加附件行,如图 5-18、图 5-19 所示。（注意：若附件保存在相对路径下,则参照步骤(5)做法添加附件;若附件保存在绝对路径下,则参照步骤(6)(7)添加附件）

图 5-18　添加附件行操作

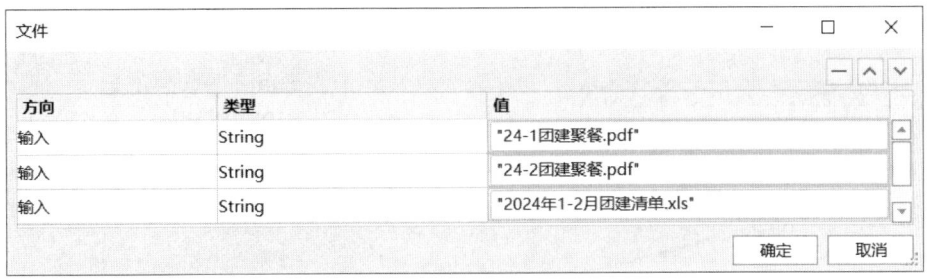

图 5-19　添加附件行完成

(6) 单击"项目"面板,打开"2024 年 1-2 月团建清单.xls"文件所在的文件夹位置,右键查看"2024 年 1-2 月团建清单.xls"文件的属性,复制位置信息,如图 5-20 所示。"24-1 团建聚餐""24-2 团建聚餐"的电子发票附件操作相同,不再赘述。

图 5-20　复制文件夹位置

(7) 单击"发送 SMTP 邮件消息"活动中的"附加文件"处或者单击属性面板的附件右侧"…"处添加附件,将上一步复制的位置链接按右图所示进行粘贴。我们仅粘贴了文件所在的位置,并没有粘贴文件名及后缀,因此我们要手动输入文件名及后缀,全部录入完成后单击"确定"按钮,如图 5-21 至图 5-23 所示。(以下链接仅供参考,文件夹位置可能与在属性中复制的不同,不要直接复制。"C:\Users\keyun\Desktop\RPA 发送邮件机器人\2024 年 1-2 月团建清单.xls" "C:\Users\keyun\Desktop\RPA 发送邮件机器人\24-1 团建聚餐.pdf" "C:\Users\keyun\Desktop\RPA 发送邮件机器人\24-2 团建聚餐.pdf")

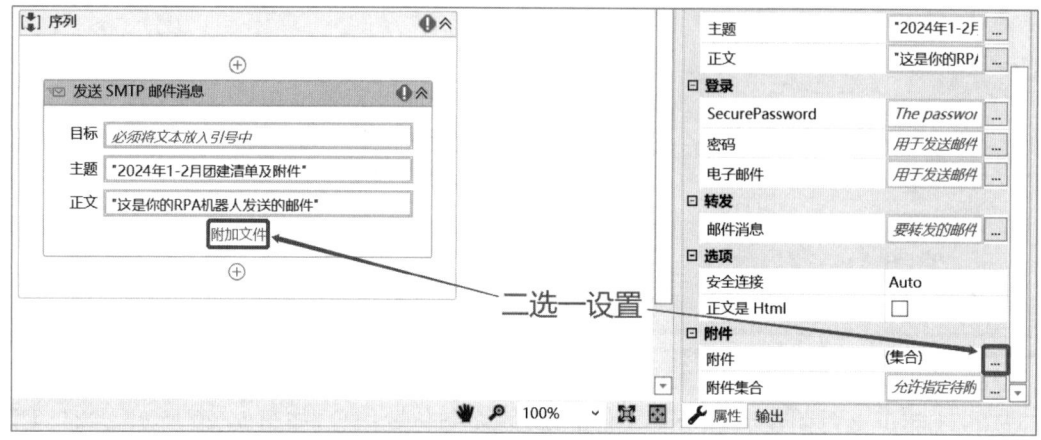

图 5-21　添加附加文件

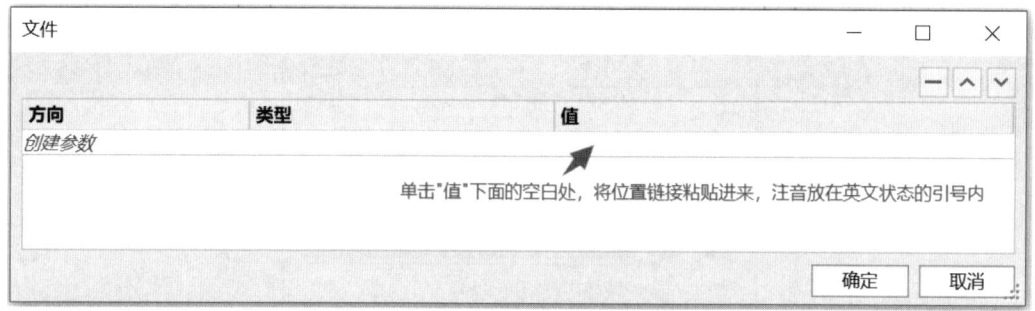

图 5-22　输入文件所在位置

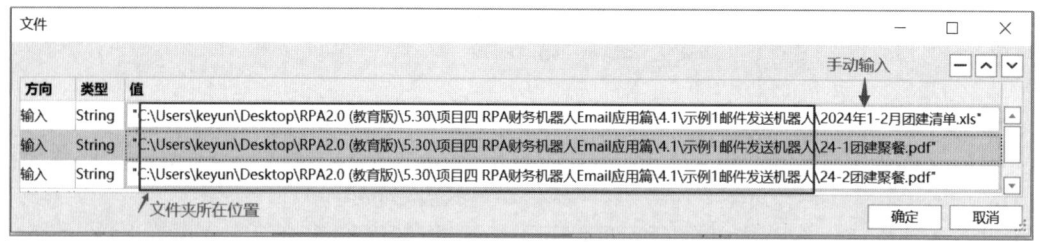

图 5-23　输入文件所在位置输入

（8）单击"调试文件"按钮，等待接收 RPA 机器人发来的第一封电子邮件，如图 5-24 所示。

图 5-24　调试文件

项目五　RPA 财务机器人 E-mail 应用

➢ 运行结果

运行结果如图 5-25 所示。

图 5-25　RPA 机器人发送的邮件

任务二　RPA 发送邮件

一、使用 RPA 发送单个邮件

【发送 SMTP 邮件消息】活动是使用 SMTP 协议发送电子邮件，使用该活动发送邮件需要在属性面板配置服务器地址及端口号，如图 5-26 所示。

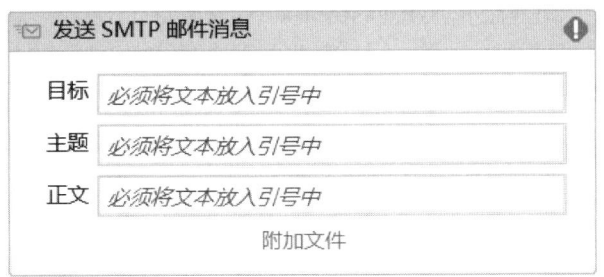

图 5-26　发送 SMTP 邮件消息

【发送 SMTP 邮件消息】活动主要属性介绍如表 5-1 所示。

表 5-1　【发送 SMTP 邮件消息】活动的主要属性

活动	属性	参数	功能
发送 SMTP 邮件消息	主机	服务器	待使用的电子邮件服务器主机
		端口	用于发送电子邮件消息的端口

215

(续表)

活动	属性	参数	功能
发送 SMTP 邮件消息	收件人	目标	电子邮件消息收件人
	电子邮件	主题	电子邮件消息的主题
		正文	电子邮件消息正文
	登录	密码	用于发送邮件消息的电子邮件账户密码
		电子邮件	用于发送邮件消息的电子邮件账户

不同邮件服务商的端口不同,本书以网易 163 邮箱为例,其他邮件服务商的端口可自行网上查询。

表 5-2 属性面板-端口

邮件服务商	协议类型	协议功能	服务器地址	非 SSL 端口号	SSL 端口号
网易 163 邮箱	SMTP	发送邮件	smtp.163.com	25	465/994
	POP3	接收邮件	pop.163.com	110	995
	IMAP	接收邮件	imap.163.com	143	993

🏠 **示例 1:发送单个邮件**

➢ **示例描述**

任务:设计一个 RPA 机器人给自己发送一封邮件。
主题:2024 年 1-2 月团建清单及发票附件
正文:这是你的 RPA 机器人发送的邮件
附件:2024 年 1-2 月团建清单.xls
　　　24-1 团建聚餐.pdf
　　　24-2 团建聚餐.pdf
附件文件如图 5-27 所示。

名称	修改日期	类型	大小
24-1团建聚餐	2024/10/14 15:40	WPS PDF 文档	52 KB
24-2团建聚餐	2024/10/14 15:40	WPS PDF 文档	43 KB
2024年1-2月团建清单	2024/10/14 15:40	XLSX 工作表	11 KB

图 5-27 团建清单及发票文件

➢ **操作步骤**

(1) 在序列中添加【系统】—【对话框】类别下的【输入对话框】活动并修改名称为"输入对话框—请输入账号名称"。对话框标题设置为"自动发送邮件",输入标签设置为"请输入收件人邮箱账号",在已输入的值选项框中通过快捷键创建变量,变量名称为邮箱账号,变量类型为 String,范围为序列,该变量用于存储收件人的邮箱账号,如图 5-28 所示。

图 5-28　设置【输入对话框】活动输入邮箱账号

（2）添加【系统】—【对话框】类别下的【消息框】活动,输入文本为"请选择文件夹",如图 5-29 所示。

图 5-29　设置【消息框】活动提示选择文件夹

（3）添加【系统】—【对话框】类别下的【选择文件夹】活动,打开该活动的"属性"面板,在输出选择的文件夹中创建变量 files,变量类型为 String,范围为序列,该变量用于存储所选文件夹的完整路径,如图 5-30、图 5-31 所示。

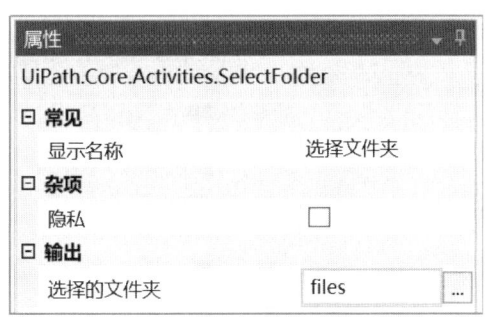

图 5-30　【选择文件夹】活动设置　　图 5-31　【选择文件夹】活动属性面板设置

（4）添加【System】—【Activities】—【Statements】类别下的【分配】活动,在该活动下创建变量 arrfiles,变量类型为 String[],范围为序列。将获取到的 files 路径下含有团建名称的文件通过【分配】活动赋值给变量 arrfiles,分配公式为 arrfiles = Directory. GetFiles(files,"＊团建＊"),如图 5-32、图 5-33 所示。

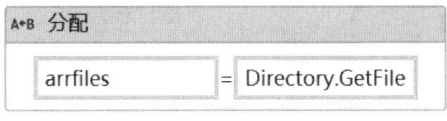

图 5-32　【分配】活动设置

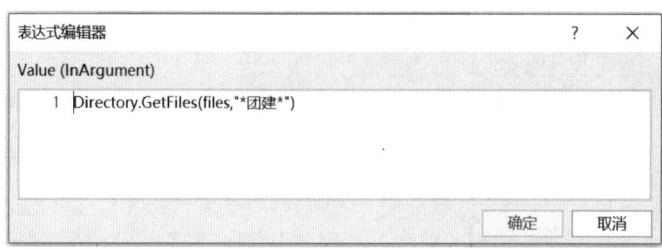

图 5-33 【分配】活动表达式编辑器

（5）添加【应用程序集成】—【邮件】—【SMTP】类别下的【发送 SMTP 邮件消息】活动，点击该活动的"属性"面板，设置主机服务器为"smtp.163.com"，端口为 465，设置收件人目标为变量"邮箱账号"，主题为"2024 年 1-2 月团建清单及附件"，正文为"这是你的 RPA 机器人发送的邮件"。设置登入密码即 163 邮箱的授权码，在电子邮件处输入 163 邮箱的邮箱账号，设置附件集合为变量 arrfiles，如图 5-34 至图 5-36 所示。（注意：该授权码和邮箱账号都需要放在英文状态下的引号内）

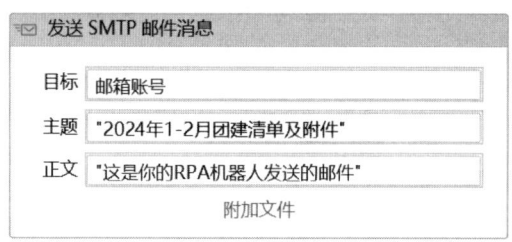

图 5-34 【发送 SMTP 邮件消息】活动

图 5-35 【发送 SMTP 邮件消息】活动属性设置(1)

项目五 RPA 财务机器人 E-mail 应用

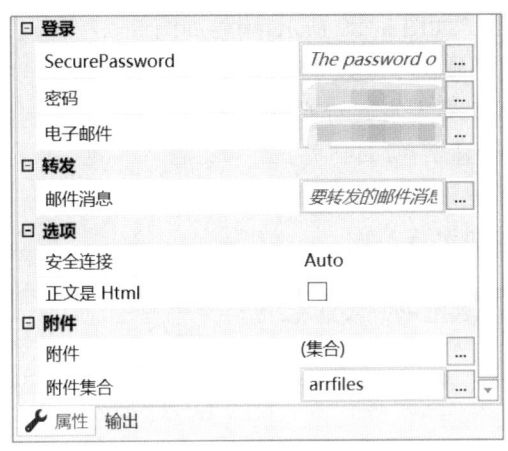

图 5-36 【发送 SMTP 邮件消息】活动属性设置(2)

（6）添加【系统】—【对话框】类别下的【消息框】活动，输入文本设置为"发送完毕"，用于提示执行活动结束，如图 5-37 所示。

图 5-37 【消息框】活动提示发送完毕

➢ 运行结果

运行结果如图 5-38 所示。

图 5-38 RPA 机器人发送的邮件

二、使用 RPA 批量发送邮件

🏠 示例 2：批量发送邮件

➢ 示例描述

任务：设计一个 RPA 机器人给参加团建人员发送团建清单及发票附件，参加团建人员

219

信息见"收件人信息表.xlxs"如图 5-39 所示,附件如图 5-27 所示。

主题:2024 年 1-2 月团建清单及发票附件

正文:这是你的 RPA 机器人发送的邮件

附件:2024 年 1-2 月团建清单.xls

　　24-1 团建聚餐.pdf

　　24-2 团建聚餐.pdf

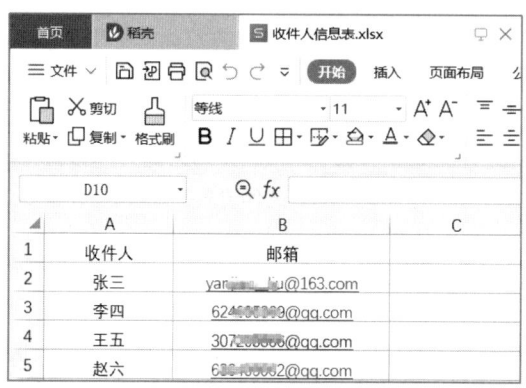

图 5-39　收件人信息表

➢ 操作步骤

(1)添加【系统】—【对话框】类别下的【消息框】活动,输入文本为"请选择文件夹",如图 5-40 所示。

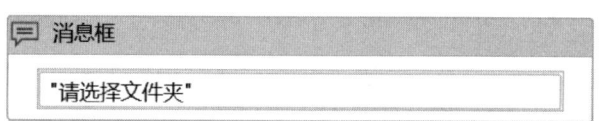

图 5-40　设置【消息框】活动提示选择文件夹

(2)在序列中添加【系统】—【对话框】类别下的【选择文件夹】活动,打开该活动的"属性"面板,在输出选择的文件夹中创建变量 files,变量类型为 String,范围为序列,该变量用于存储所选文件夹的完整路径,如图 5-41、图 5-42 所示。

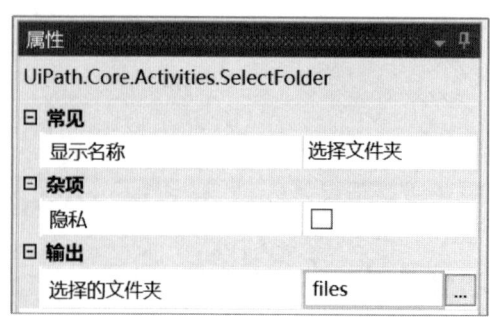

图 5-41　【选择文件夹】活动　　　　图 5-42　【选择文件夹】活动属性设置

(3) 添加【System】—【Activities】—【Statements】类别下的【分配】活动,在该活动下创建变量 arrfiles,变量类型为 String[],范围为序列。将获取到的 files 路径下含有团建名称的文件通过【分配】活动赋值给变量 arrfiles,分配公式为 arrfiles = Directory.GetFiles(files,"*团建*"),如图 5-43、图 5-44 所示。

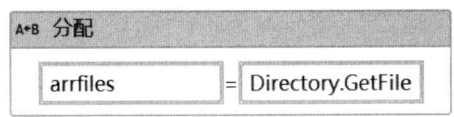

图 5-43 【分配】活动

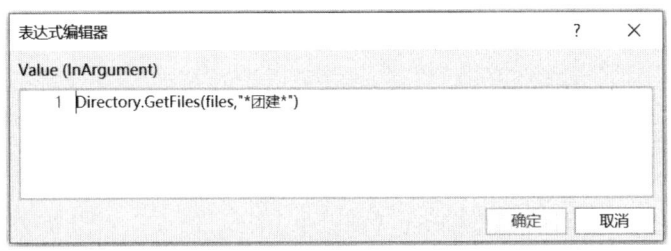

图 5-44 【分配】活动表达式编辑器

(4) 添加【文件】—【工作簿】类别下的【读取范围】活动,输入工作簿路径设置为"收件人信息表.xlsx",工作表名称设置为"Sheet1",范围为"",输出数据表处通过快捷键创建变量,变量名称为 data_收件人,变量类型为 DataTable,范围为序列,该变量用于存储"Sheet1"工作表中的内容,如图 5-45 所示。

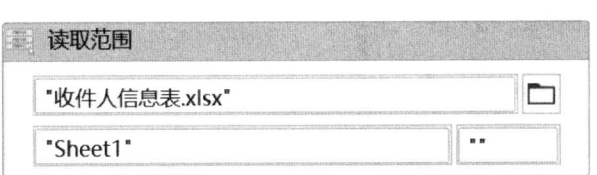

图 5-45 读取收件人信息表

(5) 添加【编程】—【数据表】类别下的【对于每一个行】活动,输入数据表为 data_收件人,如图 5-46 所示。

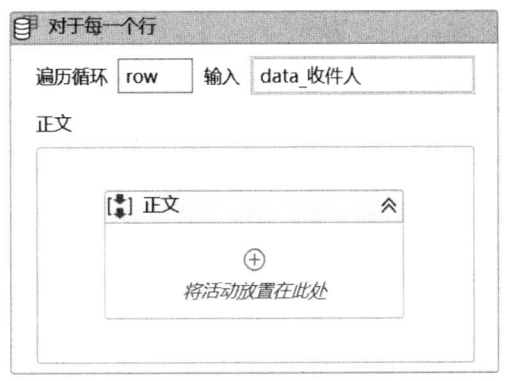

图 5-46 【对于每一个行】活动设置

（6）在正文序列中添加【应用程序集成】—【邮件】—【SMTP】类别下的【发送 SMTP 邮件消息】活动，点击该活动的"属性"面板，设置主机服务器为"smtp.163.com"，端口为 465，设置收件人目标为 row(1).tostring，主题为"2024 年 1-2 月团建清单及附件"，正文为"这是你的 RPA 机器人发送的邮件"。设置登入密码即 163 邮箱的授权码，在电子邮件处输入 163 邮箱的邮箱账号，设置附件集合为 arrfiles，如图 5-47 所示。

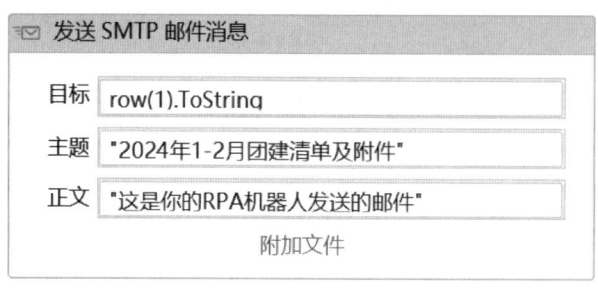

图 5-47 【发送 SMTP 邮件消息】活动设置

（7）添加【系统】—【对话框】类别下的【消息框】活动，输入文本设置为"发送完毕"，用于提示执行活动结束，如图 5-48 所示。

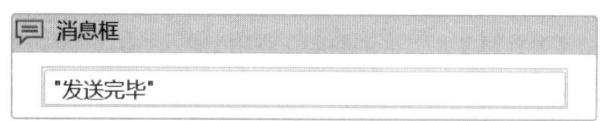

图 5-48 设置【消息框】活动提示发送完毕

> 运行结果

运行结果如图 5-49 所示。

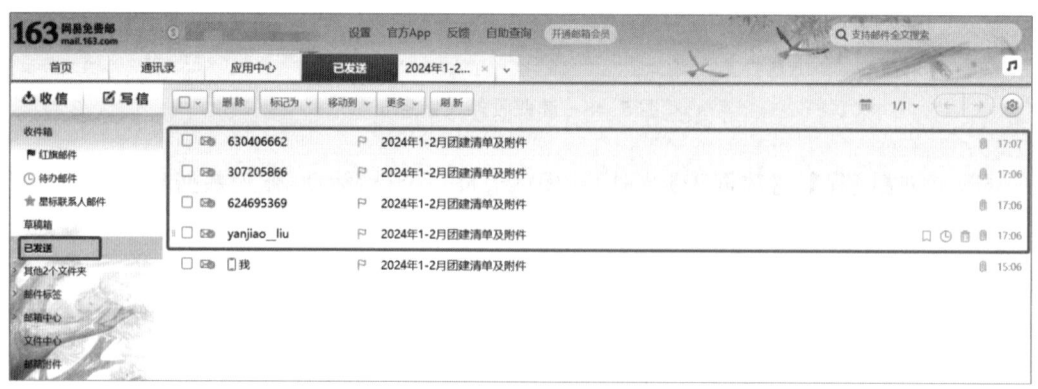

图 5-49 发送团建清单及发票附件

 技能训练　RPA E-mail 工资条发放机器人

1. 案例描述

工资条记载着员工工资的发放情况，员工对工资条有知情权和监督权。北京科云股份有限公司财务部门每月都要向员工发放工资条，每个员工工资条是由财务填写完后，通过电子邮件分别向员工发送。由于公司员工众多，该操作繁琐，容易出现邮箱号、工资条金额等信息输入错误或者漏发、错发的情况。面对此工作痛点，该公司希望开发 RPA E-mail 工资条发放机器人以代替人工完成此项工作。

资料准备：RPA E-mail 工资条发放机器人所获取的工资发放清单工作簿中应当包含三个工作表，即工资明细表、员工资料和工资条。这三张表的关系如下：

（1）工资明细表为当月应发放工资的员工工资明细，如图 5-50 所示。

工资明细表

华宇科技有限公司

工号	一级部门	二级部门	职位	姓名	性别	身份证	出勤天	基本工资	加班费	奖金	岗位津贴	应付工资	养老保险	
													个人	公司
HY001	综合管理部	总经办	总经理	林华宇	男	14010719860530	22	15000.00		2300.00	1000.00	18300.00	136.00	238.00
HY002	综合管理部	总经办	副总经理	许晓婷	女	13018419860331	22	10000.00		1200.00	1000.00	12200.00	136.00	238.00
HY003	综合管理部	行政部	行政主管	赵斯琪	女	33030219761120	22	8500.00		900.00		9400.00	136.00	238.00
HY004	综合管理部	行政部	行政助理	唐棠	女	23022419840724	22	5000.00		500.00		5500.00	136.00	238.00
HY005	综合管理部	行政部	人事主管	柳之雅	男	35058219730927	22	7800.00		900.00		8700.00	136.00	238.00
HY006	综合管理部	行政部	人事助理	李宇浩	女	33021219870212	22	5000.00		500.00		5500.00	136.00	238.00

工号	医疗保险		失业保险		工伤保险		生育保险		个人医社保费合计	个人住房公积金	税前工资	应交个税	实发工资	单位交医社保合计	单位交住房公积金	单位总支出
	个人	公司	个人	公司	个人	公司	个人	公司								
HY001	34.00	136.00	8.50	25.50	0.00	1.70	0.00	13.60	178.50	240.00	17881.50	1038.15	16843.35	414.80	240.00	18954.80
HY002	34.00	136.00	8.50	25.50	0.00	1.70	0.00	13.60	178.50	240.00	11781.50	143.45	11638.05	414.80	240.00	12854.80
HY003	34.00	136.00	8.50	25.50	0.00	1.70	0.00	13.60	178.50	240.00	8981.50	77.45	8904.05	414.80	240.00	10054.80
HY004	34.00	136.00	8.50	25.50	0.00	1.70	0.00	13.60	178.50	240.00	5081.50	0.00	5081.50	414.80	240.00	6154.80
HY005	34.00	136.00	8.50	25.50	0.00	1.70	0.00	13.60	178.50	240.00	8281.50	38.45	8243.05	414.80	240.00	9354.80
HY006	34.00	136.00	8.50	25.50	0.00	1.70	0.00	13.60	178.50	240.00	5081.50	0.00	5081.50	414.80	240.00	6154.80

图 5-50　工资明细表

（2）员工资料表包括：工号、姓名、员工接收工资条的 E-mail、相关事项，也就是工资条发放主题、是否通知成功，如图 5-51 所示。

工号	姓名	Email	事项	是否通知
HY001	林华宇	cinge@163.com	林华宇，您好！！2024年1月份工资条已发送到您的邮箱请尽快查收！！	
HY002	许晓婷	89065848@qq.com	许晓婷，您好！！2024年1月份工资条已发送到您的邮箱请尽快查收！！	
HY006	李宇浩	89065848@qq.com	李宇浩，您好！！2024年1月份工资条已发送到您的邮箱请尽快查收！！	
HY003	赵斯琪	14220367@qq.com	赵斯琪，您好！！2024年1月份工资条已发送到您的邮箱请尽快查收！！	
HY004	唐棠	chenhx_2021@163.com	唐棠，您好！！2024年1月份工资条已发送到您的邮箱请尽快查收！！	
HY005	柳之雅	89065848@qq.com	柳之雅，您好！！2024年1月份工资条已发送到您的邮箱请尽快查收！！	

图 5-51　员工资料表

（3）工资条主要包含：工号、姓名、职位、性别、身份证、出勤天数、基本工资、加班费、奖金、岗位津贴、应付工资、个人医社保费合计、个人住房公积金、税前工资、应交个税、实发工资；此外还要在工资条中的设置公式，使其会自动勾稽到工资明细表中对应工号的工资明细，通过修改工号即显示对应员工的工资明细，如图 5-52 所示。

2024年1月份工资条

工号	姓名	职位	性别	身份证	出勤天数	基本工资	加班费	奖金	岗位津贴	应付工资	个人医社保费合计	个人住房公积金	税前工资	应交个税	实发工资
HY005	柳之雅	人事主管	男	350582197309277037	22	7800.00	0.00	900.00	0.00	8700.00	178.50	240.00	8281.50	38.45	8243.05
注：工资保密，请尽快核对您的工资，如有问题请联系行政助理唐棠！															

图 5-52　2020 年 1 月份工资条

2. 案例开发

（1）新建一个序列，名称更改为“RPA E-mail 工资条发放机器人”，在此序列中添加一个【应用程序集成】—【Excel】类别下的【Excel 应用程序范围】活动，为【Excel 应用程序范围】活动设置工作簿路径，即设置 RPA E-mail 工资条发放机器人读取的 Excel 文件的路径。在【Excel 应用程序范围】活动中，单击“浏览”按钮，选择"E-mail 工资条发放机器人. xlsx"文件。接着在执行序列内添加三个序列，显示名称分别备注“读取员工资料”“循环发送工资条”“工资条发送完成”，如图 5-53 所示。

图 5-53　在【Excel 应用程序范围】活动内添加三个序列

（2）在读取员工资料序列内添加【应用程序集成】—【Excel】类别下的【读取范围】活动，设置读取的表名称为员工资料，设置读取的范围为 A:E。在"属性"面板输出处创建变量：data。在变量面板修改此变量的执行范围为"RPA E-mail 工资条发放机器人"整个序列下，此变量用于存储员工资料表中 A 列到 E 列的数据，如图 5-54、图 5-55 所示。

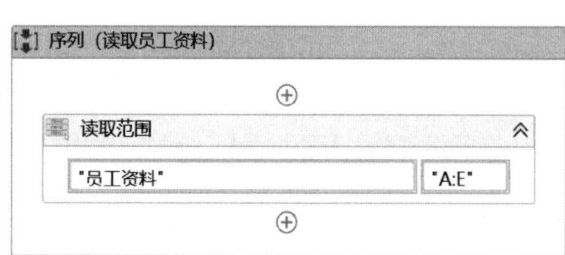

图 5-54　【读取范围】活动

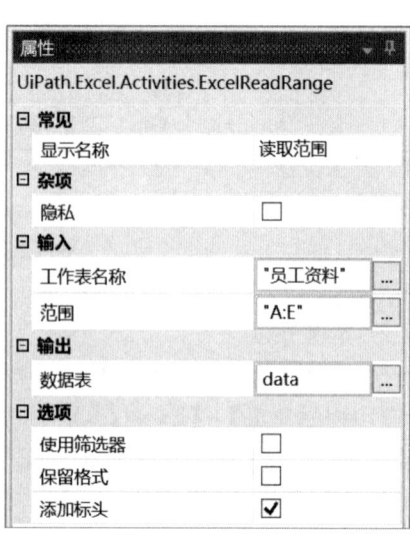

图 5-55　【读取范围】活动属性设置

(3)在变量面板下创建变量 i,变量类型为 Int32,范围为"RPA E-mail 工资条发放机器人"整个序列下,如图 5-56 所示。

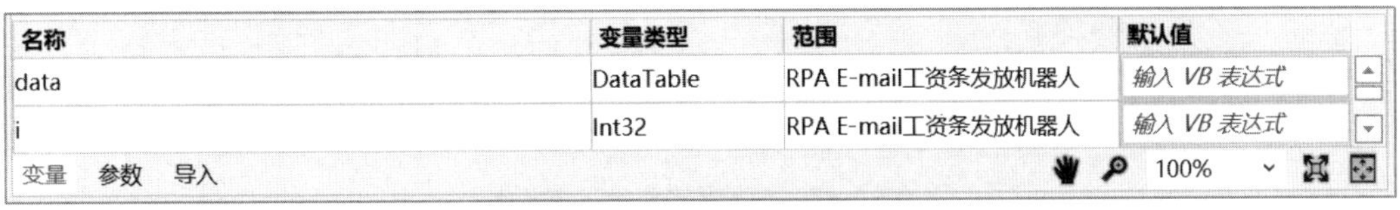

名称	变量类型	范围	默认值
data	DataTable	RPA E-mail工资条发放机器人	输入 VB 表达式
i	Int32	RPA E-mail工资条发放机器人	输入 VB 表达式

图 5-56　在变量面板创建变量

(4)在循环发送工资条序列中,添加【工作流】—【控件】类别下的【先条件循环】活动,用于循环工资条发送。在【先循环条件】活动中,设置条件为 data(i)(0).tostring<>"",该循环条件用于判断"工资条发放清单.xlsx"文件中的"员工资料"工作表的工号是否为空,为空则停止循环。即员工资料表内的工号栏为空,则表明没有需要继续发送的工资条,如图 5-57 所示。

图 5-57　【先条件循环】活动设置

(5)在【先循环条件】活动的正文内添加【应用程序集成】—【Excel】类别下的【写入单元格】活动,在显示名称中增加"(写入员工工号)"。写入表格名称为"工资条",单元格为"B4",内容为员工资料表的工号,表达式为 data(i)(0).tostring,如图 5-58 所示。

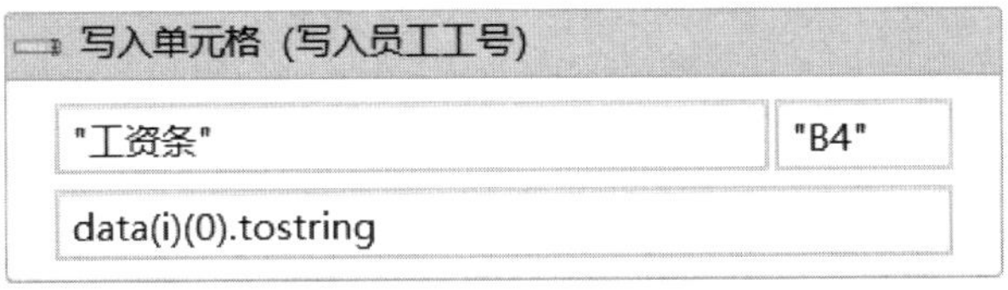

图 5-58　设置【写入单元格】活动写入员工工号

(6)继续添加【用户界面自动化】—【元素】—【属性】类别下的【截取屏幕截图】活动,在显示名称中增加"(截取工资条)",点击"指明在屏幕上"拾取工资条表中完整的工资条,在"属性"面板输出屏幕截图处设置变量 wages,该变量用于存储截取的工资条,如图 5-59、图 5-60 所示。

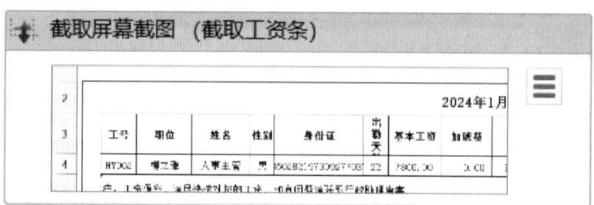

图 5-59 【截取屏幕截图】活动

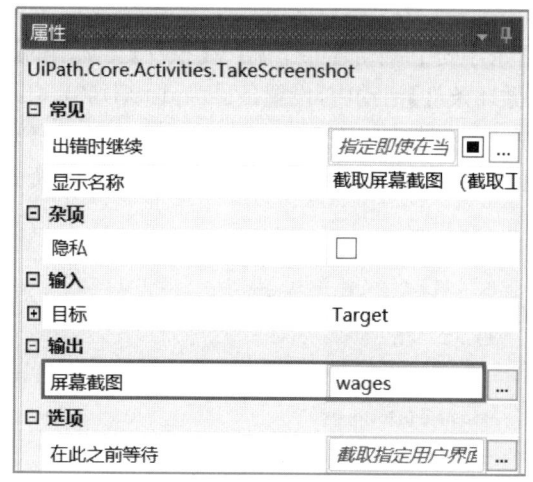

图 5-60 【截取屏幕截图】活动属性设置

(7) 继续添加【用户界面自动化】—【图像】—【文件】类别下的【保存图像】活动,在显示名称中增加"(保存工资条)",输入图像为变量 wages,保存图像路径为 data(i)(0).ToString+"工资条.jpg",如图 5-61 所示。(注意:因为该图片保存在相对路径下,所以图像路径直接显示为该图片的名称)

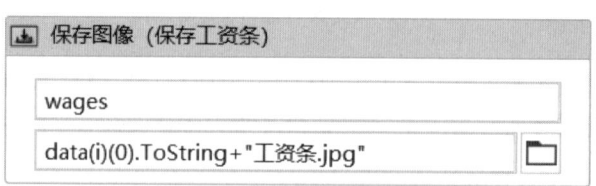

图 5-61 【保存图像】活动设置

(8) 继续添加【应用程序集成】—【邮件】—【SMTP】类别下的【发送 SMTP 邮件消息】活动,在显示名称中增加"(发送邮件)"。目标为 data(i)(2).tostring,即员工资料表第 3 列的 E-mail;主题为"发放工资条";正文为 data(i)(3).tostring,即员工资料表第 4 列的事项。点击附加文件,将员工工资条图片作为邮件附件发送,值设置为 data(i)(0).tostring+"工资条.jpg",此处值为工资条图片的存放路径,即相对路径。设置【发送 SMTP 邮件消息】活动的"属性"面板,服务器为"smtp.163.com",发件人为"jianxuezhen_1@163.com"(这个邮箱不能直接使用只作为示例,实际操作请用自己开通 SMTP 服务的邮箱),授权密码为开通 SMTP 协议的授权密码,如图 5-62 至图 5-64 所示。

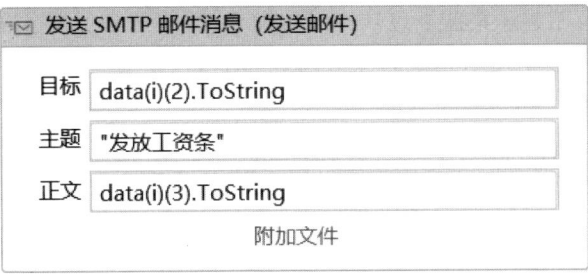

图 5-62 【发送 SMTP 邮件消息】活动设置

图 5-63 【发送 SMTP 邮件消息】活动附件文件设置

图 5-64 【发送 SMTP 邮件消息】活动属性设置

(9)继续添加【应用程序集成】—【Excel】类别下的【写入单元格】活动,在显示名称中增加"(标记完成)",对工资条发送完成的员工标记"OK"。设置工作表名称为"员工资料",范围为"E"+(i+2).ToString,如图5-65所示。

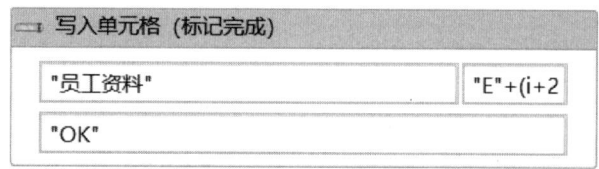

图 5-65　设置【写入单元格】活动标记完成

(10)继续添加【工作流】—【控件】类别下的【分配】活动,令机器人执行下一个员工工资条循环判断,分配的表达式为i=i+1,如图5-66所示。

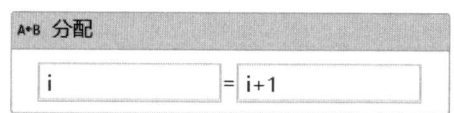

图 5-66　【分配】活动设置

(11)最后在"工资条发送完成"序列中添加【系统】—【对话框】类别下的【消息框】活动,消息框内输入"工资条发送完成",即令机器人在全部工资条发送完成后提示"工资条发送完成",如图5-67所示。至此,RPA E-mail工资条发放机器人自动化流程设计就完成了。

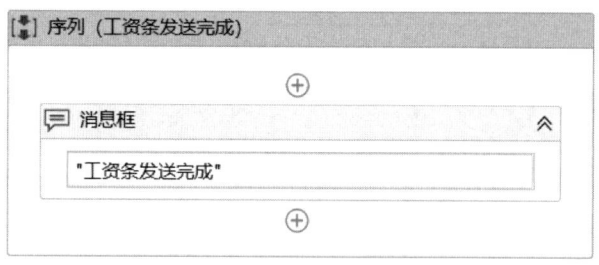

图 5-67　【消息框】活动设置

3. 运行结果

点击"调试文件"按钮,机器人通过电子邮件分别向员工发送工资条,发送完毕后弹出消息框提示发送完成,如图5-68所示。

图 5-68　【消息框】活动提示工资条发送完成

任务三　RPA 读取邮件

一、使用 RPA 获取邮件消息

【获取 POP3 邮件消息】活动是用于从指定服务器检索 POP3 电子邮件消息,活动如图 5-69 所示。

图 5-69　【获取 POP3 邮件消息】活动

【获取 POP3 邮件消息】活动主要属性介绍如表 5-3 所示。

表 5-3　【发送 POP3 邮件消息】活动的主要属性

活动	属性	参数	功能
发送 POP3 邮件消息	主机	服务器	待使用的电子邮件服务器主机
		端口	用于接收电子邮件消息的端口
	登录	密码	用于接收邮件消息的电子邮件账户密码
		电子邮件	用于接收邮件消息的电子邮件账户
	输出	消息	作为邮件消息对象集合的已检索邮件消息
	选项	删除消息	指定是否标记已读消息以便删除
		顶部	从列表顶部开始检索的消息数量

在【获取 POP3 邮件消息】活动下创建的变量 mails,用于存储获取的邮件信息,变量类型为 list＜mailmessage＞,如图 5-70 所示。结合【遍历循环】活动,由变量 item 遍历 mails,

图 5-70　输出邮件属性

则 item 实际就是获取 mails 中的每一封邮件。每封邮件有很多属性,例如当在【遍历循环】活动的正文内添加【消息框】活动,然后在【消息框】活动内输入"item."后会出现一个下拉框,我们可选择获取其不同类型的属性内容。输出邮件相关属性的表示方法如下:

邮件主题:item. Subject。

邮件正文:item. Body。

邮件发件人:item. Sender。

邮件收件人:item. From。

邮件发送时间:item. Date。

🏠 示例 1:读取指定邮件标题

➤ 示例描述

说明:为便于区分机器人获取每封邮件的主题内容,确保邮箱收件箱最新 4 封邮件主题不同。

任务:令 RPA 机器人批量读取收件箱前 4 封邮件并输出第 4 封邮件的主题。

➤ 操作步骤

(1)新建序列,修改名称为"获取 POP3 邮件消息",添加【应用程序集成】—【邮件】—【POP3】类别下的【获取 POP3 邮件消息】活动,以获取自己邮箱收件箱中前 4 封邮件,如图 5-71 所示。

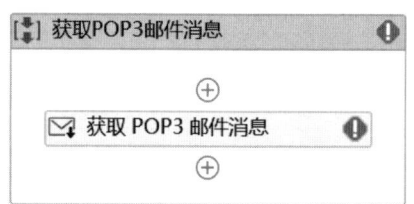

图 5-71 添加【获取 POP3 邮件消息】活动

(2)点击【获取 POP3 邮件消息】活动的"属性"面板,修改属性,创建变量 mails 来存储获取到的邮件信息,如图 5-72 所示。

图 5-72 【获取 POP3 邮件消息】活动的"属性"面板设置

（3）添加【编程】—【调试】类别下的【日志消息】活动，日志级别选择info，在消息中输入表达式{mails(3).Subject}用来输出第4封邮件的标题，如图5-73所示。

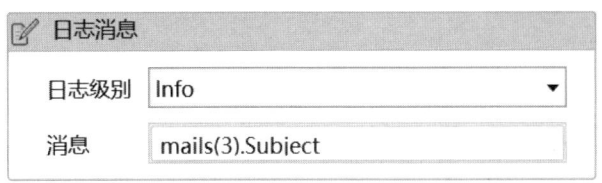

图5-73 【日志消息】活动输出第4封邮件标题

> 运行结果

运行结果如图5-74所示。

图5-74 输出第四封邮件的标题

示例2：批量读取邮件标题
> 示例描述

说明：为便于区分机器人获取每封邮件的主题内容，确保邮箱收件箱最新4封邮件主题不同。

任务：令RPA机器人批量读取收件箱前4封邮件，并输出所获取邮件的主题。

> 操作步骤

（1）新建序列，修改名称为"获取POP3邮件消息"，添加【应用程序集成】—【邮件】—【POP3】类别下的【获取POP3邮件消息】活动，以获取自己邮箱收件箱中前4封邮件，如图5-75所示。

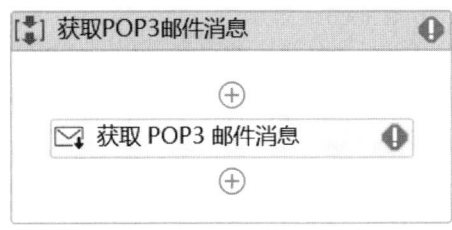

图5-75 添加【获取POP3邮件消息】活动

（2）点击【获取POP3邮件消息】活动的"属性"面板，修改属性，创建变量mails来存储获取到的邮件信息，如图5-76所示。

图 5-76 【获取 POP3 邮件消息】活动的"属性"面板设置

(3) 添加【工作流】—【控件】类别下的【遍历循环】活动，令 item 遍历循环 mails，以便 item 依次读取每一封邮件。接着点击【遍历循环】活动的"属性"面板，修改杂项下的 TypeArgument，点击浏览类型，输入 mailmessage 进行查找，选择 System. Net. Mail. MailMessage，如图 5-77、图 5-78 所示。

图 5-77 【遍历循环】活动设置

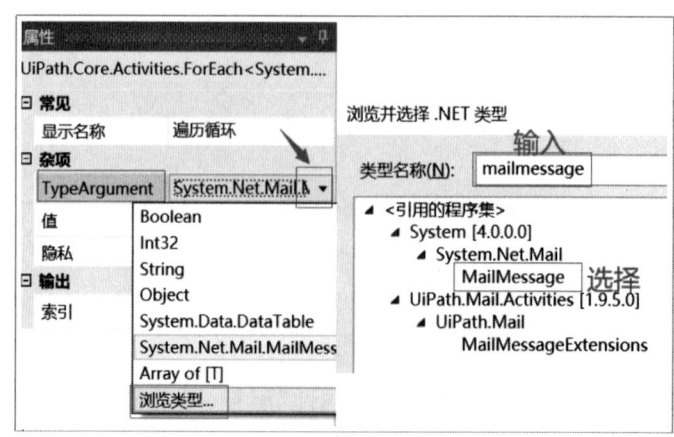

图 5-78 在"属性"面板修改变量类型

（4）在【遍历循环】的正文中添加【编程】—【调试】类别下的【日志消息】活动，日志级别选择 info，在消息处输入表达式为 item.Subject，该步骤用来输出前 4 封邮件的主题，如图 5-79 所示。

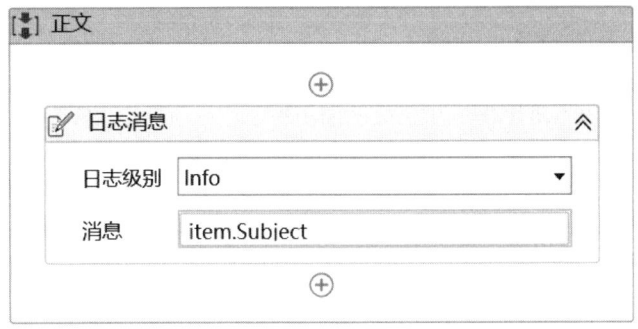

图 5-79 【日志消息】活动输出前 4 封邮件主题

➢ 运行结果

运行结果如图 5-80 所示。

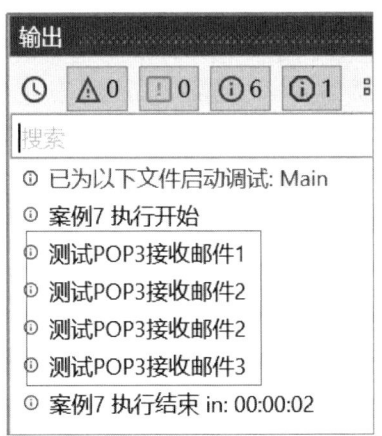

图 5-80 输出前 4 封邮件主题

二、使用 RPA 保存邮件附件

（一）【保存附件】活动

【保存附件】活动是用于保存目标邮件的附件到指定的文件夹。如果该文件夹不存在，则需要自行创建。如果未指定任何文件夹，则下载内容保存在项目文件夹中。指定文件夹中与附件同名的文件将被覆盖，如图 5-81 所示。

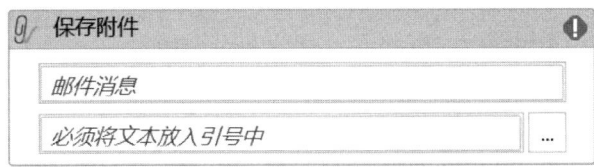

图 5-81 【保存附件】活动

【保存附件】活动主要属性介绍如表 5-4 所示。

表 5-4 【保存附件】活动的主要属性

活动	属性	参数	功能
保存附件	输入	文件夹路径	保存附件的文件夹的完整路径
		消息	将保存其附件的邮件消息对象
	输出	附件	已检索的附件
	选项	筛选	表示根据待保存附件文件名进行验证的正表达式

示例 3：批量保存邮件附件 1.0

> 示例描述

任务：令 RPA 机器人获取自己邮箱中前 4 封邮件，并保存所获取邮件的附件，该附件格式为"pdf"，然后将附件内容保存到本项目文件夹下。

> 操作步骤

（1）新建序列并修改名称为"获取 POP3 邮件消息"，添加【应用程序集成】—【邮件】—【POP3】类别下的【获取 POP3 邮件消息】活动。打开该活动的"属性"面板，设置主机服务器为"pop.163.com"，端口为 995，设置登入密码即 163 邮箱的授权码，在电子邮件处输入 163 邮箱的邮箱账号，输出消息处创建变量 mails，变量类型为 List＜MailMessage＞，范围为"获取 POP3 邮件消息"，顶部为 4，变量 mails 用于存储获取到的前 4 封邮件，如图 5-82、图 5-83 所示。

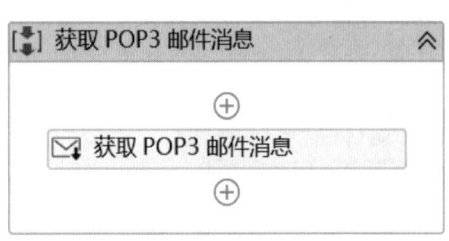

图 5-82 添加【获取 POP3 邮件消息】活动

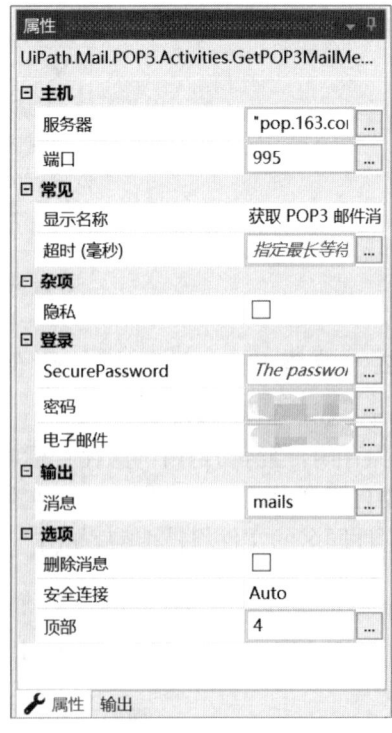

图 5-83 【获取 POP3 邮件消息】活动属性面板设置

(2)添加【工作流】—【控件】类别下的【遍历循环】活动,输入变量 mails,打开该活动的"属性"面板,修改杂项下的 TypeArgument,点击浏览类型,输入 mailmessage 进行查找,选择 System.Net.Mail.MailMessage。该步骤表示通过遍历循环令 item 依次获取变量 mails 中的每一封邮件,如图 5-84 所示。

图 5-84 【遍历循环】活动设置

(3)在正文序列中添加【应用程序集成】—【邮件】类别下的【保存附件】活动,输入消息 item,选项筛选"pdf",即保存附件格式为 pdf 的邮件附件,如图 5-85、图 5-86 所示。(注意:输出附件处未指定文件夹,则下载的内容会保存在项目文件夹中)

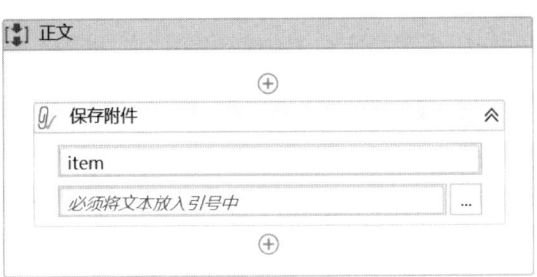

图 5-85 在【保存附件】活动输入消息

图 5-86 在"属性"面板设置筛选条件

➢ 运行结果

运行结果如图 5-87 所示。

图 5-87　项目面板已下载的 pdf 格式附件

(二)【创建文件夹】活动

【创建文件夹】活动的作用是在指定位置中创建文件夹,如图 5-88 所示。

图 5-88　【创建文件夹】活动

示例 4:批量保存邮件附件 2.0

➢ 示例描述

说明:A 公司财务每天会接收到各部门发来支付款项的提醒邮件,该邮件主题格式为:XX 部申请支付款项,附件包含付款申请单、销售单、发票、入库单等。每天收到邮件数量不超过 20 封,邮件附件如图 5-89 所示。

任务:设计一个 RPA 机器人获取邮件消息,并保存邮件附件为财务做账提供凭证。要求如下:

(1) 所获取邮件数量设置为 20 封。

(2) 邮件主题包含"支付款项"字样。

(3) 获取几封邮件就创建几个文件夹,文件夹以各自邮件主题命名,并将各自邮件附件保存在以其主题命名的文件夹下。

(4) 所有创建的文件夹都放在当前已创建的"会计凭证"文件夹下。

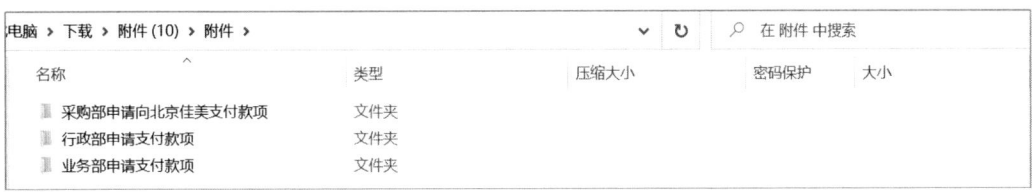

图 5-89　各个部门的支付款项附件

➢ 操作步骤

（1）添加序列并修改名称为"批量保存邮件附件"，在序列中添加【应用程序集成】—【邮件】—【POP3】类别下的【获取 POP3 邮件消息】活动。打开该活动的"属性"面板，设置主机服务器为"pop.163.com"，端口为 995，设置登入密码即 163 邮箱的授权码，在电子邮件处输入 163 邮箱的邮箱账号，输出消息处创建变量 mail，变量类型为 List<MailMessage>，范围为"批量保存邮件附件"，顶部为 20，变量 mail 用于存储获取到的前 20 封邮件，如图 5-90、图 5-91 所示。

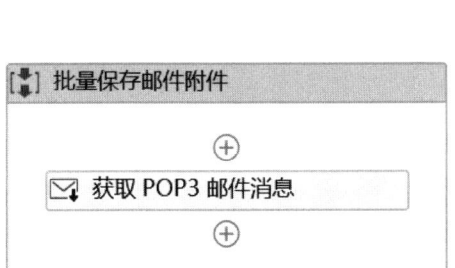

图 5-90　添加【获取 POP3 邮件消息】活动

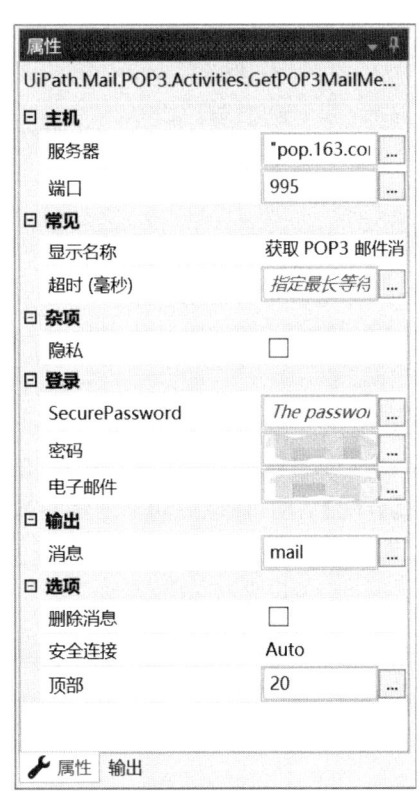

图 5-91　【获取 POP3 邮件消息】活动"属性"面板设置

（2）添加【工作流】—【控件】类别下的【遍历循环】活动，输入变量 mail，打开该活动的"属性"面板，修改杂项下的 TypeArgument，点击浏览类型，输入 mailmessage 进行查找，选择 System.Net.Mail.MailMessage，该步骤表示通过遍历循环令 item 依次获取变量 mail 中的每一封邮件，如图 5-92 所示。

图 5-92 【遍历循环】活动设置

（3）在正文序列中添加【System】—【Activities】—【Statements】类别下的【IF 条件】活动，输入判断条件为 item.Subject.Contains("支付款项")，即令机器人筛选邮件主题包含"支付款项"字样的邮件，如图 5-93 所示。

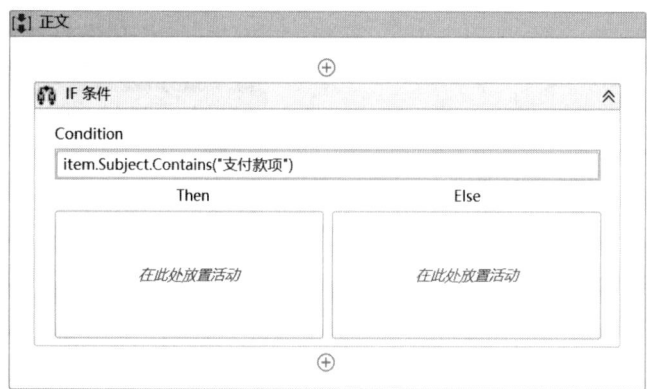

图 5-93 【IF 条件】活动设置

（4）在 Then 执行语句内添加序列，在序列中添加【System】—【Activities】—【Statements】类别下的【分配】活动，在该活动下创建变量，命名为"文件名"，变量类型为 String，范围为序列，分配公式为：文件名＝item.Subject，即将每个邮件的主题内容赋值给变量"文件名"，如图 5-94 所示。

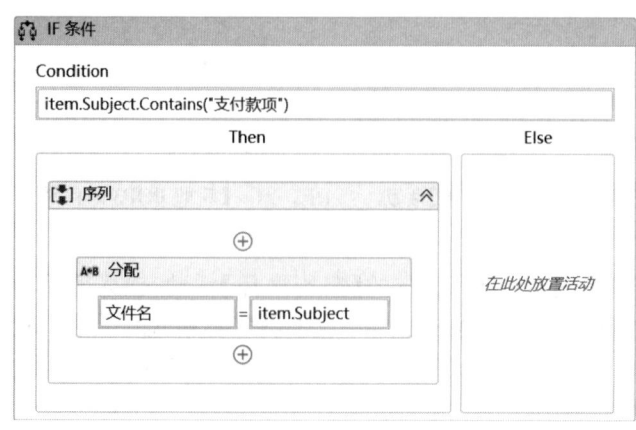

图 5-94 【分配】活动设置

（5）添加【系统】—【文件】类别下的【创建文件夹】活动，输入路径为"会计凭证\"＋文件名，即在会计凭证文件夹下创建以邮件主题命名的文件夹，如图 5-95 所示。

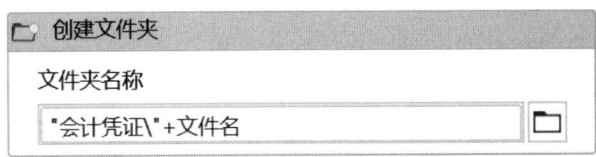

图 5-95 【创建文件夹】活动设置

（6）添加【应用程序集成】—【邮件】类别下的【保存附件】活动，输入消息 item，输入文件夹路径为"会计凭证\"＋文件名，即将筛选过后的邮件附件保存在以其邮件主题命名的文件夹下，如图 5-96 所示。

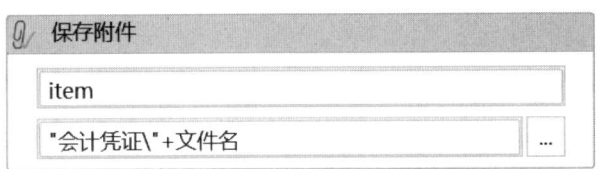

图 5-96 【保存附件】活动设置

➢ 运行结果

运行结果如图 5-97 所示。

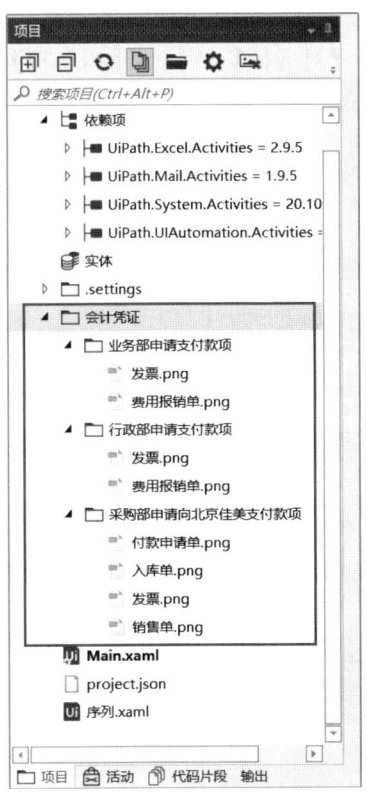

图 5-97 会计凭证文件夹

技能训练　批量下载邮件附件机器人

1. 案例描述

销售部每天都需要向财务部发送回款情况表。可达作为财务部的应收应付会计,每天都要检查自己的工作邮箱,找到里面属于销售各部今日发来的回款情况表并下载汇总。收件箱中邮件多,工作过程中可达经常会遗漏某些部门的数据还要反复查找。请利用本节课程所学为可达开发一个批量下载附件机器人。

资料准备:在设计此机器人之前,请先给自己邮箱发送 5 封邮件,邮件主题为"销售 X 部回款情况表",邮件附件数据在平台数据下载中下载,如图 5-98 所示。

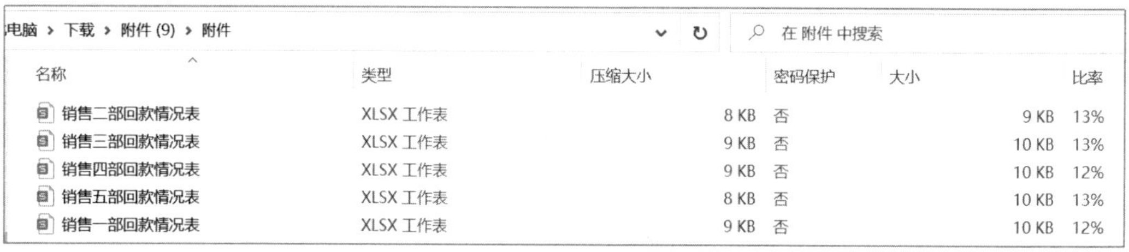

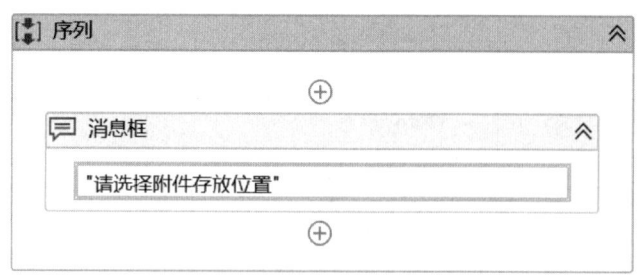

图 5-98　销售各部的回款情况表

2. 案例要求

设计一个批量下载邮件附件机器人,令机器人下载销售部每天发来的邮件附件,并存放于指定路径中。

3. 案例开发

(1) 在序列中添加【系统】—【对话框】类别下的【消息框】活动,设置文本为"请选择附件存放位置",该步骤是令机器人提示用户选择文件路径,如图 5-99 所示。

图 5-99　提示选择附件存放位置

(2) 添加【系统】—【对话框】类别下的【选择文件夹】活动,打开该活动的"属性"面板,在输出选择的文件夹中创建变量,该变量命名为"附件存放路径",变量类型为 String,范围为序列,该变量用于存储所选文件夹的完整路径,如图 5-100、图 5-101 所示。

图 5-100　【选择文件夹】活动

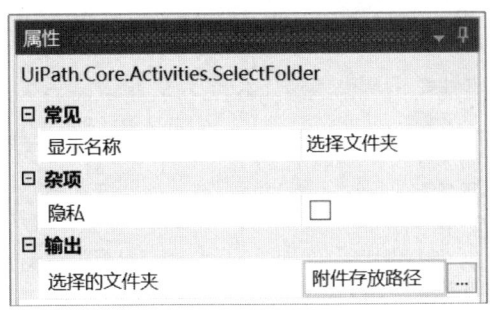

图 5-101　【选择文件夹】活动属性设置

（3）添加【System】—【Activities】—【Statements】类别下的【分配】活动，在该活动下创建变量，命名为"日期"，变量类型为 String，范围为序列，分配公式为日期＝Now.ToString("yyyy/MM/dd")，此步骤表示令机器人获取当天日期赋值给变量"日期"，如图 5-102、图 5-103 所示。（注意：Now.ToString("yyyy/MM/dd")此函数表示获取当天时间，例如时间格式表达为 2024/08/22）

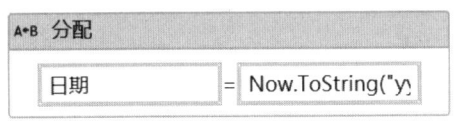

图 5-102　【分配】活动

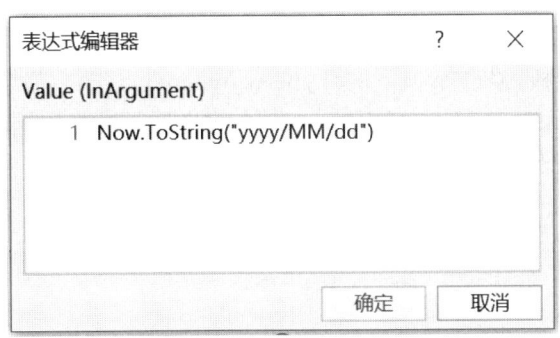

图 5-103　【分配】活动表达式编辑器设置

（4）添加【应用程序集成】—【邮件】—【POP3】类别下的【获取 POP3 邮件消息】活动，打开该活动的"属性"面板，主机服务器为"pop.163.com"，端口为 995，设置登入密码即 163 邮箱的授权码，在电子邮件处输入 163 邮箱的邮箱账号，输出消息处创建变量 mails，变量类型为 List＜MailMessage＞。此步骤表示令机器人将获取的邮件存储在变量 mails 中，如图 5-104、图 5-105 所示。

图 5-104　添加【获取 POP3 邮件消息】活动

图 5-105 【获取 POP3 邮件消息】活动的"属性"面板设置

（5）添加【工作流】—【控件】类别下的【遍历循环】活动，输入变量 mails，接着点击【遍历循环】活动的"属性"面板，修改杂项下的 TypeArgument，点击浏览类型，输入 mailmessage 进行查找，选择 System.Net.Mail.MailMessage。此步骤通过遍历循环令 item 依次获取变量 mails 中的每一封邮件，如图 5-106 所示。

图 5-106 【遍历循环】活动设置

（6）在正文序列中添加【System】—【Activities】—【Statements】类别下的【IF 条件】活动，设置判断条件为 item.Subject.contains("回款情况表")，此步骤表示令机器人筛选出邮件主题中含有"回款情况表"的所有邮件，如图 5-107 所示。

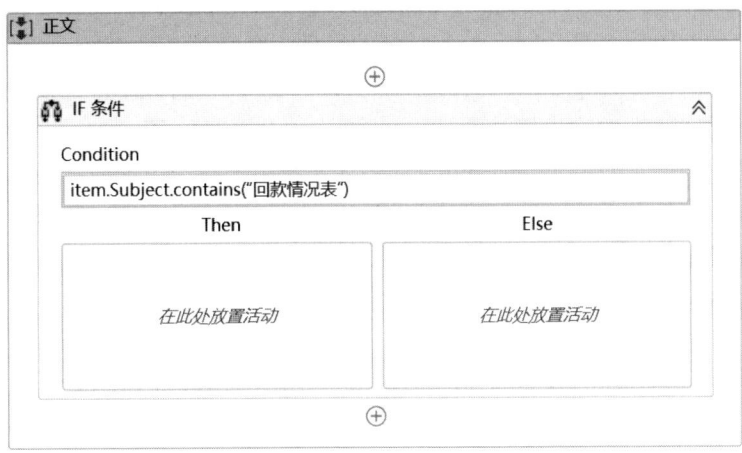

图 5-107 【IF 条件】活动设置判断条件

（7）在 Then 执行语句中添加【System】—【Activities】—【Statements】类别下的【IF 条件】活动，设置判断条件为 Convert.ToDateTime(item.Date.Replace("(CST)","")).ToString("yyyy/MM/dd")=日期。此步骤表示令机器人筛选含有"回款情况表"的所有邮件中"时间为当天"的邮件，如图 5-108、图 5-109 所示。

图 5-108 【IF 条件】活动设置

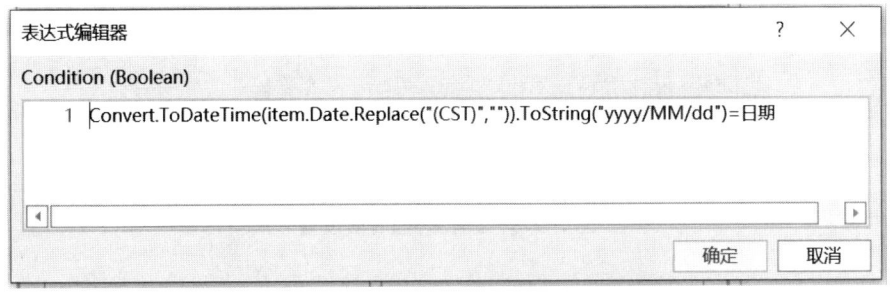

图 5-109 【IF 条件】活动表达式编辑器设置

注意：① 此案例接收邮件的邮箱为 163 邮箱，item.Date 表示邮件的时间属性。例如某邮件接收时间为 2024 年 8 月 22 日，若此邮件的发件人邮箱为 163 邮箱，则该邮件时间属性的输出格式为"Mon, 22 Aug 2024 15:57:53 +0800(CST)"；若此邮件的发件人邮箱为其他邮箱，则该邮件时间属性的输出格式为"Mon, 22 Aug 2024 15:57:53 +0800"。

② 函数 Convert.ToDateTime(item.Date)表示将英文状态下的时间格式转换成中文状态下的时间格式，例如转换后的输出格式为"22/08/2024 15:57:53"。为了使接收到的邮件时间属性的输出格式与第(3)步中变量"日期"的输出格式相同，此处通过函数 Convert.ToDateTime(item.Date).ToString("yyyy/MM/dd")将接收到的邮件时间属性的输出格式转换成"年/月/日"格式。

③ 由于函数 Convert.ToDateTime(item.Date)无法转换带有"(CST)"的时间格式，而如果发件人的邮箱为 163 邮箱，接收到的邮件时间属性的输出格式中带有(CST)，因此这里再使用函数 Replace("(CST)","")去除时间属性输出格式中带有(CST)的字符串。此处 Replace("旧字符串","新字符串")函数表示把字符串中的旧字符串替换成新字符串。

（8）在 Then 执行语句中添加【应用程序集成】—【邮件】类别下的【保存附件】活动，输入消息为 item，设置文件夹路径为变量"附件存放路径"，该步骤表示令机器人将含有"回款情况表"的邮件中时间为当天的邮件附件保存在原先设定的文件夹路径下，如图 5-110 所示。

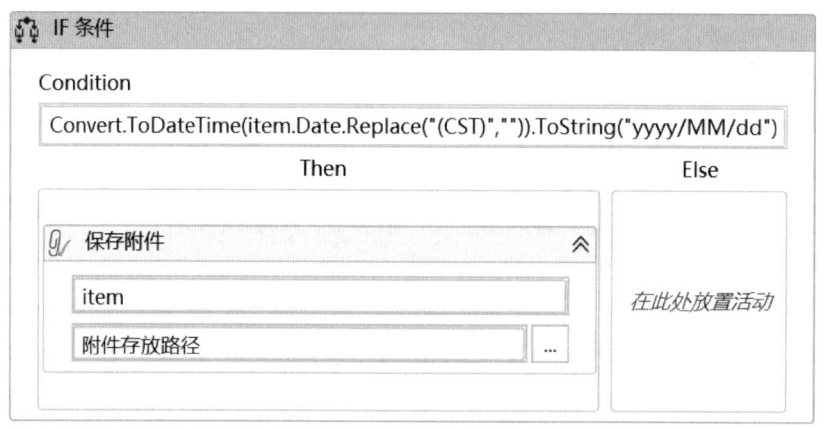

图 5-110 【保存附件】活动设置

（9）添加【系统】—【对话框】类别下的【消息框】活动，设置文本为"下载任务完成"，该步骤用于提示执行活动结束，如图 5-111 所示。

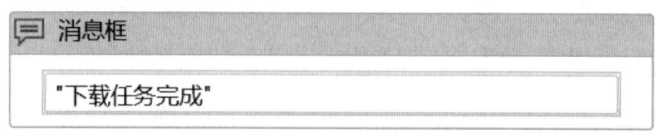

图 5-111 【消息框】活动设置

4. 运行结果

点击"调试文件"按钮,机器人下载汇总销售各部今日发来的回款情况表,如图 5-112 所示。

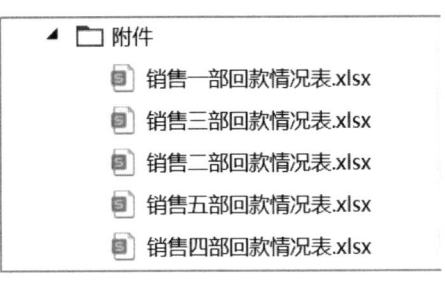

图 5-112　销售各部的回款情况表

RPA 财务机器人实战开发

知识目标

- 掌握网银付款机器人的开发过程
- 掌握银企对账机器人的开发过程

技能目标

- 能结合实际业务,理清网银付款机器人的流程设计思路
- 能使用循环完成付款信息的自动填写
- 能结合实际业务,理清银企对账机器人的流程设计思路
- 能使用联接数据表和筛选数据表相结合完成数据的核对

素养目标

- 培养学生具备珍惜时间,提高效率的惜时精神
- 培养学生精益求精、一丝不苟的工匠精神
- 培养学生不畏困难、反复锤炼的劳动精神

思维导图

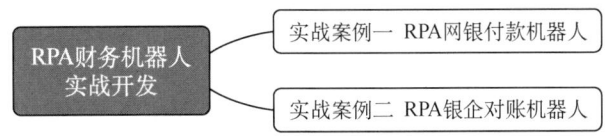

领思探知

在当今快速发展的商业环境中,企业面临着日益复杂和多样化的业务挑战。为了应对这些挑战,许多企业开始寻求利用新兴技术来提高效率、降低成本并增强竞争力。RPA 技术作为一种创新工具,正在被广泛应用于财务领域,以实现财务流程的自动化和优化。RPA 财务机器人通过模拟人类操作,能够自动执行一系列财务任务,如发票处理、纳税申报等。这种自动化不仅提高了工作效率,减少了人为错误,还有助于企业更好地适应市场变化和满足客户需求。然而,RPA 财务机器人的实战开发是一个复杂而富有挑战性的过程,需要开发者具备扎实的技术功底和丰富的实战经验。我们相信,通过不断的努力和创新,可以为企业带来更加高效、智能的财务处理方案。

思考:在利用 UiPath 工具开发 RPA 财务机器人时,需要注意哪些问题?

实战案例一　RPA 网银付款机器人

一、案例描述

北京诚鼎集团旗下有两家子公司,根据集团财务制度要求,子公司的网银付款操作由集团财务部门每日统一进行。其子公司在全国各地有许多供应商,月支付量大,且支付出错率也较高,容易导致最后输出的财务报表有误差。针对这样的支付结算痛点,集团决定开发 RPA 网银付款机器人以代替人工完成此项工作。

二、需求分析

付款业务是财务日常工作中最重要也是风险较大的业务之一。传统工作模式下的付款流程主要依赖人工操作,在付款主体多、付款量大的情况下,依赖人工效率较低、出错率高,因而付款业务存在着诸多痛点。

例如,在进行网银付款时,若存在多种不同的支付方式和明细指令类型,则操作起来更加繁琐耗时,导致操作效率也较低。另外,人工处理付款时,出错率较高,带来较大的资金管理风险。同时,大量重复操作也会带来较高的人力成本,无法释放财会人员的精力,从而无法去从事资金管理等具有价值的工作。

三、环境准备

RPA 网银付款机器人在开发之前需要准备相关开发环境:

(1)安装好 UiPath 开发工具,如图 6-1 所示。

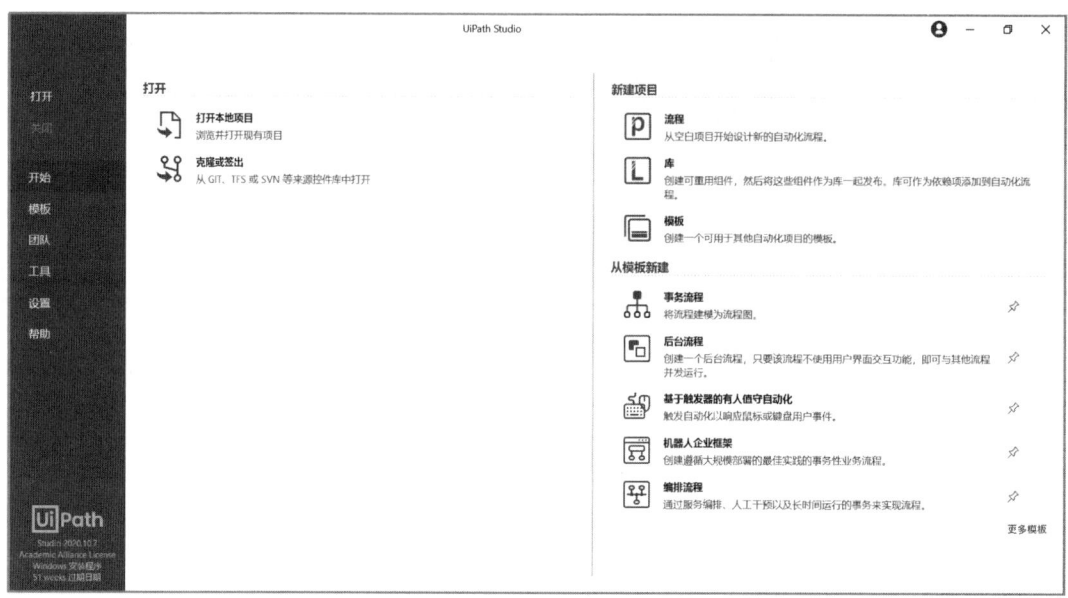

图 6-1　UiPath 开发工具

(2)准备好网上银行 RPA 开发环境,如图 6-2 所示。

图 6-2　网上银行 RPA 开发环境

四、流程设计

在实务中,会计人员登录网上银行系统,根据子公司的付款清单在网银系统上提交付款申请,填写好收款人名称、账号、银行、金额及用途等信息后,即可提交申请。

因此,根据业务的关联程度以及技术实现的难易程度,可把 RPA 网银付款机器人的主流程拆分为三个子流程:读取付款清单、登录网银系统和填写付款申请。每个子流程内又嵌套控制流程和其他流程,以下是 RPA 网银付款机器人的流程标准,实施开发要严格遵循标准进行。流程图如 6-3 所示。

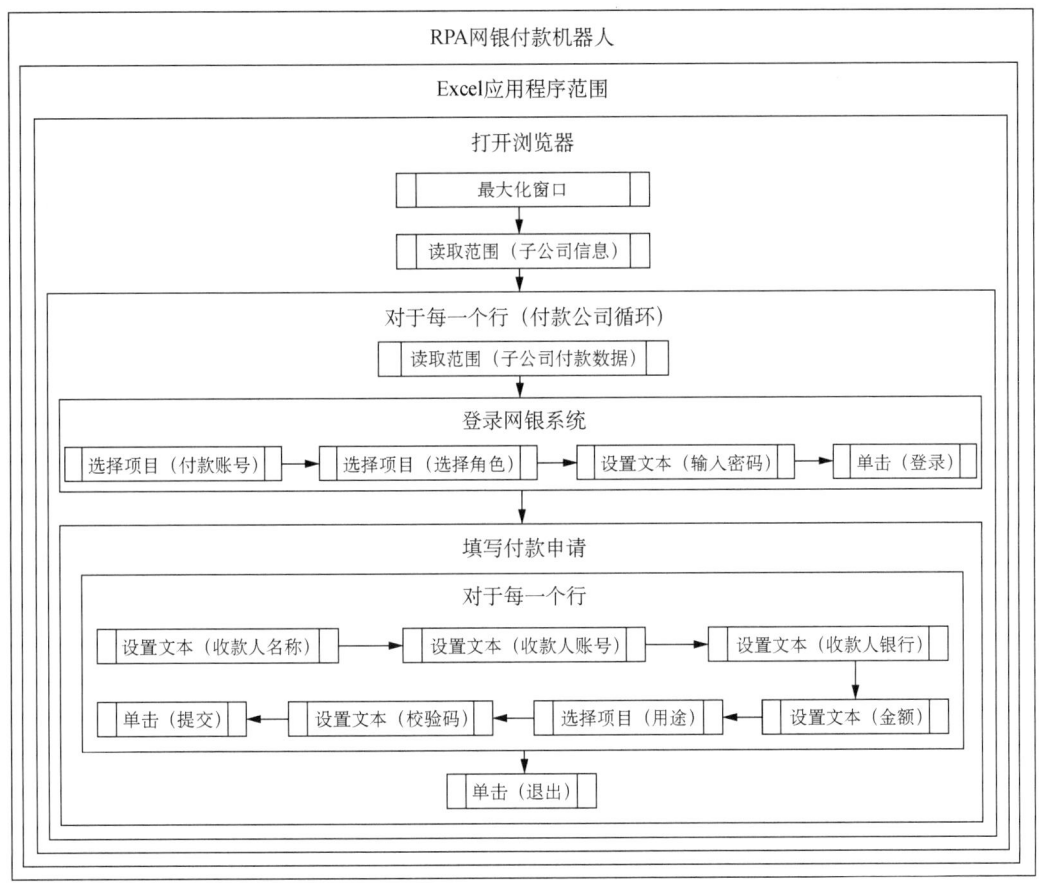

图 6-3　RPA 网银付款机器人自动化流程设计

五、实施开发

(一)建立 RPA 网银付款机器人框架

(1)在 UiPath 中新建项目流程(空白流程),项目名称和说明填为"RPA 网银付款机器人"。

(2)创建完成后打开主工作流程,然后在 Main 主流程中添加【System】—【Activities】—【Statements】类别下的【序列】活动,并将该活动的名称修改为"RPA 网银付款机器人"。

(3)由于 RPA 网银付款机器人的操作涉及 Excel 和浏览器两个应用,应在【序列】RPA 网银付款机器人中添加【应用程序集成】—【Excel】类别下的【Excel 应用程序范围】活动。

(4)在【Excel 应用程序范围】的执行序列中添加【用户界面自动化】—【浏览器】类别下【打开浏览器】活动,如图 6-4 所示。

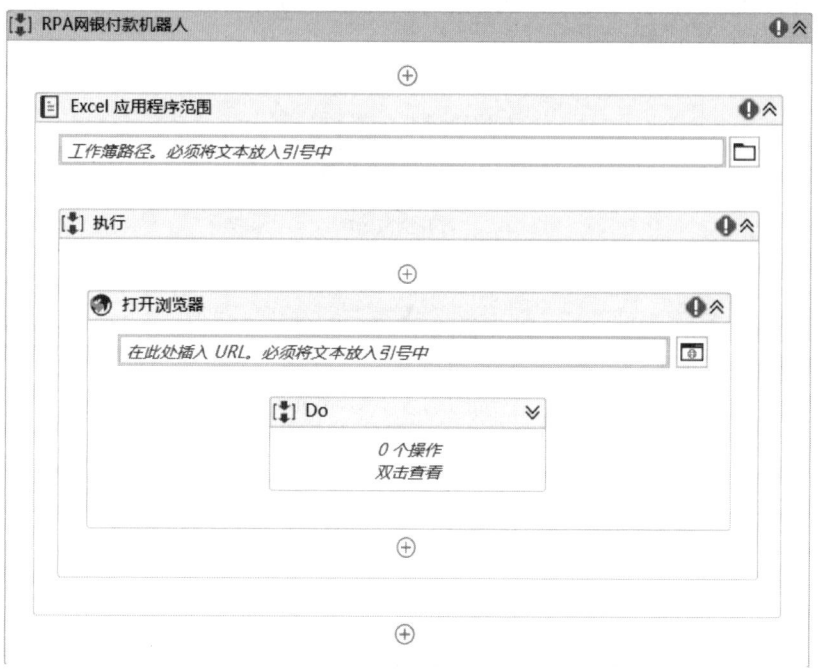

图 6-4　RPA 网银付款机器人的两个子流程

（二）开发子流程

1. 读取付款清单子流程

1）设计付款清单

Excel 付款清单的内容分为两部分，分别是企业信息和子公司付款数据。由于北京诚鼎集团有两家子公司的付款清单需要处理，因此在付款清单文件中增加了一个"企业信息"工作表，包括付款人名称、付款账号、人员权限及操作等内容。通过读取并引用企业信息，RPA 机器人可以登录到子公司对应的网银账号，读取到对应的子公司付款数据。

子公司付款数据的工作表应根据在网上银行付款时所需的信息进行设计。根据网银付款的必要填写信息，设计出付款清单的内容应包括：①网银付款信息表表头；②网银付款信息内容。网银付款信息表表头包括收款人名称、收款人账号、收款人银行、金额、用途及制单校验码等，网银付款信息内容是公司计划付款的详细信息，如表 6-1、表 6-2 所示。

表 6-1　付款人信息表

付款人名称	付款账号	人员权限	操作
北京浩龙建设有限公司	6213026698354103295	000001 制单员	仅制单
北京真宏建设有限公司	6213022149958548909	000001 制单员	仅制单

表 6-2　网银付款信息表

收款人名称	收款人账号	收款人银行	金额	用途	制单校验码
深圳鼎伦运输有限公司	6222405********4905	中国农业银行深圳分行	1 700.42	服务费	x9t5959bq858v7v9195xp738

(续表)

收款人名称	收款人账号	收款人银行	金额	用途	制单校验码
哈尔滨途盟开发有限公司	6238418※※※※※※※※8134	中国工商银行哈尔滨分行	3 757.42	备用金	plw4693ix877x7z4313aq615
深圳澄金运输有限公司	6252017※※※※※※※※3024	中国民生银行深圳分行	5 491.18	服务费	m7m8063ty298y6j925g1727
上海丰润工业有限公司	6249656※※※※※※※※3421	中国银行上海分行	3 488.81	备用金	j2h356lrv564i3o8228ug567

2）读取付款清单信息

（1）为【Excel应用程序范围】活动设置工作簿路径，即设置RPA网银付款机器人读取Excel付款清单文件的路径。在【Excel应用程序范围】活动中，单击"浏览"按钮，选择"北京诚鼎集团付款清单.xlsx"文件。这里的工作簿路径显示为相对路径（需事先将Excel付款清单文件放在当前RPA项目文件夹下，否则此处路径将显示为绝对路径），同时由于工作簿路径是一个字符串，路径左右两边要有英文状态的双引号，如图6-5所示。

图6-5 【Excel应用程序范围】活动

（2）登录课程平台，打开RPA环境，进入网银系统，复制URL地址，将复制的地址插入【打开浏览器】活动，此处前后要加英文双引号。同时，点击"属性"面板，将输入浏览器类型设置为Chrome，如图6-6、图6-7所示。

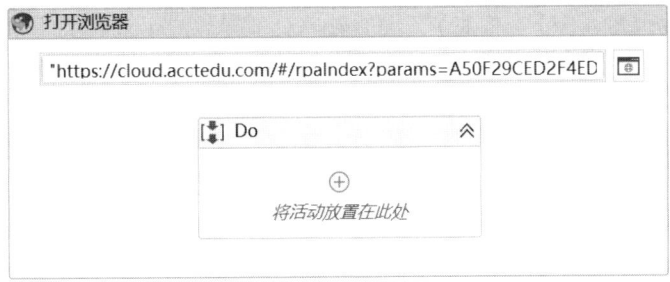

图6-6 【打开浏览器】活动设置

图 6-7 【打开浏览器】活动属性设置

(3) 在【打开浏览器】活动的 Do 序列中添加【用户界面自动化】—【窗口】—【最大化窗口】活动,如图 6-8 所示。

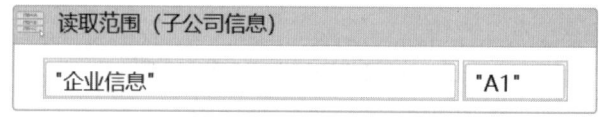

图 6-8 添加【最大化窗口】活动

(4) 现已打开机器人运行所操作的两个软件：Excel 和 Chrome 浏览器,可以开始进行读取数据的操作。添加【应用程序集成】—【Excel】类别下的【读取范围】活动,修改活动的显示名称为"读取范围(子公司信息)",设置输入工作表为"企业信息",读取范围为"A1"。在变量面板中创建变量"子公司信息",变量类型选择 DataTable,变量范围设置为"RPA 网银付款机器人",即该变量在整个项目的控制流程范围内都有效。随后,输出数据表处设置为子公司信息,即可将读取的内容储存到变量表子公司信息中,便于后续引用,如图 6-9、图 6-10 所示。

图 6-9 设置【读取范围】活动

图 6-10 设置【读取范围】活动属性设置

（5）子公司的企业信息已经读取完毕，企业信息工作表的每一行数据代表一家子公司的信息，通过对子公司信息变量的引用，可以控制循环读取每家子公司的付款数据，进行付款操作。添加【编程】—【数据表】类别下的【对于每一个行】活动，修改显示名称为"对于每一个行(付款公司循环)"，输入数据表处设置为子公司信息，以进行循环引用，如图 6-11 所示。

图 6-11 【对于每一个行】活动设置

（6）在【对于每一个行】的正文序列中，添加【应用程序集成】—【Excel】类别下的【读取范围】活动，修改显示名称为"读取范围(子公司付款数据)"。在设计付款清单时，付款数据工作表的名称，均为对应子公司的名称，而在子公司信息变量中，公司名称为第一列数据(索引为 0)。因此为了读取子公司付款数据，设置输入工作表为 row(0).tostring，读取范围为"A1"。在变量面板中创建变量"子公司付款数据"，变量类型选择 DataTable，变量范围设置为"RPA 网银付款机器人"。输出数据表处设置为子公司付款数据，即可将读取的内容储存到变量表子公司付款数据中，便于后续引用，如图 6-12、图 6-13 所示。

253

图 6-12 【读取范围】活动设置

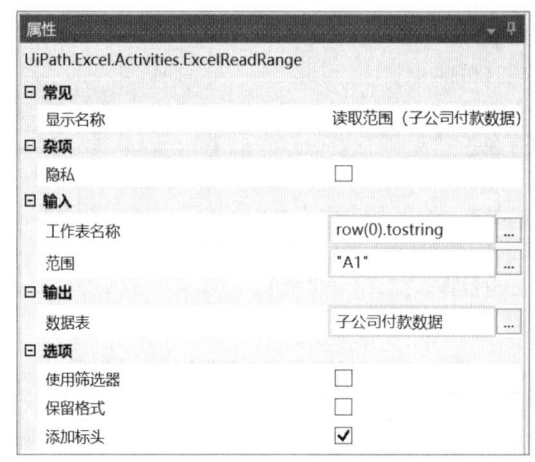

图 6-13 【读取范围】活动属性设置

2. 登录网银系统

(1) 读取完数据后,即可进行付款操作,需要登录对应子公司的网银账号。添加【System】—【Activities】—【Statements】类别下的【序列】活动,修改显示名称为"登录网银系统",如图 6-14 所示。

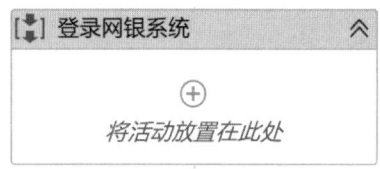

图 6-14 登录网银系统序列

(2) 添加【用户界面自动化】—【元素】—【控件】类别下的【选择项目】活动,修改名称为"选择项目(付款账号)",通过"指明在屏幕上"功能拾取"付款账号"选项,由于付款账号在子公司信息的第二列,因此设置输入文本为 row(1).ToString,如图 6-15 所示。

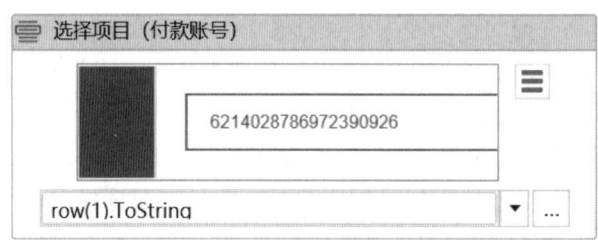

图 6-15 【选择项目】活动设置

(3) 添加【用户界面自动化】—【元素】—【控件】类别下的【选择项目】活动,修改名称为 "选择项目(选择角色)",通过"指明在屏幕上"功能拾取"角色"选项,由于人员角色在子公司信息的第三列,因此设置输入文本为 row(2).ToString,如图 6-16 所示。

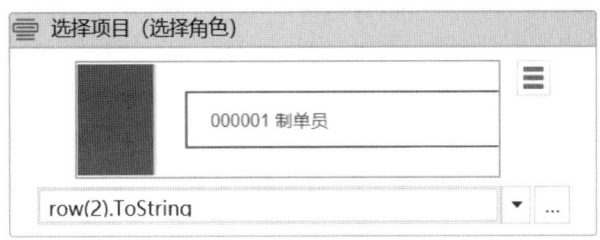

图 6-16 【选择项目】活动设置

(4) 添加【用户界面自动化】—【元素】—【控件】类别下的【设置文本】活动,修改名称为 "设置文本(输入密码)",通过"指出浏览器中的元素"功能拾取网银登录界面中的密码输入框,并设置输入文本为"123456",如图 6-17 所示。

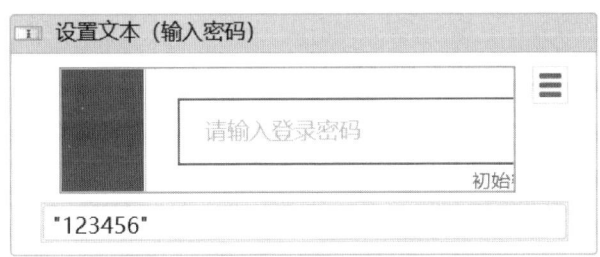

图 6-17 设置【设置文本】活动输入密码

(5) 添加【用户界面自动化】—【元素】—【鼠标】类别下的【单击】活动,修改名称为"单击(登录)",通过"指出浏览器中的元素"功能拾取网银登录界面中的"登录"按钮,如图 6-18 所示。

图 6-18 单击(登录)

3. 填写付款申请

该子流程的核心在于自动填写转账申请中的各条信息,因此关键在于填写付款申请中的循环设置。在付款数据工作表中,可以看到表格的每一行都代表着一条付款信息,包含了提交付款申请的必要填写项目,如表 6-3 所示。因此,结合到 UiPath 的活动,可以采取每一行循环填写的活动,嵌套文本输入,实现自动填写。

RPA 网银付款机器人在提交付款申请时,需要模仿人工在网银系统上循环填写支付给收款人(单位)的转账信息。这些付款信息由 RPA 机器人在子流程 1——"读取付款清单"

中从"北京诚鼎集团付款清单.xlsx"文件中提取,并保存在子公司付款数据变量中。该变量是 DataTable 类型,保存着从 Excel 工作表中提取到的付款数据。

子公司付款数据中存储的数据类似 Excel 中行列交叉的表格数据,其中数据的行和列均从 0 开始编号。例如,若要访问子公司付款数据中存储的"深圳鼎伦运输有限公司"字符串时,使用的代码是子公司付款数据(0)(0).ToString(注意:.ToString 是调用子公司付款数据(0)(0)对象,将其转为字符串类型的 ToString 过程)。若要访问子公司付款数据中每一行的第一列信息时,使用的代码是 row(0).ToString,括号中的数字代表索引,第一列的索引为 0。

表 6-3 收款人信息表

收款人名称	收款人账号	收款人银行	金额	用途	制单校验码
深圳鼎伦运输有限公司	6222405********4905	中国农业银行深圳分行	1 700.42	服务费	x9t5959bq858v7v9195xp738
哈尔滨途盟开发有限公司	6238418********8134	中国工商银行哈尔滨分行	3 757.42	备用金	plw4693ix877x7z4313aq615
深圳澄金运输有限公司	6252017********3024	中国民生银行深圳分行	5 491.18	服务费	m7m8063ty298y6j925g1727
上海丰润工业有限公司	6249656********3421	中国银行上海分行	3 488.81	备用金	j2h356lrv564i3o8228ug567

(1)添加【System】—【Activities】—【Statements】类别下的【序列】活动,修改显示名称为"填写付款申请",在该序列中进行付款信息的填写提交操作,如图 6-19 所示。

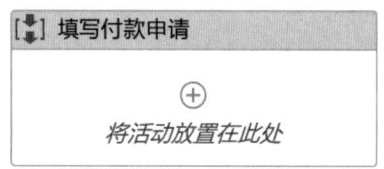

图 6-19 填写付款申请序列

(2)子公司付款数据的每一行代表一条付款申请,为进行付款申请的循环填写提交,可采取【对于每一个行】活动。在填写付款申请序列后,添加【编程】—【数据表】类别下的【对于每一个行】活动,输入数据表处设置为子公司付款数据,如图 6-20 所示。

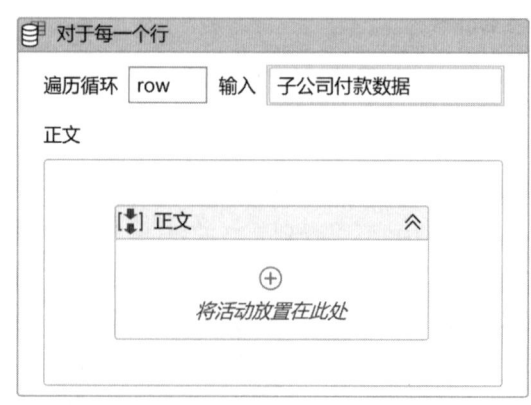

图 6-20 【对于每一个行】活动设置

(3) 添加【用户界面自动化】—【元素】—【控件】类别下的【设置文本】活动,修改显示名称为"设置文本(收款人名称)",通过"指明在屏幕上"功能拾取"收款人名称"选项,由于收款人名称在每一行的第一列,设置输入文本为 row(0).ToString,如图 6-21 所示。

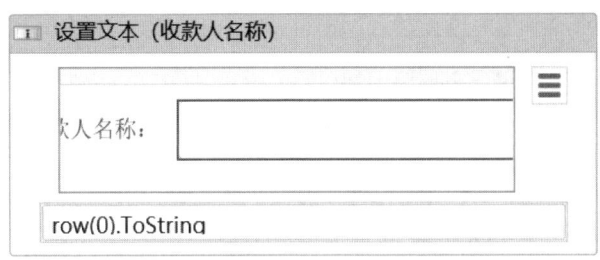

图 6-21　设置【设置文本】活动输入收款人名称

(4) 添加【用户界面自动化】—【元素】—【控件】类别下的【设置文本】活动,修改显示名称为"设置文本(收款人账号)",通过"指明在屏幕上"功能拾取"收款人账号"选项,由于收款人账号在每一行的第二列,设置输入文本为 row(1).ToString,如图 6-22 所示。

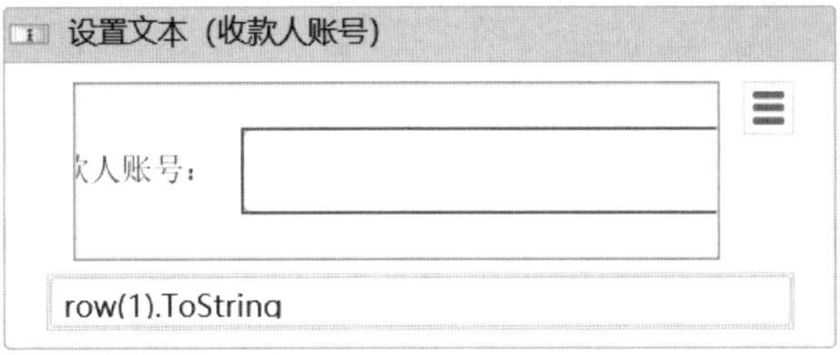

图 6-22　设置【设置文本】活动输入收款人账号

(5) 添加【用户界面自动化】—【元素】—【控件】类别下的【设置文本】活动,修改显示名称为"设置文本(收款人银行)",通过"指明在屏幕上"功能拾取"收款人银行"选项,由于收款人银行在每一行的第三列,设置输入文本为 row(2).ToString,如图 6-23 所示。

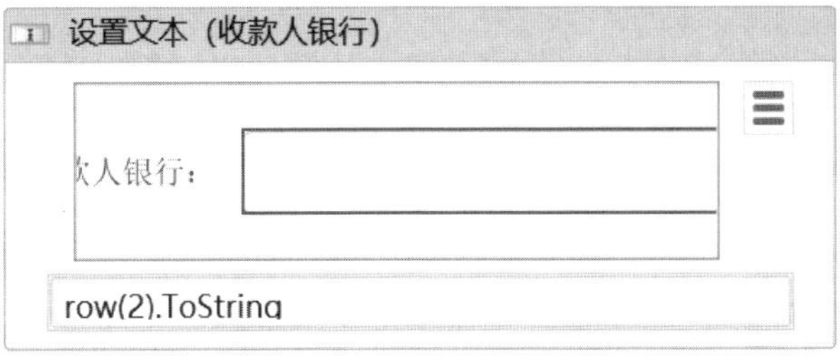

图 6-23　设置【设置文本】活动输入收款人银行

(6) 添加【用户界面自动化】—【元素】—【控件】类别下的【设置文本】活动,修改显示名称为"设置文本(金额)",通过"指明在屏幕上"功能拾取"金额"选项,由于金额在每一行的第四列,设置输入文本为 row(3).ToString,如图 6-24 所示。

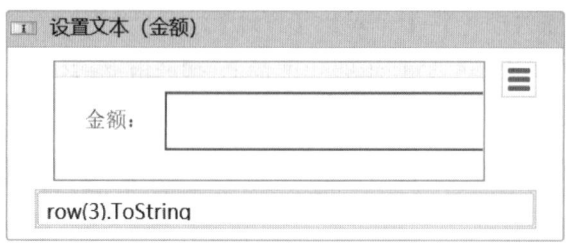

图 6-24　设置【设置文本】活动输入金额

（7）添加【用户界面自动化】—【元素】—【控件】类别下的【选择项目】活动，修改显示名称为"选择项目（用途）"，通过"指明在屏幕上"功能拾取"用途"选项，由于用途在每一行的第五列，设置输入文本为 row(4). ToString，如图 6-25 所示。

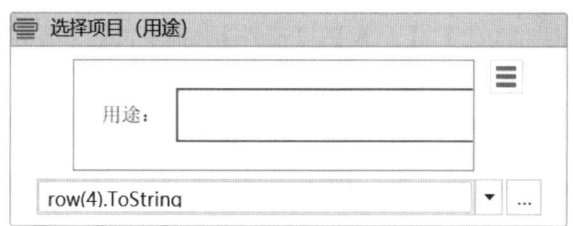

图 6-25　【选择项目】活动设置

（8）添加【用户界面自动化】—【元素】—【控件】类别下的【设置文本】活动，修改显示名称为"设置文本（校验码）"，通过"指明在屏幕上"功能拾取"校验码"选项，由于校验码在每一行的第六列，设置输入文本为 row(5). ToString。由于校验码不可手动输入，需要点击"属性"面板，将选项中的"如果禁用则更改"勾选为 True 状态，如图 6-26、图 6-27 所示。

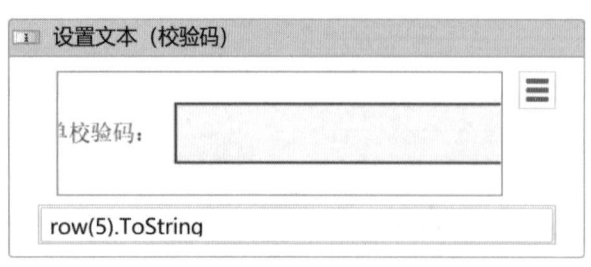

图 6-26　设置【设置文本】活动输入校验码

图 6-27　设置【设置文本】活动输入校验码

（9）付款信息已经全部填写完毕，可以提交该条付款申请。添加【用户界面自动化】—【元素】—【鼠标】类别下的【单击】活动，修改显示名称为"单击（提交）"，通过"指明在屏幕上"功能拾取"提交"选项，如图 6-28 所示。

图 6-28 单击(提交)

(10) 当一家子公司付款数据全部提交完毕,即可退出登录,进行下一家子公司的付款操作。添加【用户界面自动化】—【元素】—【鼠标】类别下的【单击】活动,修改显示名称为"单击(退出)",通过"指明在屏幕上"功能拾取"退出"选项,如图 6-29 所示。

图 6-29 单击(退出)

六、总结拓展

RPA 机器人的开发是为了提高会计人员的工作效率,解放其精力,使其可以从事更有价值的管理工作。但是开发 RPA 机器人并不意味着脱离实际业务,实际上 RPA 机器人的开发正是建立在对实际工作十分熟悉的基础之上。特别是面对更加复杂、多样化的业务情景时,只有深入明白其业务原理,才能结合技术实现 RPA 机器人的开发。

在本案例网银付款中,付款情景的流程比较简单,登录后填写付款信息即可完成付款申请流程,因此可以根据业务流程大致设计出 RPA 机器人的搭建流程,开发关键在于掌握循环填写的相关活动应用。在熟悉业务流程的基础上,结合循环填写活动,即可搭建出 RPA 网银付款机器人。

【想一想】

1. 对于循环填写付款信息,案例中采取的是【对于每一个行】这一活动,请你想一想能不能采取 UiPath 中其他活动来达成信息的循环填写呢?

2. 请你根据任务概述,尝试不依赖流程图和开发步骤的提示,从零自主开发网银付款机器人。

3. 如果将案例中的网银付款场景换成代发工资,请问你会怎么设计流程和实施开发?

实战案例二 RPA 银企对账机器人

一、案例描述

北京宏信集团下有三家子公司,分别是北京定采工业有限公司、北京华茂工业有限公司及北京新城工业有限公司。集团财务人员需于月末对子公司的银行存款开展对账工作,编制银行存款余额调节表,并将对账结果输入储存在集团的银企对账管理系统。由于子公司有多家,且银行存款交易量大,人工进行对账工作工作量大、效率低下,还存在对账错误的风险。针对这样的工作痛点,该集团希望开发 RPA 银企对账机器人以代替人工完成此项工作。

二、需求分析

银企对账是内控的一项经常性工作,对企业而言,银企对账可以保证企业资金安全性,规范企业会计核算。对于财务人员而言,银企对账可以避免因银行与企业账务不一致而引发的一系列风险隐患。

在实际工作中,财务人员需要按银行、账户逐个对账,大量的手工作业往往会造成对账不及时、对账单回收困难等问题,不仅耗费大量人力、物力,有时还存在疏漏,无法起到良好的风险防范效果。因此,如何提高银行对账单处理的效率和正确率已成为企业财务人员及管理层关注的重点问题。

RPA 银企对账机器人可以将对账流程自动化。通过利用 RPA 银企对账机器人代替人工执行银企对账工作,不仅可以降低人力成本,释放人力至具有更高附加值的工作中,还可提高银企对账的效率,大幅降低人工风险及对企业造成损失的概率,进而令企业的应收、应付等资金循环周期变短,客户及员工的满意度得到提高。总之,RPA 银企对账机器人将会是财会人员未来财务工作中的得力助手。

三、环境准备

开发 RPA 银企对账机器人之前需要准备相关的开发环境,安装好 UiPath 开发工具,如图 6-30 所示。

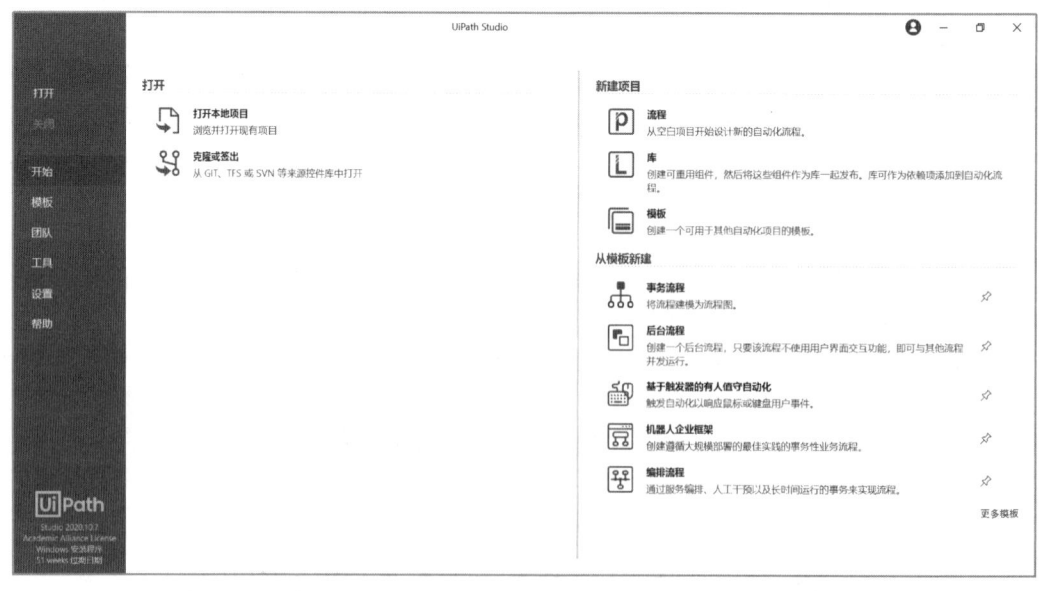

图 6-30　UiPath 开发工具

四、流程设计

在月底的会计对账工作中,会计人员需要针对银行存款日记账和银行对账单两者进行对账,编制银行余额调节表来调整两者之间的未达账项。对银行存款日记账与银行对账单进行逐笔核对,查出银行存款日记账与银行对账单两者未同时出现的记录,即未达账项。将未达账项分类填入余额调节表的对应栏目,即可算出调节后的余额。

因此,根据业务的关联程度以及技术实现的难易程度,可把 RPA 银企对账机器人的主要流程拆分为五个子流程:筛选银行存款对账单、筛选银行存款日记账、核对不符数据、填写余额调节表、填写平台余额调节表。每个子流程内又嵌套控制流程和其他流程,如图 6-31 是 RPA 银企对账机器人的流程标准,实施开发要严格遵循标准进行。

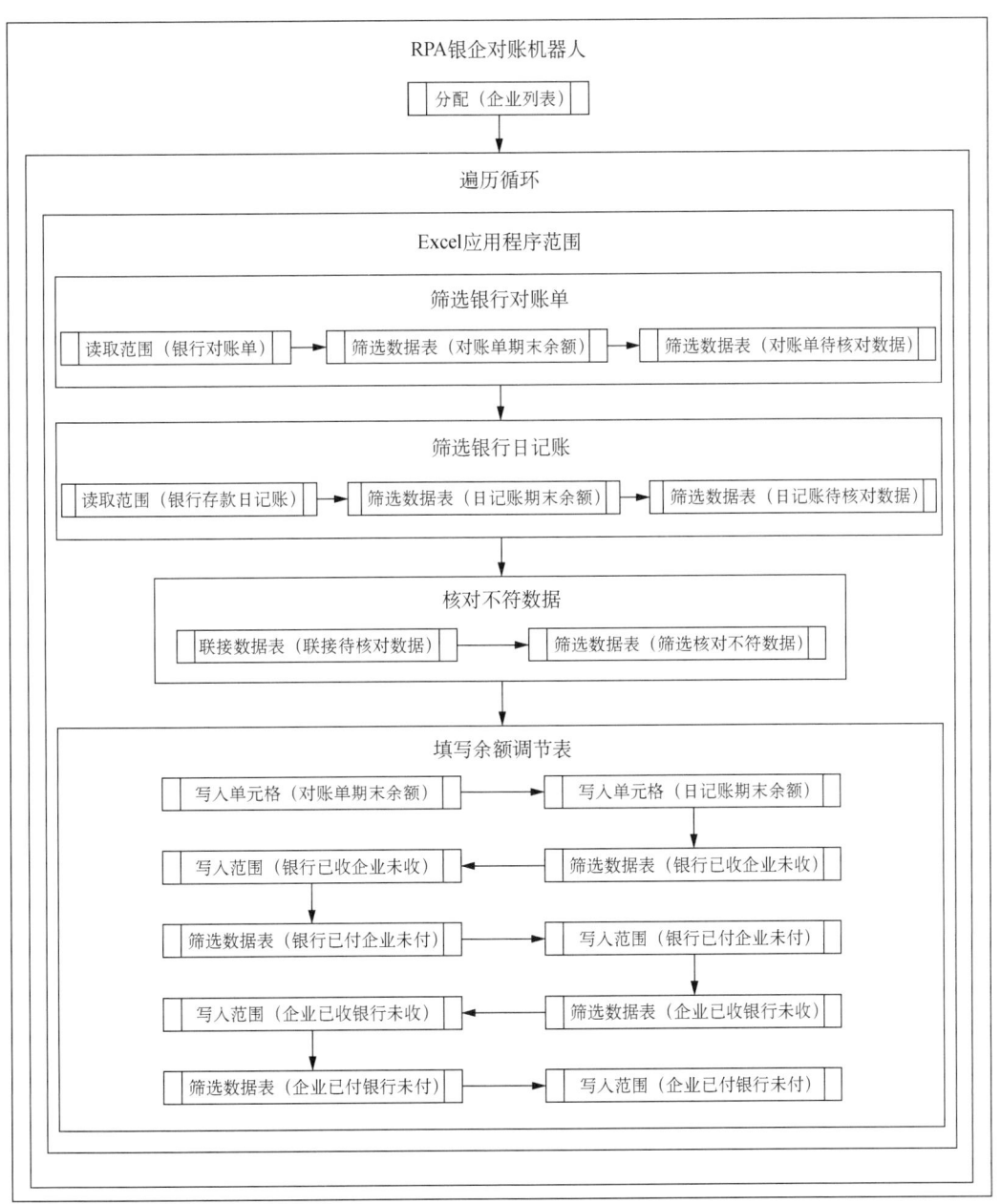

图 6-31 RPA 银企对账机器人自动化流程设计

五、实施开发

（一）建立 RPA 银企对账机器人框架

（1）在 UiPath 中新建项目流程（空白流程），项目名称修改为"RPA 银企对账机器人"。创建完成后打开主工作流，然后在 Main 主工作流中添加【序列】活动，并将【序列】名称修改为"RPA 银企对账机器人"，如图 6-32 所示。

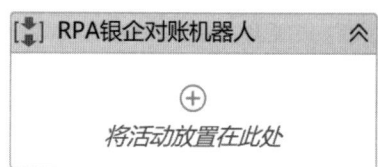

图 6-32　RPA 银企对账机器人序列

（2）根据集团要求，需要将对账结果输入储存在银企对账管理系统。因此添加【用户界面自动化】—【浏览器】类别下【打开浏览器】活动，如图 6-33 所示。

图 6-33　【打开浏览器】活动

（3）在【打开浏览器】活动的 Do 序列中添加【用户界面自动化】—【窗口】—【最大化窗口】活动，如图 6-34 所示。

图 6-34　【最大化窗口】活动

（4）由于进行对账操作是在 Excel 软件中进行，需要用到【Excel 应用程序范围】活动，而【Excel 应用程序范围】读取文件的相对路径即为文件在该 UiPath 项目下的文件名（包含路径）。为对每家公司的数据进行循环对账，需要获取对账数据在该项目下的路径及名称。添加【System】—【Activities】—【Statements】类别下的【分配】活动。在变量面板创建变量"企业列表"，变量类型为 String[]，范围为 RPA 银企对账机器人。此变量用于储存三家子公司对账数据的文件名称（包含其路径），便于后续引用。设置企业列表＝directory. GetFiles("银企对账数据"," * ")。Directory. GetFiles(string path, string searchPattern)函数可返回指定目录中与指定的搜索模式匹配的文件的名称（包含其路径）。path 为要搜索的目录的相对或绝对路径,不区分大小写。searchPattern 为搜索要求,最终返回 path 中的文件名与 searchPattern 匹配的文件,可包含有效文本路径和通配符(＊和?)的组合。由于文件储存在该 UiPath 项目下的"银企对账数据"文件夹,且路径名称不止一个字符,因此 path 为"银企对账数据",searchPattern 使用＊星号通配符,如图 6-35 所示。

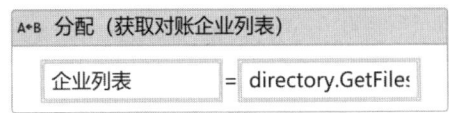

图 6-35 【分配】活动设置

(5)添加【工作流】—【控件】类别下的【遍历循环】活动,设置输入值为变量"企业列表",如图 6-36 所示。先前已将需要对账的文件名称储存在"企业列表"中,此活动用于针对变量"企业列表"中的每一个文件名进行依次遍历循环。

图 6-36 【遍历循环】活动设置

(6)在【遍历循环】的正文中添加【应用程序集成】—【Excel】—【表格】类别下的【Excel 应用程序范围】活动。对账数据需在 Part1【案例描述】下的业务数据及规范处提前下载,在源码包所在文件夹下新建"银企对账数据"文件夹,将下载的对账数据解压后保存在该文件夹下。每一次循环,item 会引用企业列表中的元素即对账数据的路径及文件名,因此设置【Excel 应用程序范围】活动的工作簿路径为 item.ToString,如图 6-37 所示。

图 6-37 【Excel 应用程序范围】活动

（7）在【Excel应用程序范围】活动的执行序列中添加四个【序列】活动，并将这五个活动的显示名称分别命名为序列(筛选银行对账单)、序列(筛选银行日记账)、序列(核对不符数据)、序列(填写余额调节表)及序列(填写平台余额调节表)，如图6-38所示。

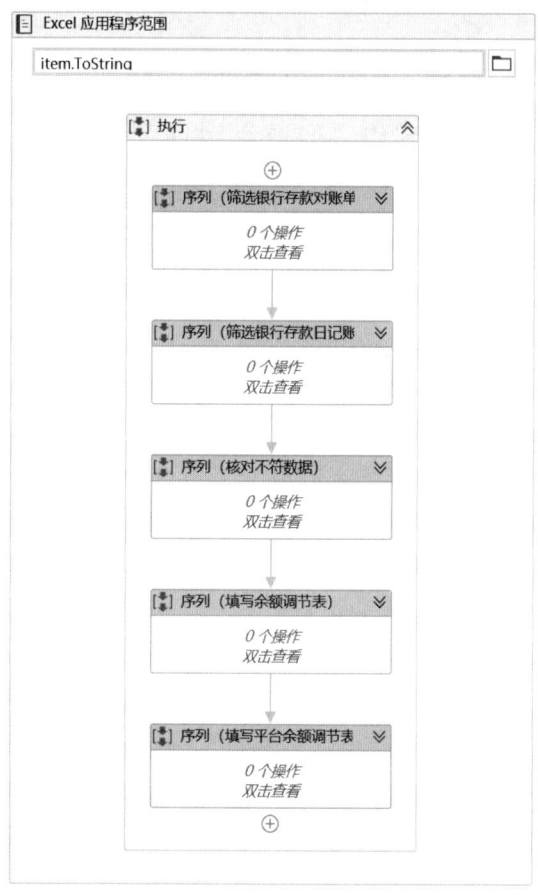

图6-38　添加"序列"活动

（二）开发子流程

1. 筛选银行存款对账单子流程

（1）点击进入筛选银行对账单的【序列】，添加【应用程序集成】—【Excel】类别下的【读取范围】活动，修改活动的显示名称为"读取范围(银行存款对账单)"，输入工作表设置为"银行存款对账单"，读取范围为""，如图6-39所示。在变量面板中创建变量"对账单数据"，变量类型选择DataTable，变量范围设置为"RPA银企对账机器人"。随后，针对【读取范围】活动，输出数据表处设置为"对账单数据"，如图6-40所示。

图6-39　【读取范围】活动设置

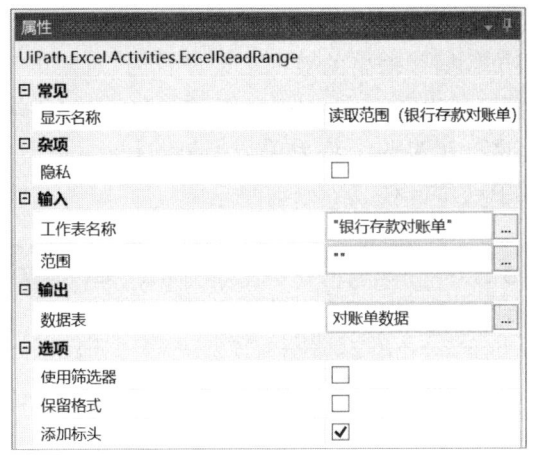

图 6-40 【读取范围】活动属性设置

（2）添加【编程】—【数据表】类别下的【筛选数据表】活动，在显示名称中增加"（对账单期末余额）"。创建变量"对账单期末余额"，变量类型选择 DataTable，变量范围设置为"RPA银企对账机器人"，用于储存期末余额数据。点击筛选器向导，输入数据表处设置为"对账单数据"，输出数据表处设置为"对账单期末余额"。在行筛选模式处将规则定为保留第四列含"本月合计"的行的数据（索引为3），如图 6-41、图 6-42 所示。这一步是为了将对账单的期末余额提取出来，方便后续余额调节表的填写。

图 6-41 【筛选数据表】活动

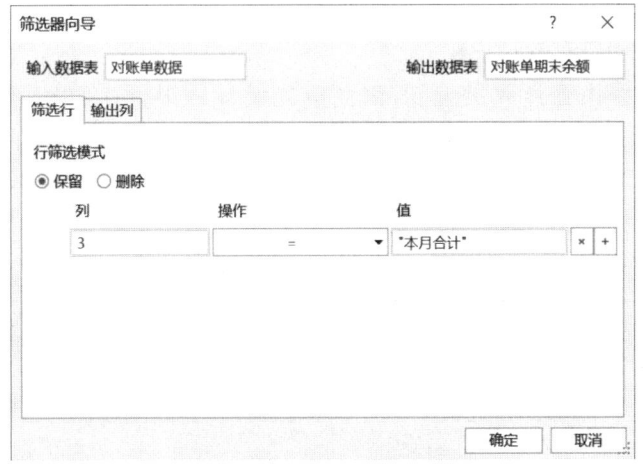

图 6-42 【筛选数据表】活动设置

（3）添加【编程】—【数据表】类别下的【筛选数据表】活动，在显示名称中增加"（对账单待核对数据）"。创建变量"对账单待核对数据"，变量类型选择 DataTable，变量范围设置为

"RPA 银企对账机器人",用于储存待核对的明细信息,核对未达账项。点击筛选器向导,输入数据表处设置为"对账单数据",输出的数据表处设置为"对账单待核对数据"。在行筛选模式处将规则定为删除第四列为空、包含期初余额、包含本月合计的行的数据(索引为3),如图 6-43、图 6-44 所示。这一步是为了将无关数据剔除,只留下需要核对的每一条交易信息,以便在第三个子流程中进行核对。

图 6-43 【筛选数据表】活动

图 6-44 【筛选数据表】活动属性设置

2. 筛选银行存款日记账子流程

1) 设计 Excel 银行存款日记账

银行存款日记账由会计人员编制,因此应先设计好银行存款日记账数据表,为后续 RPA 机器人进行银企对账做好数据准备。Excel 银行存款日记账的内容应根据出纳日常填写的日记账信息进行设计。根据对银行存款日记账信息的了解,设计 Excel 银行存款日记账数据应包括:日期、记字、摘要、借方发生额、贷方发生额及余额,如表 6-4 所示。

表 6-4 银行存款日记账　　　　　　　　　　　　单位:元

日期	记字	摘要	借方发生额	贷方发生额	余额
2021/7/1		期初余额			4 431 126.00
2021/7/1	记 005 号	社会保险		8 199.90	4 422 926.10
2021/7/1		本日合计		8 199.90	4 422 926.10
2021/7/2	记 006 号	缴纳附加税费		840.00	4 422 086.10

2)筛选银行存款日记账

(1)点击进入筛选银行存款日记账的【序列】,添加【应用程序集成】—【Excel】类别下的【读取范围】活动,修改活动的显示名称为"读取范围(银行存款日记账)",输入工作表设置为"银行存款日记账",读取范围为"A1",如图 6-45 所示。创建变量"日记账数据",变量类型选择 DataTable,变量范围设置为"RPA 银企对账机器人"。随后,针对读取范围活动,输出数据表处设置为"日记账数据",如图 6-46 所示。

图 6-45 【读取范围】活动设置

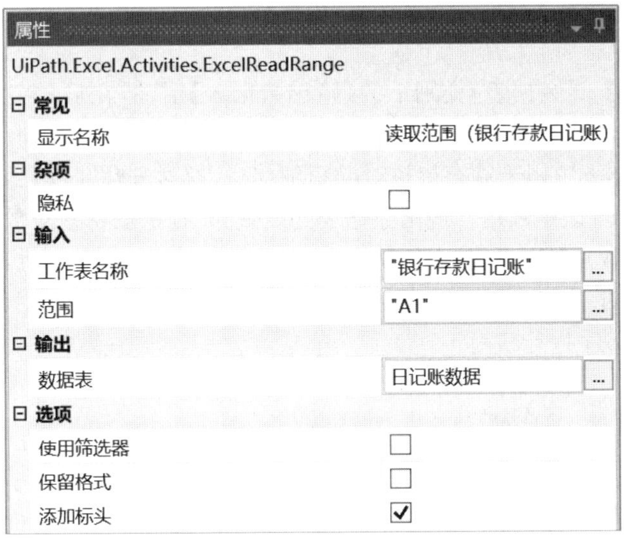

图 6-46 【读取范围】活动属性设置

(2)添加【编程】—【数据表】类别下的【筛选数据表】活动,在显示名称中增加"(日记账期末余额)"。创建变量"日记账期末余额",变量类型选择 DataTable,变量范围设置为"RPA 银企对账机器人",用于储存期末余额数据,以填写余额调节表。点击筛选器向导,输入数据表处设置为"日记账数据",输出数据表处设置为"日记账期末余额",在行筛选模式处将规则定为保留第三列含"本月合计"的行的数据,如图 6-47、图 6-48 所示。这一步是为了将日记账的期末余额提取出来,方便余额调节表的填写。

图 6-47 【筛选数据表】活动

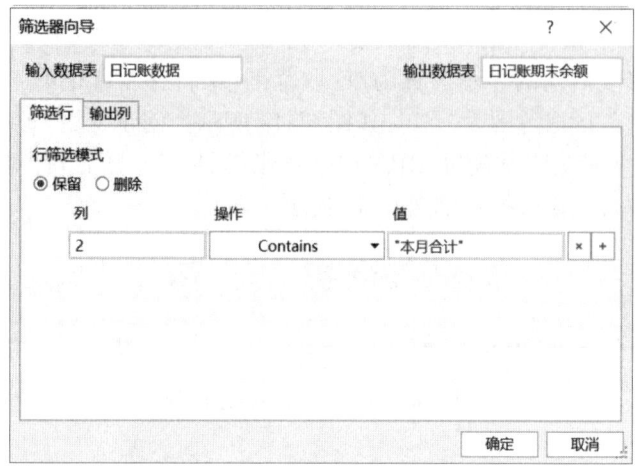

图 6-48 【筛选数据表】活动属性设置

（3）添加【编程】—【数据表】类别下的【筛选数据表】活动，在显示名称中增加"（日记账待核对数据）"。创建变量"日记账待核对数据"，变量类型选择 DataTable，变量范围设置为"RPA 银企对账机器人"，用于储存待核对的明细信息，核对未达账项。点击筛选器向导，输入数据表处设置为"日记账数据"，输出数据表处设置为"日记账待核对数据"，在行筛选模式处将规则定为删除第三列为空、包含期初余额、包含本日合计、包含本月合计的行的数据，如图 6-49、图 6-50 所示。这一步是为了将无关数据剔除，只留下需要核对的每一条交易信息，以便在第三个子流程中进行核对。

图 6-49 【筛选数据表】活动

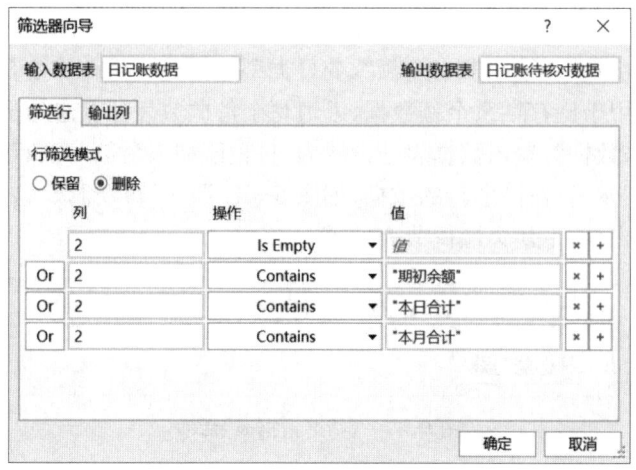

图 6-50 【筛选数据表】活动设置

3. 核对不符数据子流程

1) 联接数据表活动介绍

本流程为整个银企对账的核心，即核对对账单和日记账，找出未达账项。在前两个流程中，我们已通过筛选数据表的活动将子表银行对账单和银行日记账中无需核对的信息，如期初余额、本月合计等信息剔除，只留下具体需要核对的每一条明细，并分别存储于变量"对账单待核对数据"和"日记账待核对数据"中。在本流程中，需要用到"联接数据表"活动，将两个待核对数据联接到一个变量中，再运用【筛选数据表】活动对其筛选，找出未达账项。

联接数据表活动可以根据"联接类型"属性中指定的"联接"规则，并使用两张表共有的值来合并两张表格中的行。

2) 核对不符数据具体步骤

（1）点击进入核对不符数据的【序列】，添加【编程】—【数据表】类别下的【联接数据表】活动，在显示名称中增加"（联接待核对数据）"。创建变量"核对完成数据"，变量类型选择DataTable，变量范围设置为"RPA银企对账机器人"，用于储存对账单和日记账合并后的数据。点击联接向导，输入数据表1设置为"对账单待核对数据"，输入数据表2设置为"日记账待核对数据"，输出数据表设置为"核对完成数据"。由于本流程不仅需要找出银行对账单和银行日记账之间的未达账项，更需要将这些未达账项填写进后续的余额调节表，因此需要选择"Full"联接方式。联接规则为将对账单的借方（索引为4）与日记账的贷方（索引为4）核对，将对账单的贷方（索引为5）与日记账的借方（索引为3）核对。设置规则如图6-51、图6-52所示，不满足规则的，说明企业和银行没有同时记录该笔明细，系统会将null值插入两张表中不存在匹配项的行。

图6-51 【筛选数据表】活动

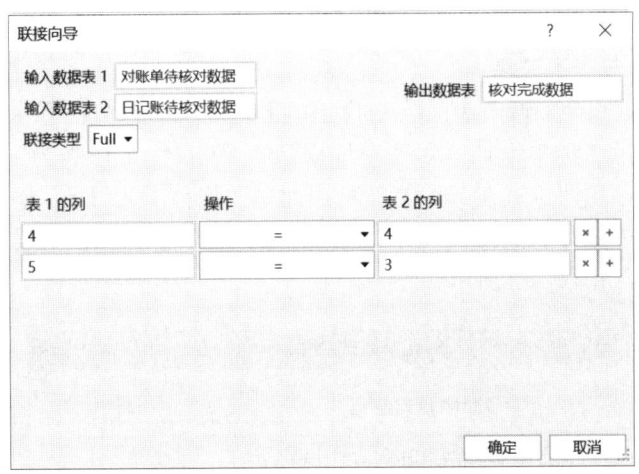

图6-52 【筛选数据表】活动设置

（2）添加【编程】—【数据表】类别下的【筛选数据表】活动，在显示名称中增加"（筛选核对不符数据）"。创建变量"核对不符数据"，变量类型选择 DataTable，变量范围设置为"RPA 银企对账机器人"，用于储存未达账项。点击筛选器向导，输入数据表处设置为"核对完成数据"，输出数据表处设置为"核对不符数据"。在上一步中，不符合匹配规则的，将会被插入 null 值。若第一列和第九列的数据同时不为空，则说明企业和银行均有记录该笔明细，该笔明细不是未达账项。在行筛选模式处将规则定为删除第一列和第九列同时非空的数据。这一步是为了将符合的数据剔除，只留下未达账项，以便在第四个子流程中进行提取填写，如图 6-53、图 6-54 所示。

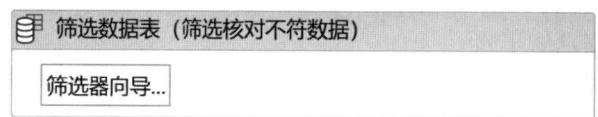

图 6-53 【筛选数据表】活动

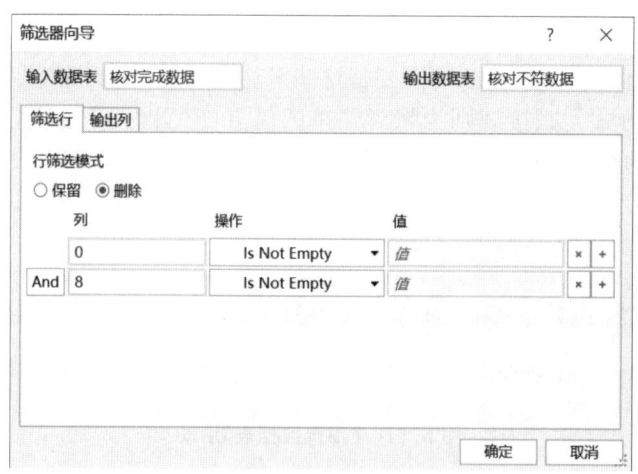

图 6-54 【筛选数据表】活动属性设置

4. 填写余额调节表子流程

（1）点击进入填写余额调节表的【序列】，添加【应用程序集成】—【Excel】类别下的【写入单元格】活动，在显示名称中增加"（对账单期末余额）"，目标工作表为"银行存款余额调节表"，对账单期末余额填写位置在 D5 单元格，因此单元格范围为"D5"，输入的值应为变量表"对账单期末余额"中储存的数据，由于位置在第一行第七列，输入值处设置为对账单期末余额(0)(6).tostring，如图 6-55 所示。

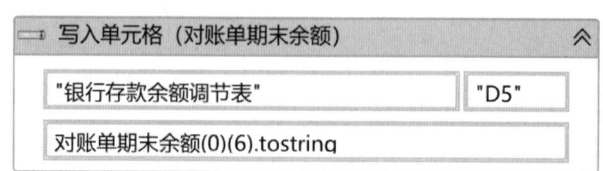

图 6-55 设置【写入单元格】活动写入对账单期末余额

(2) 添加【应用程序集成】—【Excel】类别下的【写入单元格】活动,在显示名称中增"(日记账期末余额)",目标工作表为"sheet1",日记账期末余额填写位置在 B5 单元格,因此单元格范围为"B5",输入的值应为变量表"日记账期末余额"中给储存的数据,由于位置在第一行第六列,输入值处设置为日记账期末余额(0)(5).tostring,如图 6-56 所示。

```
写入单元格 (日记账期末余额)
"银行存款余额调节表"              "B5"
日记账期末余额(0)(5).tostring
```

图 6-56　设置【写入单元格】活动写入日记账期末余额

(3) 添加【编程】—【数据表】类别下的【筛选数据表】活动,创建变量"银行已收企业未收",变量类型选择 DataTable,变量范围设置为"RPA 银企对账机器人",用于储存属于银行已收企业未收的未达账项。点击筛选器向导,输入数据表处设置为"核对不符数据",输出数据表处设置为"银行已收企业未收",在行筛选模式处将规则定为保留第六列(索引为5)大于 0 的数据,这是因为在核对不符数据的表格中,第六列是银行对账单中的贷方发生额,属于银行已收企业未收的未达账项。由于在填写余额调节表时仅需要时间与金额两项信息,在列筛选模式处将规则定为保留第一列和第六列的数据,如图 6-57 所示。

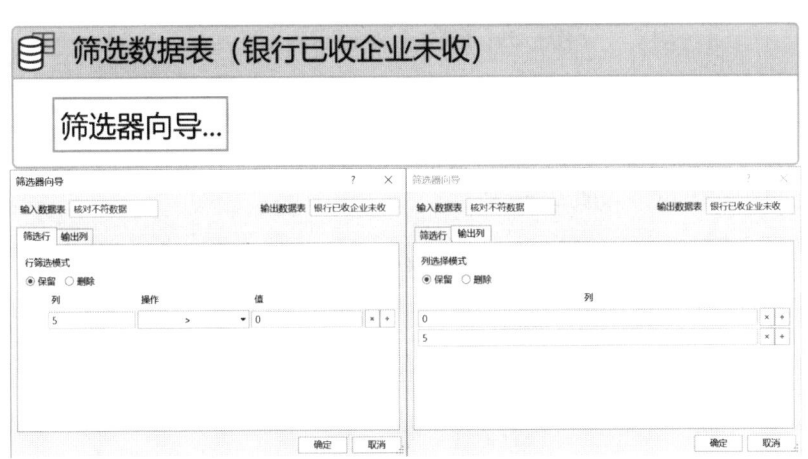

图 6-57　【筛选数据表】活动设置

(4) 添加【应用程序集成】—【Excel】类别下的【写入范围】活动,目标工作表为"sheet1",银行已收企业未收起始于 A7 单元格,因此起始单元格输入"A7",输入数据表应设置为变量表"银行已收企业未收",如图 6-58 所示。

```
写入范围 (银行已收企业未收)
"银行存款余额调节表"              "A7"
银行已收企业未收
```

图 6-58　【写入范围】活动设置

(5)添加【编程】—【数据表】类别下的【筛选数据表】活动,创建变量"银行已付企业未付",变量类型选择 DataTable,变量范围设置为"RPA 银企对账机器人",用于储存属于银行已付企业未付的未达账项。点击筛选器向导,输入数据表处设置为"核对不符数据",输出数据表处设置为"银行已付企业未付",在行筛选模式处将规则定为保留第五列大于 0 的数据,这是因为在核对不符数据的表格中,第五列是银行对账单中的借方发生额,属于银行已付企业未付的未达账项。由于在填写余额调节表时仅需要时间与金额两项信息,在列筛选模式处将规则定为保留第一列和第五列的数据,如图 6-59 所示。

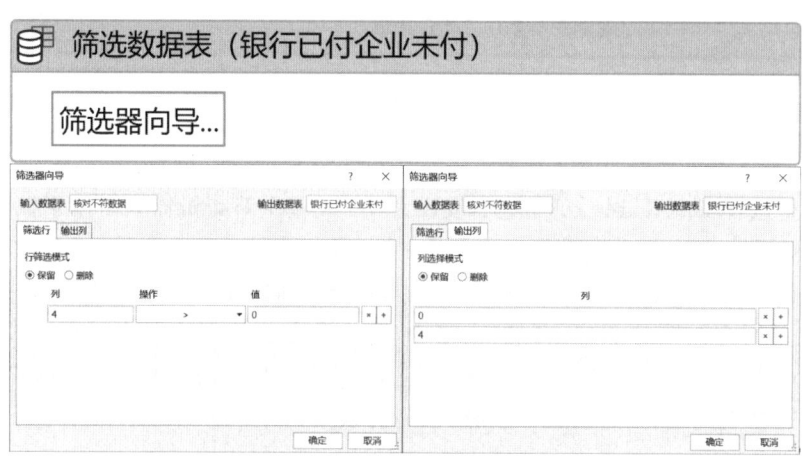

图 6-59　【筛选数据表】活动设置

(6)添加【应用程序集成】—【Excel】类别下的【写入范围】活动,目标工作表为"sheet1",银行已付企业未付起始于 A23 单元格,因此起始单元格输入"A23",输入数据表应设置为变量表"银行已付企业未付",如图 6-60 所示。

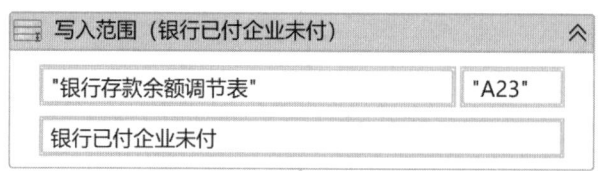

图 6-60　【写入范围】活动设置

(7)添加【编程】—【数据表】类别下的【筛选数据表】活动,创建变量"企业已收银行未收",变量类型选择 DataTable,变量范围设置为"RPA 银企对账机器人",用于储存属于企业已收银行未收的未达账项。点击筛选器向导,输入数据表处设置为"核对不符数据",输出数据表处设置为"企业已收银行未收",在行筛选模式处将规则定为保留第十二列大于 0 的数据,这是因为在核对不符数据的表格中,第十二列是日记账中的借方发生额,属于企业已收银行未收的未达账项。由于在填写余额调节表时仅需要时间与金额两项信息,在列筛选模式处将规则定为保留第九列和第十二列的数据,如图 6-61 所示。

(8)添加【应用程序集成】—【Excel】类别下的【写入范围】活动,目标工作表为"sheet1",企业已收银行未收起始于 C7 单元格,因此起始单元格输入"C7",输入数据表应设置为变量表"企业已收银行未收",如图 6-62 所示。

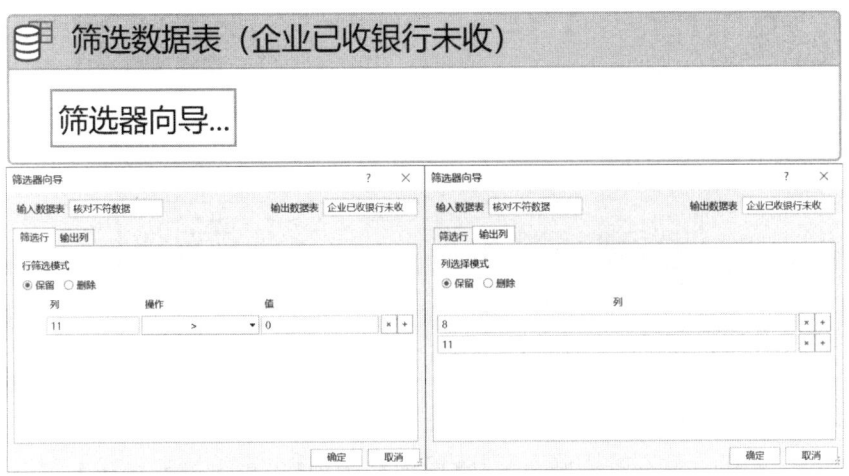

图 6-61 【筛选数据表】活动设置

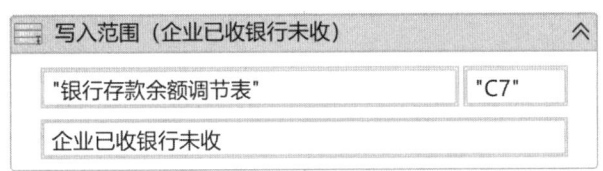

图 6-62 【写入范围】活动设置

(9) 添加【编程】—【数据表】类别下的【筛选数据表】活动, 创建变量 "企业已付银行未付", 变量类型选择 DataTable, 变量范围设置为 "RPA 银企对账机器人", 用于储存属于企业已付银行未付的未达账项。点击筛选器向导, 输入数据表处设置为 "核对不符数据", 输出数据表处设置为 "企业已付银行未付", 在行筛选模式处将规则定为保留第十三列大于 0 的数据, 这是因为在核对不符数据的表格中, 第十三列是日记账中的借方发生额, 属于企业已付银行未付的未达账项。由于在填写余额调节表时仅需要时间与金额两项信息, 在列筛选模式处将规则定为保留第九列和第十三列的数据, 如图 6-63 所示。

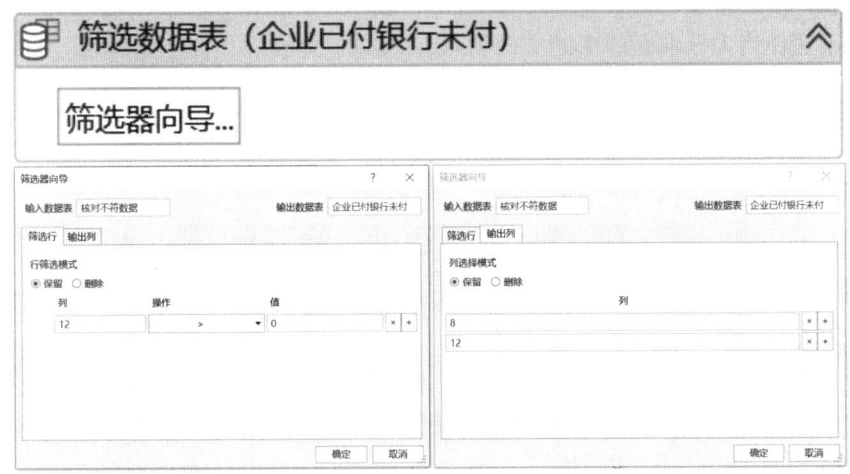

图 6-63 【筛选数据表】活动设置

（10）添加【应用程序集成】—【Excel】类别下的【写入范围】活动，目标工作表为"sheet1"，企业已付银行未付起始于C23单元格，因此起始单元格输入"C23"，输入数据表应设置为变量表"企业已付银行未付"，如图6-64所示。

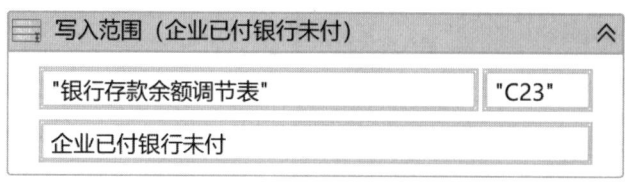

图6-64 【写入范围】活动设置

5. 填写平台余额调节表子流程

（1）点击进入填写平台余额调节表的【序列】，添加【用户界面自动化】—【元素】—【鼠标】类别下的【单击】活动，修改名称为"单击（银行存款余额调节表）"，通过"指出浏览器中的元素"功能拾取银企对账管理系统界面中的"银行存款余额调节表"按钮，如图6-65所示。

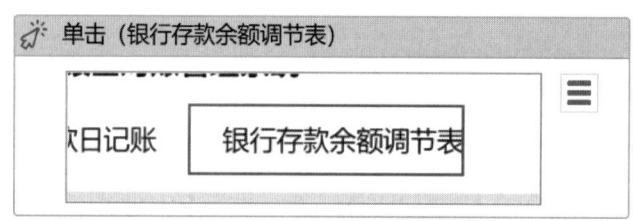

图6-65 【单击】活动设置

（2）企业列表变量中储存了对账数据所在的路径和文件名，而对账数据的文件名正是对应公司的公司名称，因此在对文件处理完成后，可以获取文件名中的公司名称，以在系统中选择对应企业进行对账结果的填写。添加【System】—【Activities】—【Statements】类别下的【分配】活动。在变量面板创建变量"企业名称"，变量类型为String，范围为"RPA银企对账机器人"。设置企业名称 = System. IO. Path. GetFileNameWithoutExtension（item. tostring），函数作用为获取无后缀的文件名，如图6-66所示。

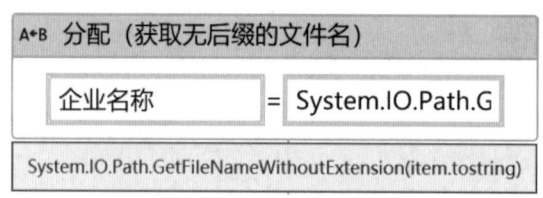

图6-66 【分配】活动设置

（3）添加【用户界面自动化】—【元素】—【控件】类别下的【选择项目】活动，修改显示名称为"选择项目（选择企业）"，通过"指明在屏幕上"功能拾取"企业"选项，设置输入文本为企业名称，如图6-67所示。

图 6-67 【选择项目】活动设置

(4) 为在填写结果时可以控制循环填入,可利用变量控制填入位置的 id。添加【System】—【Activities】—【Statements】类别下的【分配】活动。在变量面板创建变量 m,变量类型为 Int32,范围为 RPA 银企对账机器人。设置 m=1,如图 6-68 所示。

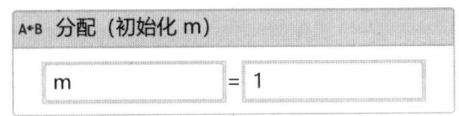

图 6-68 【分配】活动设置

(5) 添加【工作流】—【控件】类别下的【遍历循环】活动,设置输入值为{"B5","B6","B22","B43","D5","D6","D22","D43"}。这些单元格分别为余额调节表中对账结果所在的位置,如图 6-69 所示。通过对这些位置的遍历循环,可以循环进行读取对账结果和将结果填入平台的操作。

图 6-69 【遍历循环】活动设置

(6) 在【遍历循环】活动的正文序列中,添加【应用程序集成】—【Excel】—【表格】类别下的【读取单元格】活动,修改显示名称为"读取单元格(获取余额调节表金额)"。读取工作表名称为"银行存款余额调节表",单元格为 item.ToString,如图 6-70 所示。在变量面板创建变量"金额",变量类型为 Double,范围为 RPA 银企对账机器人。在【读取单元格】属性面板输出结果处填入变量"金额"。

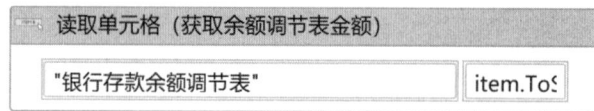

图 6-70　设置【读取单元格】活动获取余额调节表金额

（7）添加【用户界面自动化】—【元素】—【控件】类别下的【设置文本】活动，修改显示名称为"设置文本（填写平台余额调节表）"，通过"指出浏览器中的元素"功能拾取银企对账管理系统界面中的日记账余额的金额输入框（第一个），并设置输入文本为金额.ToString，如图 6-71 所示。

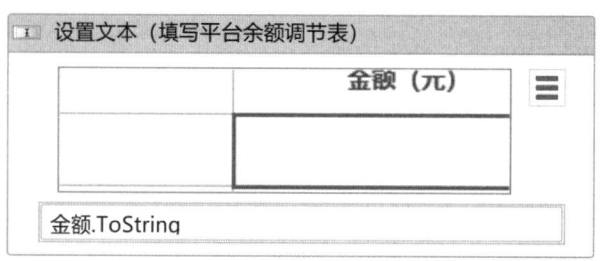

图 6-71　设置【设置文本】活动填写平台余额调节表

（8）为了能循环填入金额，针对上一步添加的【设置文本】活动，打开选项菜单，点击编辑选取器，可以看到目前选取的金额输入框的 id 为 a1。而【遍历循环】的输入值为{"B5"，"B6"，"B22"，"B43"，"D5"，"D6"，"D22"，"D43"}，通过用户界面探测器，可以发现这些单元格对应的金额，在系统界面填写位置的 id 依次为 a1 到 a8，因此可以使用变量 m 进行控制。选中"\<webctrl id='a1' tag='INPUT' />"中 a1 的 1，右键单击，选择变量 m，即可将固定的 id 位置 1 替换成变量 m，如图 6-72、图 6-73 所示。

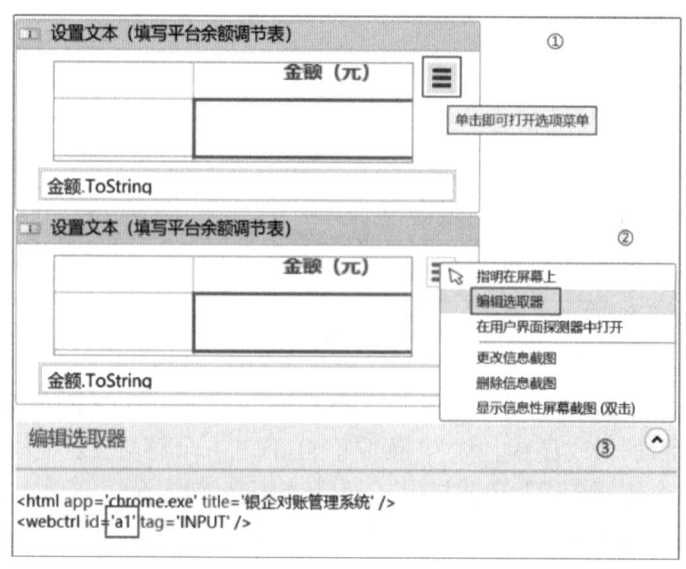

图 6-72　【设置文本】活动的编辑选取器

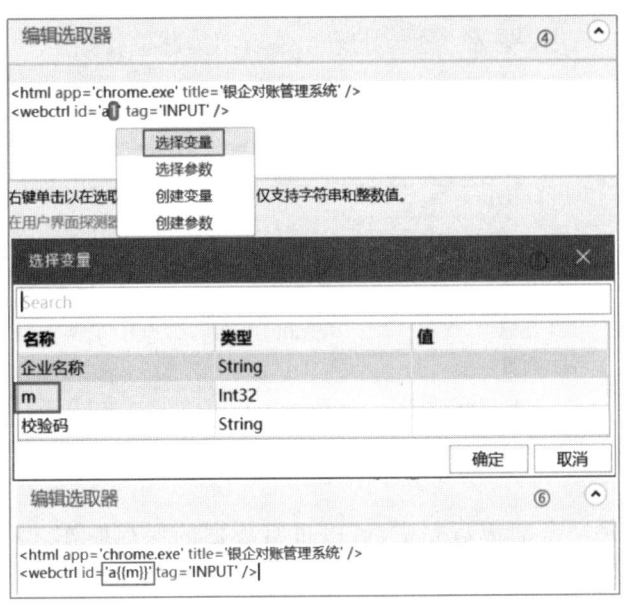

图 6-73 【设置文本】活动的编辑选取器变量设置

（9）添加【System】—【Activities】—【Statements】类别下的【分配】活动，修改显示名称为"分配（赋值 m 循环填表）"。为使 m 的数值增加，填写下一个对账结果，设置【分配】活动，令 m＝m＋1，如图 6-74 所示。

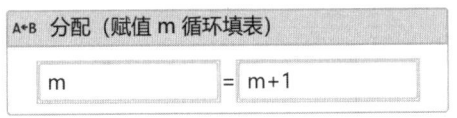

图 6-74 【分配】活动设置

（10）至此对账结果的循环填入流程结束，在【遍历循环】活动后，添加【应用程序集成】—【Excel】—【表格】类别下的【读取单元格】活动，修改显示名称为"读取单元格（获取校验码）"。读取工作表名称为"银行存款余额调节表"，单元格为 D3。在变量面板创建变量"校验码"，变量类型为 String，范围为 RPA 银企对账机器人。在【读取单元格】属性面板输出结果处填入变量"校验码"，如图 6-75 所示。

图 6-75 设置【读取单元格】活动获取校验码

（11）添加【用户界面自动化】—【元素】—【控件】类别下的【设置文本】活动，修改显示名称为"设置文本（填写校验码）"，通过"指出浏览器中的元素"功能拾取银企对账管理系统界面中校验码的输入框，并设置输入文本为变量校验码。由于校验码不可手动输入，需要点击属性面板，将选项中的"如果禁用则更改"勾选为 True 状态，如图 6-76 所示。

277

图 6-76　设置【设置文本】活动填写校验码

(12) 对账结果已经全部填写完毕,可以进行数据的保存操作。添加【用户界面自动化】—【元素】—【鼠标】类别下的【单击】活动,修改显示名称为"单击(保存)",通过"指明在屏幕上"功能拾取"保存"选项,如图 6-77 所示。

图 6-77　【单击】活动设置

六、总结拓展

RPA 机器人的开发是为了提高会计人员的工作效率,解放其精力,使其可以从事更有价值的管理工作。但是开发 RPA 机器人并不意味着脱离实际业务,实际上 RPA 机器人的开发正是建立在对实际工作十分熟悉的基础之上。特别是面对更加复杂、多样化的业务情景,只有深入明白其业务原理,才能结合技术实现 RPA 机器人的开发。

在实战案例二中,实际对账业务需要会计人员对银行日记账和银行对账单进行核对,并根据核对结果填写余额调节表,从而完成对账调整工作。根据业务流程可知,对账流程中最核心的是核对和填写工作。根据前面教学环节和实战案例一的学习,学生已经掌握了使用 RPA 机器人完成自动填写的能力。因此实战案例二的关键在于如何使用 RPA 机器人完成两份数据的核对筛选,需要重点学习"联接数据表"和"筛选数据表"的使用。更重要的是学会根据业务特点和数据特点,完成联接、筛选规则的设置,真正学会将业务逻辑运用到工具中。

【想一想】

1. 对于核对银行对账单和银行日记账,案例中采取的是【联接数据表】和【筛选数据表】相结合的方式,请你想一想能不能采取 Uipath 中其他活动来达成对账的实现。

2. 请你根据任务概述,尝试不依赖流程图和开发步骤的提示,从零自主开发 RPA 银企对账机器人。